Der Dialekt und der besondere Wortschatz der alten Städte sind ein Spiegel ihrer Geschichte, die nicht stehenbleibt. Nur fünfzig Jahre nach dem ersten Erscheinen des „Wörterbuchs des Wiener Dialektes“ von Julius Jakob ist der Band bereits ein Dokument versunkenen Sprachguts. Nachdruck der Erstausgabe von 1929. Originalformat 12,5 × 18 cm.

Julius Jakob

Wörterbuch des Wiener Dialektes

Nachdruck der Ausgabe von 1929

Harenberg

Die bibliophilen Taschenbücher
Alle Rechte für diese Ausgabe bei
Harenberg Kommunikation, Dortmund 1980
Gesamtherstellung: Karl Hitzegrad, Dortmund
Printed in Germany

Wörterbuch

des

Wiener Dialektes

mit einer

kurzgefaßten Grammatik

von

Julius Jakob

Wien und Leipzig

Gerlach & Wiedling

Druck von Friedrich Jasper, Wien, III., Thongasse 12

Einleitung

Mit diesem Buche wende ich mich an alle Wiener, welche ihre Mundart, die Volkssprache, nicht als etwas Verächtliches, Gemeines, als eine bloße Verhunzung des guten Deutsch betrachten, sondern wissen, daß sie in ihr die *ältere* Schwester der neuhochdeutschen Schriftsprache, die ja noch kein halbes Jahrtausend alt ist, zu erblicken haben. Wer sich mit Mittelhochdeutsch auch nur ein wenig befaßte, hat bald erkannt, wie nahe manches Wiener Wort dieser Sprache der Minnesänger steht, von der sich das Schriftdeutsch viel weiter entfernt hat. Auch die Dichtung verschmäht schon längst nicht mehr den Gebrauch der Mundart, da diese ihr oft eine völlig lebenswahre Darstellung ermöglicht. Wer möchte einen neuhochdeutschen Anzengruber oder Rosegger wünschen!

Der Wiener spricht gern, wie ihm der Schnabel gewachsen ist. Freilich ist dieser einem jeden ein wenig anders gewachsen, und wir hören außer der verschiedenartigsten Vermischung von Volkssprache mit Schriftdeutsch auch noch die einzelnen Dialektwörter in gar mancherlei Fassung, was dem Lexikographen seine Arbeit nicht wenig erschwert. Dazu kommt, daß unsere Lautzeichen zur genauen Darstellung der Mundart nicht ausreichen. Wir haben keinen Buchstaben für den Laut, der zwischen a und o schwebt, und haben keinen für das „durch die Nase“ gesprochene n. Alle in dieser Hinsicht ersonnenen Auswege haben in der Allgemeinheit keinen Anklang gefunden.

Ich hatte ursprünglich die Absicht, dies Wörterbuch in völlig lautgetreuer Schreibung anzulegen, bin aber wieder davon abgekommen, als ich Wortformen entstehen sah, von denen ich voraussehe, daß sie schwerlich Aufnahme finden würden, und bin im wesentlichen zu den jetzt üblichen, wenn auch oft nicht einwandfreien Formen zurückgekehrt. Außerdem ist auch die Grenzlinie zwischen den weichen Lauten (b, d, g) und den harten (p, t, k) kaum zu ziehen, da die Aussprache durchaus zwiespältig ist. Dasselbe gilt von a und er (Muatta — Muatter), von e und i (ane — ani), von g und ch (Tag und Tach), o und u (orndli — urndli) u. a. m., so daß der

Schwierigkeiten kein Ende ist. Wie oft streiten recht gute Kenner des Dialektes nicht allein über die richtige Schreibung, sondern selbst über die Bedeutung der einzelnen Wörter. Ich bin sicher, daß auch mit meiner Auffassung manch einer nicht einverstanden sein wird.

Diese Widrigkeiten mögen wohl die Ursache sein, daß sich bisher so wenige und diese mit wenig Glück auf diesem Felde betätigt haben. Auch ich gebe mich, obwohl ich redlich bemüht war, den Fehlern meiner Vorläufer auszuweichen, keinen Illusionen hin, werde aber jedem dankbar sein, der mich auf einen wirklichen Irrtum aufmerksam machen wird. Denjenigen meiner Freunde, die mich in Einzelheiten unterstützt haben, sei hier mein lebhafter Dank ausgedrückt.

Ich war bestrebt, die Sprache des Mannes aus dem Volke festzuhalten und nicht die der letzten Schichten, die mehr für den Kriminalisten von Belang ist. Wenn doch einzelne Ausdrücke der Gaunersprache aufgenommen sind, so sind es solche, die allgemein bekannt sind und zuweilen, mehr im Scherz, auch in der Volkssprache auftreten. Dagegen habe ich, obwohl ich nicht prüde bin, einige Ausdrücke sittlich anstößiger Art weggelassen. Manches habe ich durch ein Fremdwort zugleich erklärt und verhüllt. Dazu sind Fremdwörter ja trefflich geeignet. Im übrigen habe ich die Grenze der Wörterauswahl eher weiter als zu eng gezogen, und man findet vieles aus der Sprache mit dem Kinde u. a. m.

Und nun fühle ich mich lebhaft gedrängt, allen und jedem, die sich um die Drucklegung dieses Buches verdient gemacht haben, meinen innigen Dank auszusprechen; in erster Reihe dem geehrten Ausschusse der Vereinigung der Korrektoren Österreichs, deren Obmann Herrn Franz Pasching und Herrn Josef Heindl, dem in dieser Sache geradezu unermüdlichen Herrn Fachschullehrer Alfred Ludwig und dem mir so hilfreichen Herrn Johann Zeh, Korrektor der Staatsdruckerei i. R. Auch der Verlagsfirma Gerlach & Wiedling sowie der Buchdruckerei Friedrich Jasper sei hier der Dank ausgesprochen.

Der Verfasser.

Der Wiener Dialekt ist eine Abart der bayerisch-österreichischen Mundart, welche unmittelbar vom Mittelhochdeutsch stammt. Eine auffällige Eigentümlichkeit des bayerisch-österreichischen Dialektes ist, daß mittelhochdeutsches **ei** sich in ihm in **oa**, î dagegen in **ei** gewandelt hat (heiß, heiz — hoaß, leid, leit — load; wîp — Weib, wîz — weiß). Im *Wiener* Volksmund aber ist unter fränkischem Einfluß aus **oa** — a (hoaß — haß, load — lad) geworden, indes sonst allenthalben in Stadt und Land das oa beibehalten wurde.

Andere lautliche Eigenheiten unseres Dialektes sind folgende: Außer dem reinen **a** gibt es noch ein dunkles, an ein **o** anklingendes a (im Schwedischen durch å dargestellt, welches Lautzeichen auch in den Dialektwörtern dieses Buches angewandt ist). Neben dem **n** des Schriftdeutsch gibt es noch ein *durch die Nase* (nasal) gesprochenes n, wie es auch die Franzosen haben; es ist in diesem Buche durch ein kleineres ^{n} wiedergegeben. Die Endungen **er** und **en** gehen nicht selten in **a** über (Mutter — Muatta, rechnen — rechna, ver- — va-). Die Vorsilbe er- wird zu der- (derzählen), die Vorsilbe zer- wird z- (zreißen). *Steht vor einem* **l** *ein betontes* **e**, *so wird es* **ö** *gesprochen, ein betontes* **i** *wird vor* **l** *zu* **ü**, ein **au** zu **äu** (Feld — Föld, Milch — Mülli, Maul — Mäul). Auch **ei** wird vor **l** wie **äu** gesprochen (Teil — Täul). Da hierdurch aber ganz ungewohnte Wortbilder entstehen, habe ich in diesem Belange auf die lautgerechte Schreibung verzichtet und schreibe Feld, Milli, Teil mit *Beifügung* der richtigen Aussprache. Nur Mäul, Fäul u. a. mit au — äu schreibe ich nach der Aussprache. Die Doppellaute eu und äu lauten, wenn nicht l folgt, wie ei. *Die Umlaute* **ä**, **ö** *werden, wenn sie nicht vor einem l stehen, wie* **e**, *das* **ü** *in diesem Falle wie* **i** *gesprochen* (Dächer — Decher, bös — bes, Tür — Tir). Auch dies habe ich in der Schrift *nicht* angewandt. Das Warum habe ich bereits besprochen. *Das* **o** *wird vor einem* **r** fast stets zu einem **u** (vor — vur, Ort — Urt, Dorf — Durf usw.). Das **g** wird am Wortende entweder weggelassen (wenig — weni, genug — gnua, Sonntag — Sunnta) oder es wird **ch** gesprochen (Teig — Tach, Krug — Kruach); **ng** ist in der Aussprache ein nasales n mit kaum merkbarem Ansatz zu einem g. Das unbetonte **e** wird (besonders in Endsilben) kaum hörbar und in der Schrift sehr oft weggelassen (Gschau, Bsuff, Madl). Das **b** geht zuweilen in **w** über (åwa, Betti — Wettl, Buchtl — Wuchtl, Sebastian — Wastl, Arbeit — Arwat).

Recht merkwürdig ist der Doppelselbstlaut **ea**, der oft für schriftdeutsches **i** oder **ü** auftritt (Wien — Wean, grün — grea^{n}, ihm — eahm, Kienholz — Kea^{n}holz), selten für ei (kleiner — klaner o. kleaner). — Man unterscheidet eahner — ihr (3. Person Mehrzahl) und Ihner — Ihr (2. Person, Höflichkeitsform).

Formenlehre

Das *bestimmte* **Geschlechtswort** (Artikel) ist gegenüber dem bezüglichen Fürwort *der*, *de*, *des* (der, die, das) sehr gekürzt. Es lautet: **der** o. **da**, **d** (die), **s** (das), Mz. **d** (die); der Wesfall (Genitiv) wird nicht gebraucht; der Wemfall (Dativ) lautet: **n** o. **in** (dem), **der** o. **da** (weiblich), **n** o. **in** (sächlich), **n** o. **in** (Mz.); der Wenfall (Akkusativ) lautet: **n** o. **in** (den), **d** (die, weiblich), **s** (das), Mz. **d** (die).

Das *unbestimmte* Geschlechtswort lautet: Werfall: **a[^{n}]** (ein, eine); Wemfall: **an** (einem), **aner** o. **ana** (einer); Wenfall: **an** (einen), **a[^{n}]** (eine), **a[^{n}]** (ein). Folgt auf a[^{n}] ein Wort, das mit einem Selbstlaut (Vokal) beginnt, so wird das schwache nasale n deutlicher hörbar: a[^{n}] Åchtl, a[^{n}] Ehr, a[^{n}] Eisen usw., doch wird es auch da selten geschrieben.

Das **Hauptwort** (Substantiv) hat meist das Geschlecht, das es im Schriftdeutsch hat, aber nicht immer. Der Wiener sagt z. B. der Åschen, der Butter, s Docht, s Dotter, d Fetten, d Gas, der Gådern, der Grill, d Huasten, s Knäul, der Liter, der Meter, s Monat, s Numero, d Puls, d Råhm, der Schneck, der Schraufen, der Schreibzeuch, der Schrot, d Schunken, der Semester, der Spitz (die Spitze), s Teller, der Wåppen, s Zedl, der Zwiefel u. a. (S. das Wörterbuch.)

Der *Wesfall wird umschrieben*: der Hut des Vaters — [i]n Våtern (dem Vater) sei[^{n}] Huat, der Schwester ihr Klad, der Katz ihr Schwaf. Diese Umschreibung mit dem besitzanzeigenden Fürwort wird bei *lebenden* Wesen angewendet. Sonst wird mit *von* umschrieben: d Schneid von den Messer, der Anfång von den Liad usw.

Nur in Zusammensetzungen findet sich häufig der Wesfall: Liabsleut, Glücksschweindl u. dgl.; ferner in einigen Redensarten: um Gottes (Christi) wölln, in drei Teufels Nåm, i bin s Willens. — Das **e** des Wemfalls wird weggelassen. — Hauptwörter, die im Schriftdeutsch auf e enden, *verlieren* entweder dies e (Reise — Ras, Hase — Hås) oder sie *nehmen ein n dazu* (Straße — Sträße**n**, Hose — Hose**n**).

Hauptwörter auf er werden gebogen (dekliniert) wie im Schriftdeutschen. Einzelne nehmen im Wem- und Wenfall der Einzahl ein n an: gib [i]n Våtern, Bruadern a[n] Federn.

Alle Hauptwörter auf **el** o. (nicht zur Stammsilbe gehöriges) **l** bilden die Mz. mit n (d Engel**n**, d Äpfel**n**, d Vögel**n**, d Gredl**n**).

Hauptwörter, die das schriftdeutsche Endungs-e verloren oder ein n dazugenommen haben, bilden ihre Mz. mit **en** (der Hås — d Håsen; der Nåm — d Nåmen; d Stråßen — d Stråßen); doch bilden einige der letzteren Art zur besseren Verdeutlichung die Mz. auch auf **na** (d Hauben — d Haubna, d Wiesen — d Wiesna), andere wieder erhalten den Umlaut, oder sie vertauschen das **å** des Stammes gegen **a** (d Gåssen — d Gässen o. Gassen). Auch bei anderen Hauptwörtern wird, um die Mz. kenntlicher zu machen, so verfahren (der Trånz — de Tanz o. Tänz; der Pflånz — d Pflanz o. Pflänz; der Gråben — d Graben o. Gräben; der Kåsten — d Kasten o. Kästen; der Krågen — d Kragen o. Krägen; der Wågen — d Wagen o. Wägen).

Weibliche Hauptwörter auf **in** nehmen in der Mz. noch **na** hinzu (Wirtin — Wirtinna).

Viele Hauptwörter, die auf Mitlaute enden, bilden die Mehrzahl auf er (Roß—Rösser, Gschäft—Gschäfter, Gwölb—Gwölber); Koseformen, die auf **i** enden (Bubi, Resi), bilden die Mz. auf **erln** (Buaberln, Reserln).

Der Wemfall der Mz. endet überall auf **n**, so wie im Schriftdeutschen.

Zu den Hauptwörtern, die auf **er** enden, ist zu bemerken, daß viele von ihnen, die von Zeitwörtern abgeleitet sind, ebenso eine Handlung wie die handelnde Person selbst bezeichnen (der Hupfer — das Hüpfen wie der Hüpfende). — Hauptwörter auf er, die ein Gewerbe bezeichnen, verdoppeln manchmal dieses er (Glaser — Glåserer), so auch Huaterer, Ölerer, wozu Pflåsterer und Wasserer das Vorbild geliefert haben mögen.

Verkleinerungsformen sind die Endungen **l** oder **el** für eine mäßige, **erl** für eine beträchtlichere Verkleinerung (Bånd — Bandl — Banderl); bei einigen Vornamen tritt hier noch ein **tsch** (slawischer Einfluß) dazwischen (Marie—Mariedl—Mariederl—Maritscherl), so Trutscherl, Antscherl, Kårtscherl. — Hauptwörter auf **nne** o. **nn** bilden verkleinernde Formen auf **ndl** und **nderl** (Kånne — Kandl — Kanderl; Henne — Hendl — Henderl; Brunn — Bründl — Bründerl; Mann — Mandl — Manderl — aber auch Månnerl).

Eine beliebte verkleinernde Koseform, besonders der Kindersprache, endet auf **i**: Bubi, Mädi, Hansi, Lini, Resi, Hendi, Månni, Mandi usw.

Das **Eigenschaftswort** (Adjektiv) gleicht in Steigerung und Beugung sehr dem schriftdeutschen. Doch endet der Wemfall der Einzahl nicht auf em (mit rotem Wein), sondern auf en (mit roten Wein).

Die schriftdeutsche Endung **ig** und **ich** lautet im Dialekt meist bloß **i** (dursti, zurni, hamli, endli), erst in der Verlängerung tritt **ch** auf (durstiger Gåst, zurnicher Fråtz, hamlichi Freud). Die Endung **es** nach Zischlauten fällt meist ab (a frisch Bier, a fesch Madl, a groß Haus, a kurz Kladl). Aus **igen** am Wortende wird oft **inga:** am heutinga, gestringa Tåch, de häufinga Selbstmurd usw.

Blåß, dumm, fromm, gsund, glått, nåß, schmål werden meist mit Umlaut gesteigert: blässer, am blässesten; nässer, am nässesten.

Das **Zahlwort.** Die Grundzahlen sind a^n (ans), zwa, drei, vier, fünf, sechs (sex), sieben (sprich sim), åcht, neun, zehn, elf (sprich ölf), zwölf, dreizehn, vierzehn, fufzehn, sechzehn usw. Die Zehner lauten: zwanzg, dreißg, vierzg, fufzg, sechzg usw. oder verwandeln das schriftdeutsche **ig** in **ich**: zwanzich, dreißich usw. — Von vier bis neunzehn, wenn diese allein stehen, kann ein e hinzutreten, das aber oft, wie viele andere Endungs-**e** des Dialektes, zu **i** wird (vier—viere—vieri).

Dekliniert wird nur aner, ani, ans (ohne Wesfall): aner (einer), an (einem und einen), ane o. ani (eine), ans (eins).

Die Gattungszahl wird durch Beifügung von la (dreierla) konstruiert. Alles übrige wie im Schriftdeutsch. — Die unbestimmten Zahlwörter: alli, anichi, etla (vor Zahl) o. etliche, ka[^{n}], viel (sprich vül), wås (etwas), nix (nichts), gnua, a bisserl u. a. im Wörterbuch.

Die **Fürwörter.** Dem persönlichen Fürwort blieb der Wesfall erhalten, doch wird er nur selten verwendet, und da oft falsch (z. B. ohne meiner statt ohne mi). Die Deklination ist:

i	meiner	mir o. mr		mi	
du	deiner	dir o. dr		di	
er	seiner	eahm	(rbz.) si	n o. na	(rbz.) si
sie, s	ihrer	ihr	si	sie, s	si
s	seiner	eahm	si	s	si
mir, mr	unser	uns		uns	
es	eucher, enker	euch, enk		euch, enk	
se	eahner	eahna	(rbz.) si	s	(rbz.) si

Die höfliche Ansprache ist:

Se	Ihner	Ihna	Ihna

Auffällig ist, daß wir im Dialekt mir o. mr lautet; dann der Unterschied zwischen eahner (ihnen, 3. Person) und Jhna (Jhnen, 2. Person): i håbs eahner (den Freunden) eh gsågt; i håbs Jhna, liaber Freund, eh gsågt. — Manchmal wird anstatt n o. na (ihn), um kräftigere Hervorhebung zu erzieken, eahm (ihm) angewandt: hast n (na) gsegn?; wås, eahm hast gsegn?; schau dr eahm ån! — Für es dir o. es ihm sagt der Wiener: drs, eahms o. eahmas.

Das rückbezügliche Fürwort für den Wemfall ist: mir zu ich, dir zu du, si (sich) zu er, sie es; uns und (schlecht) si zu wir; euch o. enk zu ihr; si (selten und schlecht: eahna) zu sie; aber meist Jhna (statt si) zu Sie: Tuan S Jhna nix ån! (Tun Sie sich nichts zuleide!) — Für den Wenfall: mi zu ich, di zu du, si zu er, sie es; uns und (schlecht) si zu wir, euch o. enk zu ihr, si zu sie und meist Jhna (statt si) zu Sie: se wern si täuschen; Se wern Jhna täuschen. Falsch ist: mir wern si (richtig: uns) täuschen.

Der Dialekt hat auch den sogenannten ethischen Dativ; er lautet stets **dr** (dir): håst dr schon so wås ghört? Weils dr des net gibt! Sogar in der Mz.: Seids dr es ungschickt!

Die besitzanzeigenden Fürwörter lauten vor den Hauptwörtern der drei Geschlechter:

Einzahl:

Wer?	mei[n]	dei[n] Jhner	sei[n] ihr	Våter, Muatter, Kind
wem?	mein	dein Jhnern	sein ihrn	Våtern, Kind
	meiner	deiner Jhnerer	seiner ihrer	Muatter
wen?	mein	dein Jhnern	sein ihrn	Våtern
	mei[n]	dei[n] Jhner	sei[n] ihr	Muatter, Kind
wer?	unser	eucher * Jhner	eahner	Våter, Muatter, Kind
wem?	unsern	euchern * Jhnern	eahnern	Våtern, Kind
	unserer	eucherer * Jhnerer	eahnerer	Muatter
wen?	unsern	euchern * Jhnern	eahnern	Våtern
	unser	eucher * Jhner	eahner	Muatter, Kind

* Statt eucher auch enker, bzw. enkern, enkerer.

Mehrzahl:

wer? wen?	meini	deini Ihneri	seini ihri	Leut
wem?	mein	dein Ihnern	sein ihrn	Leuten
wer? wen?	unseri	eucheri Ihneri	eahneri	Leut
wem?	unsern	euchern Ihnern	eahnern	Leuten

Aus den vorstehenden Formen sind die übrigen leicht abzuleiten: des Buach is meins o. des meinichi; de Büacher san die meinichen o. meininga (meinigen) o. mein (meinen).

In mei[n], dei[n], sei[n] wird das nasale n meist weggelassen: mei Våter.

Das *Frage-Fürwort* gleicht bis auf weniges dem schriftdeutschen. Wessen? wird durch: von wem? o. wem sei[n]? ersetzt. Anstatt *wen?* wird *merkwürdigerweise*: *wem?* gefragt: Wem håst gsegn? (wen hast du gesehn?). — Vor welcher, welche, welches (o. welchere, welchers) setzt mancher noch der, d[ie], [de]s: der welche[re] Bua?, die welche[re] Frau?, [de]s welche[re] Haus? — Wie? lautet: wia? — Statt: warum? wird oft wegen wås? gefragt.

Das *hinweisende* Fürwort ist vor allem *der*, *de*, *des* (der, die, das), Mz. *de*. Der Wesfall fehlt. Der Wemfall ist männlich und sächlich *den* (statt dem) und weiblich *dera*, Mz. *denen* (gib den, dera, denen Auskunft). Der Wenfall ist: den, de, des, Mz. de. *Derer* wird umschrieben: *von denen*.

Dieser und *jener* werden nicht angewandt (der durt = jener). Dagegen: solcher, solchi, solchs o. solcherer, solchere, solchers, auch derselbi (sprich dersölbi) und derjenichi.

Das *bezügliche* Fürwort des Dialektes ist vor allem *der*, *de*, *des* (der, die, das), dann *wer*, *wås*, welche auch oft an Stelle von der, de, des stehen: jeder, der o. wer will; de Frau, de o. wås mir gsegn håm. Welcher usw. wird nicht angewandt. Der Wesfall wird umschrieben: von den, von dera, o. den sei[n], dera ihr, was auch beim *hinweisenden* Fürwort geschieht.

Von *unbestimmten* Fürwörtern wird *jedermann* kaum jemals verwendet. *Man* lautet im Dialekt *ma* o. *mr* (Wemfall *am* o. *an*, Wenfall *an*), *etwas* wird in *wås* verkürzt; *nichts* lautet *nix*, *keiner* *kaner* usw.

Zu den Fürwörtern treten gewisse Zusätze, wie selber: i selber (selbst wird kaum angewandt); går: går ka[n]; irgend: irgendwer u. a. Statt des schriftdeutschen immer (wer, was, wo, wie immer) hat der Dialekt: wer[und]derwöll, wås[und]derwöll usw., wohl zu erklären: wer immer, der will; wer, der will.

Die Wörter woran, worauf, woraus, woher, wohin, weswegen usw. verschmäht die Mundart meistens und sagt dafür: ån wås, auf wås, aus wås, wegen wås, wo kummst du her, wo gehst du hin? usw.

Das **Zeitwort** (Verbum) hat im Dialekt nur zwei einfache Zeitformen: die Gegenwart der Wirklichkeitsform und die Mitvergangenheit der Möglichkeitsform: i les (ich lese); i lesert (ich läse). Eine Mitvergangenheit der Wirklichkeit hat einzig das Hilfszeitwort sein, weshalb die mit sein gebildeten Zeitwörter eine Vorvergangenheit bilden können, alle andern aber nicht.

Aber selbst die zwei einfachen Formen können mit Hilfe des Zeitwortes tun als einer Art Hilfszeitwort (wie im Englischen!) gebildet werden: i tua lesen; i tät o. tat lesen (statt: ich lese; ich läse).

Die Zukunft wird mit wern (werden) gebildet. Eine Vorzukunft kennt die Mundart nicht. Wenn es einmal heißt: er wird gfåhrn sein, so wird damit die Vermutung ausgesprochen, daß einer schon gefahren sei, nicht aber, daß er künftig gefahren sein werde.

Das Hilfszeitwort sein hat folgende Formen: i bin, du bist, er (sie, es) is, mir (wir) san, es seids, se san; i wår, du wårst, er wår, mir wårn, es wårts, se wårn; i war (wäre), du warst, er war, mir warn, es warts, se warn. Die Mittelwörter: seiad (kaum in Verwendung), gwesen o. gwest. Befehlsformen: sei!, seids! — Damit kann gebildet werden: i bin gfåhrn, i wår gfåhrn, i war (wäre) gfåhrn.

Das Hilfszeitwort håben o. håm: i håb, du håst, er håt, mir håben o. håm, es håbts, se håben o. håm; i hätt, du hättst, er hätt, mir hätten, es hätts o. hättets, se hätten. Mittelwörter: håbad (ungebräuchlich), ghåbt. Befehlsform: håb!, håbts! — Damit kann man bilden: i håb glesen, i hätt glesen.

Das Hilfszeitwort wern (werden): i wer o. wir, du wirst, er wird, mir wern, es werdts, se wern; i wurdt, du wurdst, er wurdt, mir wurdten, es wurdts, se wurdten. Mittelwörter: werdad (ungebräuchlich), wurn. Befehlsform: wir!, werdts! — Damit bildet man die Zukunft: i wer o. wir lesen o. fåhrn; und die Bedingungsform: i wurdt (würde) lesen o. fåhrn.

Das Dialekt-Hilfszeitwort tuan (tun): i tua, du tuast, er tuat, mir tuan o. tan, es tuats o. täuts, se tuan o. tan; i tät o. tat, du tätst o. tatst (auch tätest o. tatest), er tät o. tat, mir täten o. taten, es tätets o. tatets, se täten o. taten (die Formen: i tuaret usw. sind verwerflich). Mittelwörter: tuad (unüblich), tan (getan). Befehlsform: tua!, tuats! — Mit diesem Zeitwort und der Nennform eines andern kann man die Gegenwart des letzteren umschreiben: i tua lesen, i tua fåhrn, i tät o. tat lesen, fåhrn usw.

Bei folgenden starken Zeitwörtern lautet die erste Person Gegenwart (Wirklichkeitsform) so wie die Befehlsform (Einzahl), die hier stets den Selbstlaut **i** enthält: i befiehl (sprich befühl), i brich, i derwirb, i derschrick, i friß, i gib, i hilf, i iß, i nimm, i siech, i sprich, i stich, i stiehl, i stirb, i triff, i tritt, i verdirb, i vergiß, i wir, i wirf (Ausnahmen: i dresch, i fecht, i flecht, i les, i meß, in welchen auch die Befehlsform so lautet: dresch!, les!, meß!).

Die zweite Person der Mehrzahl, die im Schriftdeutsch auf t endet, hat im Dialekt noch ein **s** (ein verkümmertes es = ihr) dazubekommen: es lests o. lests es?; es fahrts, fahrts es? Oft wird nach dieser Form es weggelassen: wollts oder wollts net?: wollt ihr oder wollt ihr nicht?

Das Mittelwort der Gegenwart, das im Schriftdeutsch die Endung end zeigt, lautet in der Volkssprache auf **ad** (auch **ed** o. **erd**, zuweilen falsch auf ert) aus: lesad, fahrad, wanad (weinend): a wanads Kind. Beim Gebrauch in der Satzaussage (prädikativ) sagt der Wiener: [ås a] wanader (s Kind kummt [ås a] wanader zu mir).

Eine auffällige Eigenheit der Dialekt-Zeitwörter, deren Nennform mit den Lauten **b**, **d**, **g**, **k**, **p**, **qu**, **t** oder **z** beginnt, ist, daß deren Mittelwort der Vergangenheit die Vorsilbe **ge** (das sogenannte Augment) nicht annimmt: brennt (gebrannt), druckt (gedrückt o. gedruckt), gessen (gegessen), kauft (gekauft), prügelt (geprügelt), quetscht (gequetscht), tå^{n} (getan), zåhlt (gezahlt).

Endigt eine Nennform oder ein Mittelwort auf men oder nen, so wird diese Endsilbe zu **ma** oder **na**: nehma, wana, gnumma. In der 1. und 3. Person Mehrzahl bleibt men und nen wie im Schriftdeutsch: mir o. se nehmen, wanen. Die Endung igen (entschuldigen u. dgl.) wird auch hier meist zu **inga** (entschuldinga).

Wird ein Mittelwort mit der Endung ene vor einem Hauptwort gebraucht, so wird ene oft zu erne: a brochene o. brocherne Schüssel. — Die Endsilben stet und tet schrumpfen überall zu **st** und **t** zusammen: er huast (hustet), er heiråt (heiratet).

Die Nennform mit zu lautet im Dialekt wie ein Hauptwort im Wemfall: net **zum** glauben (nicht zu glauben), kaum **zum** aushalten (kaum auszuhalten). Die Nennform darf man hier nicht groß schreiben.

Jene Zeitwörter, die in der Schriftsprache einen Wesfall erfordern, haben im Dialekt dafür den Wenfall o. Wemfall mit einem Vorwort (Präposition): i erinner mi ån den o. eahm (eahm bedeutet hier nicht ihm, sondern ihn); er derbårmt si über an Armen; er schåmt si wegen sein Bruadern o. für sein Bruadern.

Viele Zeitwörter, welche Geräusche bezeichnen, haben aus dem Mittelhochdeutsch die alte Endung ezzen in Form von **erzen** o. **ezen** behalten: megerzen (meckern), stigerzen (stottern), knårrezen (knarren), gamerzen (gähnen) u. a.

Bemerkenswert sind die Formen der Zeitwörter segen (sehen), geh[n] (geken), steh[n] (stehen). Siehe das Wörterbuch. — Auch die Wortgestalt der Möglichkeitsform ist auffällig: i fåhret (ich führe), i wußtet (ich wüßte), i manet (ich meinte), i liaßet (ich ließe) usw. — Das würde der Bedingungsform (Konditional) lautet: wurd (i wurd eh geh[n]).

Die Befehlsform der Mehrzahl lautet wie die 2. Person Mehrzahl: lests!, fåhrts!

Im übrigen gelten sinngemäß die Regeln des schriftdeutschen Zeitwortes.

Die **Umstandswörter** (Adverbien), die eine Richtung bezeichnen, welche das Schriftdeutsch mittels her oder hin ausdrückt, zeigen das her mittels der Endung **a**, das hin durch die Endung **i** an: åba o. åwa (herab), åbi o. åwi (hinab), aufa (herauf), aufi (hinauf), außa (heraus), außi (hinaus), dåna (weg in der Richtung zu mir her), dåni (weg in anderer Richtung), eina (herein), eini (hinein), füra (hervor), füri (nach vorne hin), hintra wird ersetzt durch hintri (hinten hin), übra (herüber), übri (hinüber), umma (herüber, herum), ummi (hinüber), zuba o. zuwa o. zucha (herzu), zubi, zuwi o. zuchi (hinzu).

Ortsadverbien sind noch: dåda (da), weg o. wegga (weg), ånderstwo, drobmet (droben), drübmet (drüben), herübmet (herüben), umadum (umher), unterisch (unten).

Zeitadverbien: ållerweil (immer), auf d Nåcht (abends), heunt (heute), jiatzt (jetzt), no (noch), scho[n]. Bereits (schriftdeutsch: schon) bedeutet im Dialekt: fast, beinahe, nahezu, ist also ein Gradadverb.

Umstandswörter der Weise: ånderst o. åndersch̃t (anders), gnua (genug), grådaso (ebenso), zua (geschlossen).

Gradadverbien: bereits (fast, beinahe, nahezu), ebenst (eben), hålt (eben, nun einmal), no (noch), z (zu, zuviel).

Aussageadverbien: a (ach nein), do (doch), eppa (etwa), na[^{n}] (nein), net (nicht), sicher (sicherlich, gewiß).

Umstandswörter des Grundes: ålsdånn o. ålsdern (also), dafur (dafür, darum), destwegen (deswegen).

Folgt auf ein fürwortartiges Umstandswort (Pronominaladverb): ob, wo, woher, wohin, wånn, wia, wårum, das Fürwort **du** o. **es,** so nimmt das erstere oft die Endung **s** an: obs du willst, wånns es wollts (ob du willst, wann ihr wollt). Dies s ist wie beim Zeitwort ein erstarrtes es (wånn es — wånns — wann ihr). Das es kann auch wegbleiben (wånns wollts). — Wånn steht übrigens auch für wenn.

Das **Verhältnis-** oder **Vorwort** (Präposition) kann nur bei persönlichen Fürwörtern einen Wesfall regieren: wegen meiner, seiner. Sonst regieren die Vorwörter mit dem Wesfall im Dialekt den Wemfall: wegen o. ånstått mein (meinem) Bruadern. Oft steht nach ihnen selbst das persönliche Fürwort im Wemfall: wegen mir, dir, eahm.

Der Wesfall des persönlichen Fürwortes kommt oft auch vor hinter: ohni (man hört: ohni meiner, ohni mir und ohni mi), gegen, außer, wisawi, nåch, såmt, hinter, neben, ober, über, unter, vur: unter meiner dient håm, vur deiner steh^{n}bleiben.

Den Wenfall regieren: bis (bis den Sunnta), durch, für, gegen (s. o.), um, wider.

Die Vorwörter: ån, auf, hinter (s. o.), in, neben (s. o.), ober (s. o.), über (s. o.), unter (s. o.), vur (s. o.), zwischen regieren auf wo? den Wemfall, auf wohin? den Wenfall.

Alle andern Vorwörter erfordern den Wemfall.

Statt nach heißt es in der Volkssprache oft: auf: auf Tulln fåhrn. — Man beachte noch: auf a Viertl Wein geh^{n} (um einen Viertelliter Wein zu trinken); i gfreu mi scho[^{n}] auf z Mittåch (ich freue mich auf das Mittagessen). — Am bedeutet im Dialekt nicht nur an dem, sondern auch auf dem und auf den. — Das Vorwort zu (verschieden von dem Umstandswort zua) wird bei schwacher Betonung z (z kla^{n} — zu klein), vor Nennformen lautet es meist zum o. zun o. zan o. z (net zum, zun, zan, z glauben), sonst zu (kumm zu mir). Verbunden mit dem Geschlechtsworte dem lautet es ebenfalls zum, zun o. zan.

Von den **Bindewörtern** (Konjunktionen) erleidet das und gewisse Verwandlungen. So in Zahlwörtern: vier**a**zwanzg u. a., dann in herentgegen (her und gegen), in Marandjosef (Maria und Josef) u. ä. — Ferner sind zu beachten: ah [manche schreiben aa] (auch); ålsdånn o. ålsdern (alsdann, also), destwegen (deswegen); daß (steht zuweilen an Stelle von als: je länger daß s is — ([als] es ist);

wia (wie) steht ebenfalls für *als* (größer wia du), doch wäre es besser, zu sagen: so groß wia du, größer als du; nicht selten hört man *åls und wia*: so groß, größer, *åls wia* du; *inden* (indem) vertritt manchmal währad und derweil (sprich derwäul o. dawäul) (indes); *wann*, das wann (Zeit) *und wenn* (Bedingung) bedeutet. — Nach wia mit einem Eigenschaftswort hört man oft noch *als*: wia hoch als der fliagt, wia schön als s heunt is.

Dem Dialekt eigentümliche *Empfindungswörter* (Interjektionen) sind: ein sehr kurz hervorgestoßenes **a**, das eine Verneinung ausdrückt (Gehst du hi^n? — **A**!), dann das aus o je entstandene *ui!* mit *ui je, ui jö!, ui jecherl!, ui jeges!, uitschgerl!*; dann *jö!* und *jöi!*, die Überraschung ausdrücken und eigentlich o Jesus! lauten sollten. Der Ausruf *fix!* kommt von Kruzifix (Gekreuzigter), der Fluch *sakra* von Sakrament, von dem auch *sakerlot, sapperlot, sakrawolt, saprawolt* stammen; *verflixt* ist verschleiertes verflucht. Als uneigentliche Empfindungswörter sind anzusehen: Kruzifix, Kruzifux, Kruziferas, Kruzitürken, Sakradi, Teixl (s. Wörterbuch). Die heute seltenen Wörter: *herdex!, hardex!, herdegatta!* bedeuten das ungarische Ördög adta (der Teufel gab's).

*

Die Mundart begünstigt das *natürliche* Geschlecht, z. B. *die* Fräuln, *die* Annerl, *die* Gretl; a[^{n}] Weib, *de* auf *ihrn* Må[^{nn}] schaut; des Mensch hat *ihr* Leben net guattå^n.

Unter wahrscheinlich slawischem Einflusse tritt in manchen Wörtern *tsch* auf; so wurde aus Blatt — *Plätschen*, aus Hagebutte — *Hetscherl*, aus fragen — *fratscheln*, aus kneten — knetschen, aus mhd. Watze — Watschen, aus Rassel — Ratschen, aus Gertrude, Trude — Trutscherl, aus Flitzen — Flitschen, Flitscherl. Auch die Koseformen Papatschi, Mamatschi, Lintschi (Pauline), Kårtschi (Karl) u. a. gehören hierher.

Recht beliebt ist in der Wiener Mundart die *Verdopplung der Verneinung*, wie: des waß kaner *net*; des wår nia *net*; geben S Jhna ka Müah *net*; von denen tuat kaner *nix*; den hilft ka Dokter nimmer u. dgl. Die zweite Verneinung ist nichts als eine Verstärkung der ersten, nicht deren Aufhebung; obige *net* sind überflüssig, *nix* müßte *etwas* heißen.

Aber auch sonstige überflüssige Verdopplungen (Pleonasmen) kommen vor: an *fålsch* betrüagen; alli zwa *beidi*; des gibts *es* net; a sehr a bravs Kind; de *klan* Zwergln u. dgl.

Folgt auf wia (wie), nia (nie), tua (tu) ein Wort, das mit einem Selbstlaut beginnt, so schließt sich jenen Worten ein **r** an: wiar i; wiar uns; es kummen niar (nie) alli; des tuar i net; ebenso nach zwa (zwei) in zwarazwanzg, zwarerla. Bei ob, wånn, wia, wo findet sich oft vor d (du) oder als verkürztes es (ihr) ein s: wånns d, wånns es (ihr). S. Wörterbuch. — Vor so, dann wenn sie sich, es sich, sie es zusammentreffen, tritt ein **a** auf: des wår **a** so; wånn s**a** si segen; wånn s**a** (es) si ausgeht; wånn s **as** (sie es) so håm wollen; ebenso, wenn um **n** (um den), neben **n** (neben dem o. den) zusammentreffen: um **an** Finger wickeln; neben **an** Haus (neben dem Hause); neben **an** Wech (neben dem Weg).

Über die Schreibung des Dialektes

Die Mehrzahl der Mundartschriftsteller verschmäht es jetzt, die Volkssprache in der Schrift mit einer Unzahl von Auslassungszeichen (Apostrophen) auszustatten. Sie sind wirklich überflüssig. Man versteht das geschriebene Wort ohne solche Zeichen genau so wie das gesprochene, in dem es doch Apostrophe nicht geben kann.

Das in diesem Buche zur Ausspracheverdeutlichung verwendete Ringlein über **å** wird im praktischen Gebrauche nicht verwendet. Man überläßt es in der Regel dem Leser, den A-Laut und den N-Laut richtig zu sprechen.

Vor dem Gebrauche des Wörterbuches zu beachten:

In den Dialektwörtern, nur in diesen, ist das dunkle a, das zwischen **a** und **o** schwebt, durch **å**, **Å** dargestellt.

Ein kleineres ⁿ bezeichnet ein „durch die Nase“ zu sprechendes **n**, das nicht ausgelassen werden kann.

Eckige Klammern bezeichnen Wortteile, die ausgelassen werden können; z. B. ån[er]anånder. Steht ein nasales ⁿ zwischen eckigen Klammern — a[ⁿ], ka[ⁿ], na[ⁿ] — so ist es fast unhörbar und wird von den meisten beim Schreiben weggelassen.

Man suche Wörter, die man unter **B** nicht findet, unter **P** oder auch **W**, die man unter **C** vergeblich gesucht hat, unter **K** oder **Z**, solche, die unter **D** fehlen, unter **T**, die unter **F** nicht gefunden werden, unter **V** oder **Ph**, die man unter **G** vermißt, unter **K**; Wörter, die unter **O** unauffindbar sind, unter **U**, und umgekehrt.

Hauptwörtern, die im Dialekt ein anderes Geschlecht als im Schriftdeutsch haben, ist das Geschlechtswort (der, d, s) in Klammern beigesetzt.

Die Erklärung der als Beispiele angeführten Redensarten erfolgt meist dem Sinne nach.

Statt der Wiederholung des Schlagwortes steht ein Gedankenstrich: **Abschrift;** mách dr a —.

Vor Verkleinerungsformen steht, wo nötig, **kl.**, die Mehrzahl ist durch **Mz.** angedeutet; **ahd.** ist althochdeutsch, **mhd.** ist mittelhochdeutsch; **mlat.** mittellateinisch, **tsch.** tschechisch, **Gspr.** Gaunersprache; die anderen Abkürzungen, wie frz., engl., hebr., it., lat., jüd., türk., erklären sich selbst. Ein **o.** bedeutet oder, **s. v. a.** so viel als, **s.** siehe.

Vielen Wörtern ist die lautgerechte Aussprache, die nach Belieben auch für die Schrift benützt werden kann, wenn ganz lautgerecht geschrieben werden soll, in Klammern beigesetzt.

Veraltete Ausdrücke, solche, die man heute nur selten hört, die aber alte Leute noch kennen, sind mit **(va.)** gekennzeichnet. Längst verschollene Wörter sowie besonders anstößige sind nicht aufgenommen.

A

a (Geschlechtswort), ein, eine
a o. **aa,** auch
å, ab (Vorsilbe)
a-a, den Darm entleeren (kdl.)
åba o. **åwa,** herab, herunter
åbagehⁿ, hergehn, zugehn (då gehts lusti åba)
åbålgen, abmühen
Abc, Abzugbier (nach den ersten drei Lauten a b z)
åbedeln, abbetteln; an ani —: sich eine Ohrfeige zuziehen
åber; — Månn!; — hörn S! Ausrufe des Unglaubens
åbeudeln, abschütteln
åbeulna, prügeln
åbi o. **åwi,** hinab, hinunter
åbiagn, abbiegen, stehlen
åbindern, prügeln
åbladeln, abblättern
åblitzen, erfolglos bleiben
åbrenna, abbrennen, ohne Erfolg (Einnahme) bleiben
åbrocken, abpflücken
åbrüahn, abbrühen
Åbsätz; neben d Åbsätz gehn: in zerrissenen Schuhen gehen
Åbschrift; nimm dr a —: nimm dir ein Beispiel; da möcht i um a — bitten: das ist ja merkwürdig
ach!, Empfindungswort der Ablehnung (selten)
Åchen, Ahorn (selten)
Achen, Eiche
åcherzen, ächzen
Achkatzl, Eichhörnchen
Åchthålbi, ein kleiner Brotlaib, der einst $7^1/_2$ (also achtehalb) Kreuzer, später (1860) 5 Kreuzer kostete (va.)
Åchtl, $^1/_8$ Liter
åch[t]zehn[i], achtzehn
åchzg, achtzig
åckern, pflügen
Adabei; der Herr —: einer, der überall dabei sein will; Neugieriger, Wichtigmacher
Ådåm, Atem
Adaxl, Eidechse
Aderl, Äderchen, Fäserchen; net a —: gar nichts
Ådern, Ader u. Otter (Schlange)
adinär, selten statt urdinär (s. d.), gemein
ådischpatiern, abdisputieren, abstreiten
ådraht, abgedreht, schlau, gefinkelt (d. i. auf der Drehbank geglättet), gerieben
ådrucken, abdrücken, einen Schandpreis bezahlen; fliehen, davonlaufen
åfåhrn, davonlaufen, fliehen; schau, daß d åfåhrst!: mache dich davon!
åfama, abfäumen, absammeln
Åff, Schmähw., Rausch
Åffenpinsch, Schmähwort
Åffenpoldl, Åffenweibl, Schmähw., letzteres auch für männl. Person
Åffentürkei, der 20. Bezirk Brigittenau
åfingerln, an den Fingern abzählen, erraten

åfischen, vorwegnehmen o. -kaufen
åfläschna, ohrfeigen, s. Fläschn
afri, eitrig (mhd. afel); rauh; it. afa, Ekel
Afterpartei, Untermieter
Agamenterl, in Bergmannsspr. Egementel, kleines Stückchen
ågeben, befassen; als etwas fungieren (z. B. als Zeuge): an Zeugen —
ågeh^n, vermißt werden, fehlen; des ginget mr no å! Das würde das Übel vollmachen
ågeigeln, Papierdrachen zum Absturz bringen, s. geigeln
Agerl, Agnes
Agi geben, Anstoß o. Anlaß geben (frz. acquit)
Agnesbründl, eine Quelle auf dem Hermannskogel, in der Lottospieler Nummern zu sehen glauben, die ihnen Gewinn bringen
Agråseln, Stachelbeeren (span. agraz)
ågwixt, durchtrieben
ah, ah u. ach
aha[n]!, aha!
åhäudeln, enthäuten
Ahndl, Urgroßvater o. -mutter; Baßgeige
ähnli(ch), ähnlich (des schaut dir —)
Aitel, Art Weißfische
Akazi, Robinie
åkiefeln, abnagen, auch s. v. a. åklauben
åklauben, absuchen; da gibts was zum —: mühsame Arbeit
åklezeln, mit Fingern ablösen, auch s. v. a. åklauben
åknöpfeln, abnehmen, stehlen, rauben
åkrageln, den Hals abschneiden, schlachten
akrat, akkurat, genau; ordnungsliebend; wie vorausgesehen; sparsam, geizig
åkratzen, abkratzen, weglaufen, sterben
åkräulln, s. v. a. åkratzen
Akten, Umstände, Aufsehen (machen) (s. Gschichten)
åkumma, außer Gebrauch, aus der Mode kommen
ålåssen, (Milch) entsahnen
ålausen, ablausen, ablisten, abnehmen, berauben
alert, lebhaft (frz. alerte) (va.)
Alimenten, Unterhaltsbeitrag, bes. für unehel. Kinder
alla^n o. **allani(ch),** allein (sein)
allawanti!, vorwärts! rasch! (it. avanti, vorwärts)
åller; wer åller?: wer von allen?
ållerweil o. **ållaweil** (spr. -wäul), immer
åll[e]s o. **ållas;** wer —?: welche Personen?; was —?: welche Sachen; von wås —: von was allem?
ållesans, einerlei, gleichgültig
ålli, alle; ålli zwa: beide; allizwabeidi: alle beide
Allitåchgwånd, Werktagskleid; er kennt sie net aus vur —: vor Widerwärtigkeiten
Ålmrausch, Alpenrose, Rhododendron
Älräundl, Alraunwurzel
åls; wia groß åls er is (vgl. daß)
ålsdånn o. **ålstern,** also
ålser o. **åls a;** — klaner: als er noch klein war

ålt, vortrefflich; — måchen: liebend intim werden; auf — und neuch: mit Eifer
åltbåchen, altbacken
Ålter, Alter
Ålterjåhrståch, der letzte Tag des Jahres
Ålterweibersummer, Fäden im Herbstwind
åltfrankisch o. **åltvaterisch**, altmodisch
Ålsterbåch, Alsbach, Als
ålstern, s. ålsdånn
Ålstern, Elster
Ålstervurstådt, Alservorstadt
Åltåna, die Altane
Åltglauber, armenische Christen, Mechitaristen
Ålthån, einst Wiener Vorstadt (9. Bezirk)
Ålti o. **Åldi**, Eheweib, Geliebte; der —: Vater, Ehemann, Geliebter, Vorgesetzter, Chef; alter Wein (über ein Jahr alt)
Altl (spr. Äultl), das Bouquet alten Weines
Ålts, Altes, längst Bekanntes
Alzl (spr. Äulzl), Bröcklein (ahd. atzel)
am, einem (Wemfall von man); gib — an Ruah: gib einem Ruhe; auch: einen (låß am geh^n!)
åm, an dem; auf dem, auf den
åmåchen, abmachen
amål, einmal; des geht — net: das ist unmöglich
Amålans, Einmaleins
Åmaseier, Ameisenpuppen
Åmasen, Ameise
Åmbaschurl, Mundstück der Trompete (frz. embouchure)
Amen; wiar — in Gebet: ganz gewiß, sicher, unausbleiblich
Åmlett, Omelette, Eierkuchen
Ammel, Amme
ammeln, als Amme dienen
Åmmerling, Goldammer
Åmper, Handeimer (ahd. eimbar)
Amperl, Blechgefäß für Milcheinkauf
Åmschel, Amsel
Åmt, Behörde, Hochamt
Amtl, Ämtchen
åmudeln, verknittern
åmurksen, töten
Amurl, Amor, Putto
å^n, an
an, einen (nach m, n: ihn: i nimm an net, i kenn an scho^n)
a[^{n}], ein (vor Selbstlaut); — Aff
a^n (Zahlwort), ein, eine, etwelche
ana o. **aner**, einer
å^{n}åbeln, abnabeln
å^{n}assi, wie ånlassi
a^{n}augert, einäugig
a^{n}ballert, einballig (von Schuhen)
å^{n}båmpfen, vollessen
å^{n}bandeln, eine Liebschaft o. einen Streit beginnen
å^{n}baun, säen, anpflanzen, vertun, verlieren
å^{n}beißen, sich auf etwas einlassen
å^{n}bellen, anschreien
å^{n}biaten, anbieten, einen Streit hervorrufen
å^{n}blåsen, anfahren, ausschelten
å^{n}bremsen, mit Geräusch ankommen (wie eine Bremse)
å^{n}brennt, angebrannt, dumm, hirnverbrannt

å^{n}bringa, anbringen, ausgeben, vertun
å^{n}bumsen, schwängern
Anderl, Andreas
ånderscht, anders
å^{n}dicklert, etwas dick
å^{n}dippeln, vollsaufen
Åndivl, Endiviensalat
å^{n}drahn, drehen; versetzen (Ohrfeige); anhängen (schlechte Ware verkaufen)
Andredl, Andreas
åndri, andre
å^{n}drucken, andrücken; (Ohrfeige) versetzen
å^{n}dtuan, in der Seele schmerzen, leidtun (mhd. ande, Leid)
å^{n}dudeln, vollsaufen
å^{n}duseln, berauschen
ane o. **ani,** eine
Åneis, Anis
aner o. **ana,** einer; s Gwånd aner Löcher: voller Löcher
ån[er]anånd[er], aneinander
anerla, einerlei
a^{n}fåch, einfach
å^{n}fåhrn, anschreien
å^{n}fånga zum, anfangen zu
å^{n}flearnschen, angrinsen
å^{n}fressen, vollessen; hohl (kariös) werden
å^{n}frümma, nach Maß anfertigen, anmessen; (eine Ohrfeige) versetzen (mhd. vrum, gut, fromm)
anfurt, (in) einemfort
Å^{n}gåb, Vorauszahlung
å^{n}gänzen, von einem Ganzen hinwegnehmen, anschneiden
å^{n}gebn (Übles o. Dummes), tun; a dumms Stückl —: etwas Dummes machen
Å^{n}gedenken, Andenken
å^{n}gehn, beginnen, anfangen; (um etwas) bitten
Å^{n}gehn, Aufhebens; auch ein Kartenspiel
å^{n}glurn, anglotzen
Å^{n}gråt; aller —: einer, der bei allem Schlimmen dabei ist
å^{n}greifen, ergreifen; betasten
å^{n}gschirrn, anschirren
å^{n}gschwellen, anschwellen
Ängsten, Ängste, Angst
angsti, angstvoll
ängstinga, ängstigen
Ångstläuten, Glockengeläute am Donnerstag abends, erinnernd an die Angst Jesu auf dem Ölberg
å^{n}gstochen, von Fäulnis o. Wurmfraß befallen; leicht berauscht
å^{n}gstrat, bestreut; betrunken
Ångströhrn, Zylinderhut, der 1848/49 von den Ängstlichen getragen wurde, weil die Aufständischen Schlapphüte trugen
å^{n}hålten, dazuhalten, um nicht zu kurz zu kommen
å^{n}handeln, Händel beginnen
A^{n}handler o. **A^{n}handleter,** Einarmiger o. -händiger
å^{n}haun, sich anstoßen, anpochen, auf den Busch klopfen; ansuchen; bitten; sich vollessen
a^{n}haxert, einbeinig
A^{n}haxler, Einbeiniger
å^{n}henken, anhängen, Streit beginnen
åni, an, zu etwas hin (ånischiabn) (mhd. ane)
aninga, einigen
Ankin, Nanking
å^{n}klådert, beschmutzt (vgl. Kladde, Schmierbuch)
å^{n}klopfen, anfragen
ånkrazeln, bekritzeln

ånkreidna, ankreiden, zuschulden schreiben
ånlahna, anlehnen, anschwärzen, betrügen
ånlassi, zu Streichen (Liebesabenteuern) geneigt
ånlaufen lassen, einen ungewarnt in ein Übel geraten lassen; einen blau — lassen: ihn belügen
anlaut, einsilbig, kleinlaut
ånlegen, ankleiden (a ånglegter Aff: Hanswurst)
ånlerna, anstiften, zu üblem auffordern
ånmåchen, festmachen, (Brei, Mörtel) anrühren, bereiten, sich bekacken; sich (an wen) anschließen
ånmålen, bemalen, wohin malen; wie a ångmålener Türk dåsitzen, also langweilig sein
ånmäuerln, Kinderspiel mit Münzen an den Wänden
ånmelden; beim Sterben an fernem Ort ein Zeichen geben
Annamirl, Annamarie, Bauernmädchen
ånnigeln, prickelnder Frostschmerz in den Fingerspitzen (bayr. urnigeln, schwäb. hornigeln)
ånpåcken, räuberisch überfallen; angreifen
ånpåtzen, beschmutzen
ånpelzen (spr. pölzen), schwängern
ånpfnausen, anfahren, tadeln
ånpfnurrn, wie anpfnausen
ånplauschen, anlügen
ånprellen, anstoßen
Ånpumperer, ein Klotz, dummer Dickschädel
ånpumpern, anpochen
ånpumpt, etwa wie: ja, Schnecken!, keine Idee!, Fehlgeraten! (va.)
Ånrånd, Anlauf
ånrauken, anrauchen, Meerschaumpfeifen durch den Gebrauch braun anlaufen lassen
ånreden, bitten
Ånreim, der Blaureif
ånrenna, anstoßen
Ånricht, Kredenz
ånrührn; geweicht und angrührt (an eine heilige Reliquie), also geheiligt
ånrumpeln, heftig anstoßen
ans, eins; eines; man (des kånn ans net)
ånsågen; er håt n ångsågt: ist geflohen
ansåm, einsam
ånsäuerlet, säuerlich
ånsaufen, besaufen, vollsaugen
ånschåffen, befehlen, im Gasthaus bestellen
ånschaun; s Geld —: es schätzen; s Geld net —: eine Ausgabe nicht scheuen; si net (verächtlich) — låssen: sein Ansehen wahren; der wird si —: der wird sich betrübt o. verwundert anschauen; an ane — låssen: ihn ohrfeigen
ånscheangeln, angaffen
ånschiabn, schieben, nachhelfen
Anschicht, Einöde, einsame Gegend
anschichti(ch), einsam
ånschlågen, anzapfen; affichieren; mit der Kirchenglocke Feuerzeichen geben; zu stricken beginnen; wohlbekommen
ånschlåmpen, sich mit Speise u. Trank füllen

å^{n}schledern, mit Wasser volltrinken
å^{n}schmiern, täuschen, betrügen
Å^{n}schnitt, erstes und letztes Stück eines Bratens
å^{n}schwådern, mit Vielrederei belästigen
å^{n}sechteln, bepissen
Å^{n}segn, Ansehen, Aussehen
a^{n}seitet o. **anseiti(ch),** einseitig, schief, bucklig
å^{n}sempern, wie å^{n}schwådern; anflehen; schmeicheln
Ansen, Gabeldeichsel (it. ansa, frz. anse, Bucht, Bügel)
Anserl, ein Gulden
å^{n}setzen, in Alkohol digerieren; einen betrügen, in eine üble Lage bringen, schwängern, bewerben
A^{n}siadler, Einsiedler
å^{n}singa, bitten, anbetteln
A^{n}spanner, einspännige Lohnkutsche; deren Kutscher; ein einzelnes Frankfurter Würstchen (kein Paar)
å^{n}spiazeln o. **-spirzeln,** Pferde mit Zungenschlag o. Peitschenspitze anfeuern
å^{n}stageln, anstählen, betrunken (machen)
å^{n}ständi(ch), genehm
ånståtts, anstatt
å^{n}stehn, gefallen (des steht mr net ån); er steht net drauf ån: hat es nicht nötig
ansteils, einesteils
å^{n}stelln, verüben, verbrechen; eine Schar bilden
å^{n}stiefeln, gegangen kommen
å^{n}strafen, anstreifen, anreiben (Zündhölzer)
å^{n}streichen, mit Stockstreichen züchtigen; betrunken machen
å^{n}strudeln, einen mit Musik o. Lob ehren; lobhudeln
anszwa; auf —: schnell, plötzlich
å^{n}tauchen, anschieben, sich beeilen
Anten, Anterich, Ente, Enterich; er muaß an Antenårsch gfressen haben: er ist geschwätzig
Anti, Antisemit, Judenfeind
Antoniklösterl, Zuchthaus im 2. Bezirk (va.)
å^{n}trågen, (auf etwas) bedacht sein o. rechnen; anbieten; androhen (eine Ohrfeige)
å^{n}trapplert, blöde; Antraperl, Halbkretin
å^{n}treiben, (den Hut) über die Ohren treiben, indem man heftig daraufschlägt
å^{n}trenzen, betropfen (mit Suppe u. dgl.)
Å^{n}trpris, Entreprise des pompes funèbres, eine ehemalige Leichenbestattungsunternehmung
å^{n}tuan, zuleide tun (si was), selbstmorden; tuan S Jhna nix ån!: regen Sie sich nicht auf!; bezaubern (de håt mrs åntån)
ånussen, prügeln, „Kopfnüsse“ versetzen
å^{n}wåchsen, dicker werden
å^{n}wamperln, wie anwachsen, dick werden
å^{n}wandeln, die Wände berühren
å^{n}weißinga, anweißen; mit Geld versehen; s. weiß
Å^{n}wert, Wertschätzung, Geltung
Å^{n}wurf, Liebes- o. Heiratsantrag (va.)

Å^{n}zach, Anzeige
å^{n}zedeln, anzetteln
anzeln, einzeln; anzelweis, einzelweise
å^{n}zetten, (beim Essen) beschmutzen (va.)
å^{n}ziagn, anziehen, ankleiden; kälter werden; Eigenschaften anderer annehmen
anziche; die anzinga: einzige[n]
å^{n}zügli(ch), anzüglich
å^{n}zünden, Streit erregen
å^{n}zwidern, unangenehm, zuwider machen, lästig werden
åpackeln, abohrfeigen
åpåschen, davonlaufen, s. paschen
åpassen, auf einen lauern, sein Vorbeikommen erwarten
Apatheken, Apotheke, teuere Kaufstelle (s. Rotzapatheken)
Åpfelfrau, Obsthändlerin, des is net wia bei der —: nicht einfach wie ein Obstkauf
Apferln, Äpfelchen
åpfluschen, verlöschen
Appatit, Appetit, Hunger
Appurtl, Gegenstand, den der Hund herbeibringen soll (Apport)
ar, ein (Mobdialekt)
Arar, Ärar, Staat
Åräunl, Alraunwurzel
Arbes o. **Arwes,** Erbse (va.); Arbesbåch, ein Bach in Döbling
Arbn, Deichselschließe
årch, ircher, arg, ärger
årebeln, Trauben entbeeren
åreden, verabreden; abspenstig machen
Årm; wo der Herrgott sein — außasteckt: Heurigenschenke (s. Heuriger)
årm, irmer, arm, ärmer; Armitschgerl, bedauernswerter Mensch
arragant, arrogant, dünkelhaft
arretiern, verhaften, sich aneignen; auf der Straße auflesen (Zigarrenreste)
Arsch, Gesäß, als erstes Wort einer Zusammensetzung, die meistens ein unflätiges Schmähwort ist
ärschlings, rücklings
Årt; is des a^n —?: ist das anständig, gehörig?
Årwat, Arbeit; årwaten, arbeiten, herumschlagen, gären, trachten
as, es, sie (hast as gsegn?)
Asch, Äsche (Fisch)
åschasseln, vom Halse schaffen, abschütteln (v. frz. chasser, jagen)
Åschen (der), die Asche; der Aschenmå^{nn}, ein Aschenhausierer
Åschgraue; des geht schon ins —: das ist unerhört
åschiaßen, im Lichte verblassen
Åschitzen, Speierling, Elsbeere
åschlecken, ablecken, küssen
åschmålzen, schmalzen; sich einer Pflicht entziehen
åschnålzen, herb abweisen
Åschnitzeln, s. Äschrödeln
åschöpfen, entsahnen
Åschrödeln o. **Schrenz,** eßbare Abfälle von Wurst u. dgl. (von schroten, schneiden)
åschwabeln, ablisten
åsegeln, fortgehen

åserben, abmagern, dem Tode entgegengehen (va.)
åsiaden, kochen, ausbeuten (z. B. im Spiele)
a so; des is a so: das ist so (a ist nur Füllwort)
åspeisen, abspeisen
Aspen, Espe
åspena, der Mutterbrust entwöhnen
Asperl, Mispel
åspicken, absehen, ablernen (v. lat. spicere, sehen)
Aß, Eiß, Geschwür, Karbunkel (mhd. aisse)
åstampern, absuchen; begatten
åstapeln, abrennen
åstechen, schlachten; sich abheben der Farbe; d Åstech, Schlachtraum
åstehn, abstehen, schal werden; verenden (der Fische)
åstellen, abstellen, stillstehn machen (Maschine); Rückenlast absetzen; zurückweisen, treffend antworten
åstiefeln, abgehen
åstiern, berauben, s. stiern
Astl, Ästlein, Zweig
Åstl, Assel; schiache —: häßliche weibl. Person
åstößen, abstoßen; in Raten abzahlen
åstraweln, abmühen
åstreiten, abstreiten, scherzhaft für abzahlen
åstucken, heftig streiten (va.)
Åsud, Absud
åtåtschen, betasten
åtatscherln, abtätscheln, liebkosen
åtätschna, ohrfeigen
åtauchen, weglaufen, fliehen
Åten, Atem
Atollerie, Artillerie
åtöten, abtöten
åtrickern, abtrocknen
Attackt, Attacke, Streit, Kampf
Atz (d), Atzung, Nahrung
Atzgersdurf (Ort nahe Wien); —, aussteigen! bedeutet: Unsere Fahrt ist zu Ende!, Schluß! (Wohl aus einer Posse)
auf; Geld auf (für) Bier; er haut auf mi (nach mir); oft statt „an": auf so wås denken o. erinnern; auf der Erd: am Boden, unterlegen, in übler Lage; auf d Letzt: zuletzt, vielleicht
aufa, herauf
aufa[ra]nånd[a], aufeinander, gegeneinander
aufbama, aufbäumen
aufbegehrn, laut Unwillen äußern
aufbiaten, aufbieten, befehlen, einschärfen, aufbegehren; Brautpaare verkünden
aufblahn, aufblähen
aufbringa, in Mode bringen, erfinden, andichten, öffnen können
aufdama, aufbegehren, s. v. a. aufdrahn
aufdeutschen, näher erklären, verdeutlichen, aufklären
aufdrahn, aufbegehren, sich durch Ausgaben hervortun
aufdunnern, sich reich, aber ohne Geschmack kleiden, herausputzen
aufgåbeln, finden, sich zueignen
aufganserln, aufhetzen
aufgeben, zur Aufgabe machen, auftragen
aufgehn, sich öffnen, steigen, gären (des Teiges); sich wundgehen (Wolf); — låssen: viel verbrauchen; einen Bauchwind ent-

weichen lassen; es geht viel auf: es wird viel verbraucht
aufglegt, (gut) gelaunt; offenkundig, ruiniert (sein); guat —: leicht betrunken
aufgleich, ins gleiche, überein, geordnet
aufgschwellen, aufschwellen
aufhåben, betrunken sein; Aufgaben haben
aufhålten, hindern; Ärger äußern (die Hand o. einen Sack offen hinhalten)
Aufhauerischer, lebhafter Tanz
aufhaun, protzenhaft zechen, verschwenden
aufheben, aufbewahren, auflesen; si —: das Kleid heben
aufhenken, aufhängen
aufhörn (mit was), es beenden; geh, hör auf!: ist es möglich?, erstaunlich!; auch: schweig still!
aufhussen, aufhetzen (v. hussa!)
aufi, hinauf
aufidraufaufi, immerzu drauf
aufihupfen, in die Falle gehen, aufsitzen
aufipåppen, ankleben, einen Kuß o. Schlag versetzen
aufipelzen, zur Last legen (mhd. belzen, pfropfen)
aufisteigen, hinaufsteigen; an —: einen zur Verantwortung ziehen
aufkiebitzen, aufhetzen
aufkochen, wallend sieden, reichlich Speisen kochen
aufkriagen, eine Aufgabe erhalten
aufkumma, Sitte, Mode o. Brauch werden, zu Tage kommen, einem Herr werden, emporkommen, erfunden werden, gesunden
auflahna, auflehnen, auftauen
Auflauf, ein gebackener Brei
Aufleger, Auflader
aufliegen, bekümmern (des liegt mr ståglgrean auf: läßt mich kalt); sich wund liegen
auflosen, zuhören, lauschen
auflösen, erraten; an was zum — gebn: eine schwere Aufgabe geben
auflümmeln, die Ellbogen auf den Tisch stützen
aufmåchen, öffnen, erhöht anbringen (z. B. ein Bild, Vorhänge)
aufmischen, in etwas Leben, Bewegung bringen
aufmucken, widersprechen
aufnehma, anstellen, mieten; zunehmen (Mond)
Aufnehmer, Scheuerlappen, zum Auftrocknen geeignet (Aufsauger)
aufpassen, achtgeben, zuhören, gehorchen, auflauern
aufpfluschen, aufflammen, explodieren
aufpulvern, beleben
auframa, aufräumen, ordnen, wegräumen
aufrazen, aufreizen
aufreiben, den Boden waschen; den Arm zum Schlage erheben
aufreißen, sich (Geld) verschaffen, auftreiben; s Mäul —: gähnen, schreien, tadeln, kritisieren
aufrichten, eine Falle stellen
aufrichti(ch), aufrichtig
aufriegeln, in Bewegung setzen, aufmuntern, aufregen
aufrogeln, auflockern

Aufruaf, Aufruf
auffågen, kündigen, die Auf-fåg (Kündigung) schicken; deklamieren, vortragen
aufschaun, achtgeben, beaufsichtigen; auf was —: es bewachen
aufschern, aufkratzen
aufschiaßen, emporwachsen
aufschlågen, Karten legen; Preise erhöhen
aufschneiden, prahlen
Aufschnitt, blätterig geschnittene Wurst und Fleischspeisen; kalter —
aufschreiben, auf Borg verkaufen
aufschwanzen, stattlich zurichten, kleiden
Auffegn, Aufsehen, Sensation
aufsetzen, Kegel —; sich den Kopf —: eigensinnig sein
aufsitzen, übertölpelt werden
Aufsitzer, Übertölpelung
aufspaneln, durch Holzspäne offenhalten
aufspendeln, auf Nadeln spießen
aufstecken, erzielen; etwas sein lassen
aufstehn; da steht nix auf: es gibt nichts Besseres, Schöneres; da müassen S früher aufstehn: schneller o. klüger sein
aufstiern, ausfindig machen, aufstöbern
aufstricken, (Ärmel, Hosen) zurückrollen
Aufträg; i håb kan —: das kümmert mich nicht
auftrummeln, auftrommeln, wecken
aufwaken, aufweichen
aufwarma, aufwärmen, erneuern
aufwårten, etwas anbieten; von Hunden: sich auf Befehl aufrechtsetzen
aufwåschen, den Boden scheuern; in an Aufwåschen: in einem hin
aufwixen, die Schnurrbartspitzen nach oben richten
aufzagen, mit zwei Fingern ein Zeichen geben (z. B. dem Lehrer)
aufzama, aufzäumen
Aufziacher, hohe, oft die Knie überragende Stiefel
aufziagn, emporziehen, z. B. den Nasenschleim
aufzünden, Licht machen; aufzunden: aufgezündet
aufzwicken, s. v. a. aufgåbeln; sich (eine Geliebte) verschaffen
äugeln, schauen
Augen, Auge; ja, bein —: eine Verneinung (va.); die — auswischen: täuschen, verhindern zu sehen; um a[n] Augen zweni: um eine Eins zu wenig (z. B. im Lotto o. auf Würfeln)
Augenbram, Braue; Augendeckel, Lid
Augenpulver, den Augen schädliche kleine Schrift u. ä.
Augenzåhnd, Eckzahn
..auge[r]t, ..äugig
aus; war net —: wäre nicht übel; — sein: zu Ende sein; — und gschegn: der Gipfelpunkt der Aufregung erreicht
aus[ar]anånd[er], auseinander
ausårtna, ausarten
ausbanln, die Knochen aus dem Fleische lösen
ausbazen, fortjagen

ausbegeln, bügeln
ausbraten, ausbreiten
Ausbund, Musterstück; das Beste o. Schlechteste seiner Art
ausbuxen, austrinken
ausbüxna, ausbüchsen; zahlen
Auschelm, Erzschelm (v. au!)
auschiach, sehr häßlich (v. au!)
ausdeutschen, erklären
ausdiena, ausdienen, Gunst verlieren (der hat bei mir ausdient)
ausfållen, ein Gelenk o. die Schulter durch Sturz verrenken; gelingen
ausfåssen, bekommen
ausfechten, erbitten, erfechten
ausfeuern, ausschlagen (des Pferdes mit den Hufen); entrüstet sein, schelten
ausfrånzen, ausfransen; si vur Ärger —: hochgradig ärgern
ausfratscheln, ausfragen, ausholen
ausfrischen, in kaltem Wasser ausspülen
ausfrörn, sich dem Froste aussetzen
ausführn, jemand zu einer Belustigung führen; stehlen
Ausgång, dienstfreier Tag; das Recht, wegzugehen
ausgeben, ausgiebig sein
ausgehn, Ausgang (s. d.) haben; ausreichen, richtig sein (s geht si aus)
ausgfressen, dick; hohl; wås — håm: sich etwas zuschulden haben kommen lassen
ausglåssen, übermütig lustig
ausglenga, auslangen
Ausglernter, sehr junger Gehilfe
ausglitschen, ausgleiten
Ausglöśts, Fleisch, aus dem die Knochen entfernt wurden
Ausgmåchts, Schelte
ausgrechent, gerade (— mir muaß des gschegn)
ausgreina, ausschelten
Ausgschau, Aussehen
ausgschirrn, ausschirren
ausgschissen, die Gunst verloren (haben)
ausgschrian, verrufen
ausgwerkelt, abgenützt (von Maschine u. dgl.)
ausgwuschn, entwischt, entglitten
aushaln (spr. -häuln), ausgleiten (s. hal)
aushälschen, enthülsen
aushålten, haltmachen, ertragen; den Unterhalt bestreiten; a Ausghåltene: eine Mätresse
aushaun, s. v. a. ausfeuern, prügeln
ausheanzen, verhöhnen (mhd. hoenezzen, höhnen)
ausheben, erbrechen (Speise); in der Wohnung verhaften
auskegeln, verrenken; d Augen —: mit Eifer anblicken
auskenna, zurechtfinden, klug o. pfiffig sein (der kennt si aus bei der Äpfelfrau; einst sagte man auch: bei der Kaukaliesl)
auskiehrn, auskehren
auskinna, auskönnen, einen Ausweg wissen
auskitzeln, austreiben (wie die Grille aus ihrem Loch)
auskochen, Privatkost geben; aushecken
auskosten, erproben
auskumma, auslangen, entwischen, entfahren, entkommen

auslarn, ausleeren, ſchimpfen (ſi s Mäul —)
auslåſſen, (Fett) ausſchmelzen; Falten —, um ein Kleid zu erweitern; nix —: geizen; wås —: freigebig ſein, nicht geizen; freilaſſen
ausläuten, Glocken läuten am Tage eines feierlichen Begräbniſſes; Hund —: mit den Füßen pendeln
ausleichen, ausleihen; eine Perſon vornehmen, um ſie zu tadeln o. zu ſtrafen (ſ. leihen)
ausleppern, mit Zunge und Lippen trinken wie Hund und Katze (v. Lippe)
ausmåchen, (einen) ſchelten; etwas vereinbaren
ausnehma, mit den Augen erkennen
ausnehmad, beſonders
auspåcken (mit wem), ihn fortjagen; ein Ende machen
auspariern, einen Hieb abwenden
auspfnauſen, zu Atem zu kommen ſuchen
auspfnotten, ſchmollen
ausplaramentiern, ausposaunen, ausplaudern
ausplazen, ausweinen
auspledern, züchtigen, ſchütteln, ſchlagen
ausquetſchen, ſich ausſprechen
ausrånzen, die Glieder dehnen
ausräukeln, ausräuchern
ausrauken, in offenen Gefäßen Geſchmack und Geruch verlieren
ausrecken, herausſtrecken (der Zunge)
ausreiben, den Boden ſcheuern
Ausreibfetzen, Scheuerlappen, wohl auch verächtliches Weib
ausrichten, beklatſchen, verleumden; Gruß und Botſchaft beſtellen
ausringen, auswringen (der Wäſche)
ausrinna (ausgrunna), abmagern
ausrucken, ausrücken
ausrutſchen, ausgleiten; erfolglos bleiben
auẞa, heraus
auẞabrateln, herausbekommen
ausſackeln; an —: einem die Taſchen leeren
auẞadividiern, ausklügeln
auẞafånga, herausfangen, herausholen
auẞafetzen, herausholen, erzielen, ergattern
auẞafilutieren, herausſchwindeln
auẞahaun, ſich heraushelfen
auẞakitzeln, heraustreiben, -bringen
auẞakrätzen, herausbekommen, den Sinn ergründen
auẞalaxeln, herausziehen; ſ. auch auẞazaxeln
auẞamauſern, erholen, geneſen
auẞapatzeln, durch Hausmittel geheilt werden
auẞaputzen, herausputzen
auẞareiẞen, retten
auẞarucken, herausrücken, zahlen, die Wahrheit ſagen
auẞarumpeln, herausſtürzen, herausplatzen
auẞaſtecken, erzielen, unternehmen
auẞawåchſen, entſtehen, ergeben; des wåchſt mr bein

Håls außa: ich bin dessen satt
außawursteln, sich mühsam heraushelfen
außawuzeln, heraushelfen
außazarln, herausziehen
ausschaun, aussehen; — wia a Blåsengel: dick sein
ausschälen, entkleiden
ausschiaßn, im Lichte verblassen
ausschlågen, mit den Hufen schlagen
ausschnofeln, ausforschen
ausschoppen, ausstopfen
ausschrein, in der Leute Mund bringen
ausschütten, (von Tieren:) gebären
ausschwaben, ausspülen, ausschweifen, auswässern
äußerln, Hunde auf die Gasse führen, auf daß sie die Wohnung nicht beschmutzen
aussetzen, tadeln
außi, hinaus
außibazen, hinausjagen
außibeißen, verdrängen
außidrahn, hinauswerfen
außidraxeln, verlängern
außifliagn, hinausgeworfen werden
außihaun, hinausjagen, wegwerfen
außilahna, hinauslehnen, vor die Tür stellen, hinausweisen
außiputzen, (sich) herauslügen
außischeiben, einen Witz machen o. Unsinn sprechen
außischmecken, hinausriechen (bildl.)
außispirrn, aussperren
außistampern, hinausjagen
außistechen, ausstechen, verdrängen
außistecken, unternehmen, tun
außiwuzeln, hinauswerfen, entfernen
ausskalieren, tadeln (meist: ausstallieren), it. scagliare
ausspaliern, tapezieren
ausspanln, Bretterfugen mit Holzspänen füllen
ausspånna, eine Beziehung lösen
ausspern, austrocknen (im Rachen), s. sper
ausspieln (spr. -spüln), eine Lotterie veranstalten über einen Gegenstand (Uhr, Kipfel u. a.)
aussprageln, spreiten, einzeln ausstrecken (z. B. Finger)
aussprenga, verbreiten (von Gerüchten, Lügen)
ausspringa, austreten
ausstalliern, nörgeln
ausstaffiern, ausstatten
ausstattiern, verstümmelt aus: ausstaffiern
ausstecken, den Weinzeiger übers Tor stecken, zum Zeichen, daß da Wein o. Most zu haben ist
ausstehn, aus dem Dienst treten; leiden (was i mi aussteh!)
ausstelln, tadeln
ausstiern, ausstochern, reinigen der Tabakpfeife
ausstudiern, ersinnen, ausklügeln
ausstückeln, Flicken einsetzen
aussuachen, auswählen; ausgsuachte War: gute, aber auch schlechte (die restliche) Ware
aussuzeln, aussaugen
austegeln, s. eintegeln
Austern, Auswurf, Speichel
austrågen, beklatschen; den Kunden zustellen

austränken, mit Wasser aus dem Bau treiben
austrummeln und
austrumpete[r]n, ausplaudern
austüpfeln o. **ausdifteln,** ersinnen, überlegen
aus und gschegn, (gleichsam) dem Fasse der Boden ausgeschlagen
auswaden, ausweiden
auswåschen; an d Gurgel —: ihn beim Trinken freihalten
auswendi(ch), außen; aus dem Gedächtnis
auswern, enden
auswinden, ausringen
auswischen, fliehen; an ani —: einen ohrfeigen
auszåhln, lohnen, verletzen, prügeln
auszeitinga, ausreifen
Ausziachzeit, Ausziehtermin
ausziagn, ausziehen, die Wohnung wechseln; sich der Kleider entledigen; den Schnurrbart seitlich zuspitzen; einen um die Habe, um Geld bringen
Auszihrung, Schwindsucht
auszipfeln, das Los (zwei Zipfel) entscheiden lassen; sparsam verteilen
Auszug(mehl), die beste Mehlsorte
auszurken, auszacken
auszuzeln o. **aussuzeln,** s. d.
Auter, Euter
auweh!, o weh!
Avakat, Advokat
åwa o. **åba,** herab
åwafeankeln, mit stumpfem Messer abschneiden
åwaklezeln, wie åklezeln
åwamessen, heruntermessen (Stoffe, Schläge)
Awandanz, Fülle, Überfluß (Abundanz)
åwarama, herunterräumen; an s Wilde —: ihn zurechtweisen, schelten, putzen (s. d.)
åwåschen, abwaschen (bes. Geschirr)
åwastrafen, herunterstreifen
åwatschna, abohrfeigen, s. Watschen
åwawerkeln, herunterleiern
Aweichen, Abführen, Diarrhöe
åwi o. **åbi,** hinab
åwibuzen, rasch austrinken
awich, verkehrt, unrichtig (ahd. abicht); a Awiche: ein Schlag mit dem Rücken der Hand
åwideln, abwinden (Wolle)
åwidrahn, beseitigen
åwigrima, abgrämen
åwikräulln, hinabklettern; sterben
åwinöten, gezwungen essen
åwirackern, überarbeiten
Awischsetzen, Wischlappen; unsauberes, verächtliches Weib
åwistrudeln, (sich) abmühen
åwiwursteln, (sich) abmühen
åwizåhna, viel weinen
åwizåppeln, (sich) müdelaufen
åzihrn, abmagern
Azihrung, Schwindsucht
åzwåzeln, (sich) müdelaufen
åzwicken, abzwacken

B

ba; net — sagen kenna: vor Schreck stumm sein
båbbeln, betteln, schwätzen

Båbbler, Bettler
Babschinek, unfähiger Mann, Memme
Babuschka, altes böhmisches Weib (tsch. babuška)
Båch, kl. Bacherl, Bächlein
båchen, backen
bacherln, harnen (v. Bacherl)
Båchhendl, Backhuhn; —gottsåcker, Bauch
Båchsimperl, Brotschüssel aus Stroh
Bacht, Gebäck
Bäck, Bäcker (mhd. beck); jå, bein Bäcken: das tu oder glaube ich nicht
Bäckenfüaß, knieenge Beine
Bäckenhäusel, Armenhaus in der Währingerstr., einst ein Bäckerhaus „Zum blauen Herrgott"
Bäckenjodl, Spottwort = Bäckergehilfe
Bäckenknecht, Mehlknollen im Brot
båden; geh —: geh deiner Wege
Båder, handwerksmäßiger Landarzt; der Name deutet auf die mittelalt. Badestuben
Båder, laß Åder, eine Käferart: Cantharis fusca
Badian, Sternanis
Bådwaschl, Badgehilfe; Bådwaschlerin, Badedienerin
baff, verdutzt
Bagantsch, spött. Infanterist (ung. bakancs, Schnürschuh); —: plumper Schuh
Bagasch[i], Pack, Gesindel (frz. bagage, Gepäck, Troß)
Bagatellerl, schwaches Frauenzimmer (va.)
bagatellmäßi(ch), geringschätzig
Bågauner, schweres ung. Schwein (nach dem Bakonyer Walde)
bagschierli(ch), possierlich, niedlich
bahn, bähen
Bahöl, Lärm, Streit (vielleicht v. ung. páholni, prügeln)
Bakschieserl (eig. Bachschießerl), kleines Fischchen; recht lebhafter Knirps
Bakstall, Zaunpfahl
Balgl (spr. Bäukl), Balg, Fell (klein)
Ball (spr. Bäul), Tanzfest
Ballawatsch (spr. Bäulla-), Wirrwarr, Unsinn (it. balordaggine, Tölpelei)
Bållen, (Billard-) Ball, Fußballen
Bålling, Spielball; scherzh. auch Wickelkind
bållinga, ballspielen; auch: bållingschupfen
bållna, ballen, ballspielen
Balwierer, Raseur
Bam, Baum, Mz. Bam[er]; Bamerl mächen, aufrechtstehn (kleiner Kinder); Unsinn; an an — vurmachen (wohl v. Pamperl, s. d.); auch Statist, Komparse
bama, bäumen
bameln, baumeln
-bamern, -baumen (z. B. nußbamern, aus Nußbaumholz)
Bamhackl, Specht; Schmutzkruste (der Specht hat oft den Schwanz voll Pech)
Bamhakl, Baumhaken, Hakennase
Bamkraxler, Baumkletterer (Spielzeug)
Bamöl, Olivenöl
Båmperletsch, Säugling (it. bamboleccio)

Båmpf, dicker Brei, Knäuel
båmpfen, mit vollen Backen essen
Bamschabl, alberner Mensch; Specht; Pechsammler im Walde
båmsti(ch), aufgeblasen; ungenießbar; protzig; Fürst Båmsti, eine alte Possenfigur, ein Protz; Fürst Båmstig (Posse: „Evakathl u. Schnudi")
Båmstl o. **Wåmstl,** dicker Mensch
Bamviech, Baumtier (Affe), Dummkopf
Bamwoll, Baumwolle
Bamwolleutnånt, Gefreiter (Stern aus Wolle)
bamzeiti(ch), auf dem Baum gereift
Baⁿ, Knochen; a lauts Baⁿ: w. fideler Geist, lustiger Mensch
Banda, Bande, Musikkapelle, Gesindel
bandeln, tändeln
bändinga, bändigen
Bandl, Bändchen; sie hat n am —: er ist ihr gefügig; kleine Bande, Clique; vier Paar Würstchen
Bandlerei, Bandelei, Getändel, Einverständnis, Machenschaften, Schwierigkeit
Bandlkråmer, wandernde Händler mit Bändern und Kurzwaren, jetzt Umstandskrämer
Bandlkråmerlandl, nied.-öst. Waldviertel, aus dem die Bandlkråmer zumeist kamen
Bandlwurm, Bandwurm; scherzw. langer Mensch
Baⁿfleisch, nicht ganz ausgekochtes Rindfleisch, beliebt als Gabelfrühstück

Banganett, Bajonett
baⁿhårt, beinhart, sehr hart
Baⁿhäusel, Beinhaus (Karner); hagerer Mensch
Bank, Notenbank
Bånk; durch die —: ohne Unterschied; Fleischladen
Bank[a]noten, Banknoten
Bånkert, Fratz, (schlimmes) Kind (fast nie: Bastard)
Banklgeschwåder, das Geschwätz des Fleischers, der Kunden abfertigt
Banlsiader, Knochenaussieder
Banlstierer, Abfällesammler
Banlviech, Rinder minderer Qualität
baⁿschradi(ch), ungestalt
Bårchet o. **Barchat,** Barchent
bårhapert, barhäuptig (va.)
barisch, bayerisch
Bår[r]n, Futtertrog
Barterl, Mundlätzchen für kleine Kinder
bårtet, bärtig
Bårtscherer, herabsetzend: Barbier
Bårtwisch, Handbesen
Ba[r]waras, Bavaroise (heißes Getränk)
ba[r]zen, aufblähen, stolz sein; auch faul sein, sich wohlsein lassen
baseln o. **basteln,** kleine Handfertigkeiten üben; davon: Basler, Bastler; Bas[t]lerei
baslertån, gemächlich, zum Zeitvertreib (per —); (frz. pour passer-le-temps) (va.)
båssen, (Nüsse) ernten (mhd. bozen)
Bassena, Straßen-Röhrbrunnen (it. bacino, frz. bassin)
båßgeigenfårb, rötlichbraun
basta!, fertig!, genug! (it.)

Bastatl, Bastard, Mischling
basteln, (besser als) baseln
Battali (spr. -täuli), Bataille, Kampf (va.)
Båtzenhäusel, ein aus ungebrannten Ziegeln (Batzen, Patzen) erbautes Häuschen
Bauchschwester, die als Schwester bezeichnete Geliebte
Bauchwehthomerl, einer, der oft Leibschmerzen hat
Bauchzwicken, Leibschmerzen
Bauer, der Kutscher eines Lastwagens (z. B. Mistbauer); wånn der — mit n Geld kummt: am Nimmermehrstag; so frågt mr d Bauern aus: auf solche (arglistige) Fragen antworte ich nicht
Bauernbraut, eine, die nichts arbeitet
Bäulk, Schläge, Prügel
bäulken, prügeln (v. balgen o. walken)
Baunzerl, mürbes Brötchen mit Mittelfurche (it. pancino, lat. panicillus, Brötchen); auch weibl. Scham (nach der Form); dickes, kleines Frauenzimmer
Bauplåtz, (scherzh.) Glatze
Bauschen, Umschlag, Kompresse
bauschert, aufgebauscht, faltenreich
Bauxl, Knirps (lat. pauxillus, Kleiner)
Baz, Beize, der breiige Körperinhalt, bes. von Kleintieren; an in der — haben, ihm scharf zusetzen
bazen, beizen; s. ausbazen u. ba[r]zen
Bazter, Gebeizter (Schnupftabak)
Beank, Riese (zu Bing, Teufel; Gspr.)
Beck, Backnapf, Becken (mlat. bacca).
bedauern, fälschlich für dauern (er bedauert [d. h. dauert] mi)
bedienen, betrügen; koitieren
befestinga, befestigen
begegna, begegnen (i bin eahm begegent)
Begellåden, Bügelbrett; mageres Frauenzimmer
begeln, bügeln
bei, oft statt an (er lehnt bei der Mauer, kennt mi bei der Stimm) o. statt in, zu: bei dera Zeit
bei[ara]nånda, beieinander; — sein: gesund, in guter Verfassung sein, hübsch gekleidet; net — sein: etwas krank (auch irrsinnig) sein
beibiagen, aneignen
beiläufi(ch), ungefähr
beileibi, beileibe (va.)
Bein[l], Biene u. ä. Insekten; leichtfertige Dirne
bein, beim
Beiriad, eine Art Rinderbraten (Beiried)
beisåmm, beisammen; — sein wie bei[ara]nånd
Beisel, Kneipe (scherzh. Beis o. Beischerl); aber Reichenberger —: ein angesehenes Gasthaus
beißen, jucken; an —: ihn rügen; oder wås beißt mi!: eine Ablehnung wie etwa: ja, Schnecken! u. dgl.
Beißer, ein schneidiger Wiener aus dem Volke, auch Strolch, Krakeeler; dann Werkzeuge: Hebel, Kisten-

haken; ferner Zähne; auch Verweis

Beißkurb, Maulkorb, scherzh. auch um den Kopf gebundenes Tuch (bei Zahnschmerz)

Beistånd, Trauzeuge

bejuramentiern, beeiden

Bekennter, Bekannter

belei, beileibe; ah —: ach, beileibe nicht

beleidinga, beleidigen; tan S Jhna net —: seien Sie nicht beleidigt; i håb mi drüber beleidingt: beleidigt gefühlt (s. bi-)

belfern (spr. böl-), zanken, streiten

Belweder o. **Belwider** (spr. Böl-), Belvedere

belzen (spr. böl-), aus der Hand schlagen (v. Bolzen)

Bemmer, dickes Kind

Bemmerl, Kotpille v. Maus, Ziege u. dgl. (v. frz. pomme, Apfel)

bemüaßen o. **bemüaßinga,** bemüßigen, zwingen

Bengel, Knüttel (mhd. bengel); bildl. großer, kräftiger o. ungehobelter Mensch

Bengeljåhr, Flegeljahre

beniaßen, beniesen (bekräftigt eben Gesagtes)

beniemen, berühmen (v. Name)

benzen, durch Bitten o. Mahnen belästigen, drängen (mhd.)

Beppi, s. Pepi

Ber[ch]telsgådner, Händler mit Holzwaren (v. Berchtesgaden)

bereits, fast, nahezu

Bersch, Barsch (Fisch), auch Dummkopf

berschen, si —: großtun

Berterl, Berti o. **Bertl,** Berta, Albert, Norbert, Robert

Bertråmkräutl, Estragon (Artemisia dracunculus)

bescheißen, bekacken; betrügen; jiatzt is es Bschissseni (o. Gschissseni) auswendi: jetzt sieht es übel aus

beschmiern, betrügen (wie å^{n}schmiern)

beschnatzeln, beschneiden

beschnofeln, beschnüffeln

Beschti, s. Besti

beschummeln, betrügen

beschwabeln, überreden (von persuadieren)

Beschwer, Beschwerlichkeit, Mühe

Besen, Frauenzimmer übler Art (studentisch)

Beserlpark, neue Parkanlage (Rutenpark)

besseri Leut, wohlhabende, gebildete Leute (oft iron.)

bestecken, einen Tisch als bestellt, reserviert kennzeichnen

Besti o. **Beschti,** Bestie, böser Mensch (Weib)

Besuach, Besuch, Gast

b[e]sunders, besonders

betackeln (eig. betageln), wie anschmieren, betrügen (s. Tach, Teig)

betappeln (si), betrinken

Betbüachl, Gebetbuch, ein Spiel Karten (spött.)

Beteiligung (spr. Betäu-), oft für: Beteilung

Beten (d), der Rosenkranz

betrapft, beträufelt

betropezt, betrübt, verblüfft (jüd.)

betrüagen o. falsch —, betrügen, täuschen

Bett, Mz. Better

Bettbrunzer, Bettnässer, kleiner Junge; si schåma wiar a —: sehr schämen
betteltutti, ganz am Bettelstabe (it. tutto, ganz)
Bettfrau, Vermieterin von Schlafstellen; d greani (grüne) —: eine Wiese (als Nachtlager)
Bettgeher, einer, der z Bett is, nur eine Schlafstelle gemietet hat
Bettschar, Bettschere, Holzgestell, um das Herausfallen aus dem Bett zu verhüten
Bettscheißer, scherzh. kleiner Junge
Bettstadl o. **-statt,** Bettlade
betufft, niedergeschlagen
beudeln, schütteln, an den Haaren zausen (er kriagt Beudler)
Beudl, Beutel, mißachteter Mensch; Bettelsack; Skrotum
Beul, Beil, Schlegel
beulna, schlagen, prügeln, beilen
beurlauben, verabschieden (sich)
Beuschl, Lunge; Lungenhaschee (v. Bausch)
bevur o. **ehvur,** bevor
bevurteln, übervorteilen
bi-, oft f. be- (Vorsilbe)
biagen, biegen, stehlen (åbiagen)
Biagl, Bügel, Geflügelschenkel
Biåmta, Beamter
biaten, bieten, ein Anbot machen
Biberhåhⁿ**,** Truthahn (v. bibern)
Biberl o. **Bibi** o. **Bibihenderl,** Hühnchen (v. Pippel, Nestflüchter)
biberln, trinken (v. lat. bibere)
bibern, beben, zittern
Bibler, Trinker
Bichl o. **Bigl,** Bühel, Hügel (auch Pichl)
Bierbrezl, eine Art hartgebackner Brezel
Bierkreiden, Bergkreide (ein weißer Ton)
Biernigl, Biersäufer, -liebhaber
Biertippler, Bierrestetrinker
Bierversilberer, Brauhauskassier
Bierzacher, Bierzeiger, ausgehängtes Zeichen, daß in einem Hause Bier zu bekommen ist
Bigl, s. Bichl
biglem, spärlich, selten (v. beklemmen) (va.)
Bikennti, Bekannte
Bildl (spr. Büldl), Bildchen; si bei wem a — einlegen, bei ihm beliebt machen (man schenkte sich einst Heiligenbilder, die der Beschenkte in sein Gebetbuch legte)
Bildlzwanzger, alte Münzen mit dem Bilde der Muttergottes
billi(ch) (spr. bülli), billig, wohlfeil; du wirst es a no billicher geben: du wirst noch bescheidener werden
Billiarsiader (spr. Bülli-), scherzh. Cafetier
Bimpf, Einfaltspinsel, Tropf (v. Bimpfel, Schwanz)
Bims, Kommißbrot
Bimsenstan, Bimsstein
bimsna, mit Bimsstein schleifen
Bindbånd, gehäkeltes Band zum Einpacken der Säug-

linge; Taufgeschenk des Paten, das er „einbindet"
Bindel, Halsbinde
bindern, prügeln
Binkel, großes Bündel, Ballen (v. mhd. büngel, Ballen, Knollen); geringgeschätzte Person
Binkeljud, wandernder jüd. Hausierer; Schmähw. f. Juden
Binkerl, Bündelchen, Kürzung f. Herzbinkerl, Liebling
Bir, Beere (Heidlbir) (aus Bauernspr.)
birkeni Rinden, Fischschuppenkrankheit, Psoriasis
Birn, Schläge
birna, prügeln
Bischkoden, Kinderbiskuit
Bischkoderlfahren, zu dreien auf zwei Sitzplätzen fahren
Bisen, Bisam (Pelz)
Biß, Bisse, Schelte, Rüge
bissel, bißchen
Bissen; red kan Bissen (nicht das geringste)
Bißgurn, bissiges Pferd; keifendes Weib (mhd. bizgurra, bissige Stute)
bitten: i håb n bitt = gebeten; då muaß i bitten o. des muaß i mr ausbitten, Ausdrücke der Mißbilligung
bitter, unangenehm
bittergållhanti, äußerst bitter (s. hanti)
bitzeln o. pitzeln, in kleine Stückchen schneiden; a Bitzl, ein solches Stückchen (it. pezzo, Brocken); gib mr a Bitz (Kostprobe)
Biz, wie Beißer o. Pülcher (engl. rowdy)
bizeln, sticheln, zornig machen o. werden
Bizl, Zorn (it. bizza)
Bizlbålg, zorniges Kind
Bizlgeher, -reiter, unzufried. Soldat
blab, blau; bläben, bläuen (va.)
blachen, bleichen
blad, aufgebläht, dick
bladeln, blättern
Blader, Dickwanst
Bladerl, Bläschen
blådermåsert o. **blådersteppert,** auch blådersteppi[ch], blatter- o. pockennarbig
Blådern, Blatter, Blase, Pocke
blådern, die Pocken haben; wann i amål blådert håb!: höhnisch s. v. w. niemals, auf keinen Fall
Bladl, Blättchen, Zeitung
bladlvoll, so voll, daß es ein Blättchen zum Überfließen bringt
blahn, blähen
Blamaschi, Beschämung (frz. blamage)
blami o. **blangi,** begehrlich (v. belangen) (va.)
blank, ohne Überkleider (gehn), ohne Geld (sein)
Blaschke, eine Frau, die alles glaubt (derzähl des der Frau —: das ist unwahr)
Blasel, Blasi, Blasius
blåsen, stolz sein; an wås —: einen Wunsch nicht erfüllen; rauchen
Blåsengel, ein Wind erzeugender Putto, der mit vollen Backen bläst; ein bausbackiges Kind
Blaserl, Bläschen
Blasius, (scherzh.) Wind

Blaßl, Blässe, d. h. ein weißer Fleck zwischen den Augen der Pferde o. Rinder; das Tier selbst
blatteln, Geruch verderbenden Selchfleisches (mhd. blât = Aas)
Blaue, der letztverkehrende Straßenbahnzug trägt eine blaue Laterne; alles Letzte heißt davon: die letzte Blaue
bläulert, bläulich
blaumachen, die Arbeit im Stiche lassen
Blauröckl, Forelle
Bleamel, Blümchen
Bleamel-Blamel, eine verblümende Lüge
bleankazen, Blicke werfen; blinken
bleanzeln, blinzeln, Blicke werfen
Blech, Geld; Wertmarken
blechen, zahlen
Blechhauben, Helm
Blei (der), Bleistift
bleiben; i bleib, bin blieben, bleibert o. bliebert (bliebe), bleibad (bleibend)
blim-blim, Ton der Gitarre o. Harfe
blind; blinde Gassen, Sackgasse; blinder Paschischehr, nichtzahlender Fahrgast (s. a. schwarz und Heß)
Blindschlachen, Blindschleiche
blitzen, prellen; es blitzt!: der Unterrock wird am Schlitze sichtbar
Blitzkuchen, mit Kristallzucker bestreuter feiner Kuchen
Blitzmadl, ein sehr hübsches, frisches Mädchen, (scherzh.) Telegraphistin
blodern, sich bauschen (mhd. blodern, davon pludern)
blödeln, Blödsinn reden
Blödian o. **Blödidl** o. **Blödist,** blöder o. dummer Mensch, Trottel
Blödser, wie Blödian
bloßfüaßi(ch), barfuß
bloßkopfert, barhaupt
Blüah, Blüte
blüahn, blühen
Bluat, Blut; —igel, Blutegel; bluatårm, sehr arm; —nåckert, splitternackt; —weni, äußerst wenig
blüaten, bluten
bluati, blutig; — verdienen: schwer verdienen
blumt, geblümt
Blunzen, Blutwurst; dickes Frauenzimmer
blunzendumm, sehr dumm
Blunzenstricker, Narr
Blutzer, Kürbis; Steingutflasche (Kruke); Kopf; Fehler, Unsinn; i kinnt o. kunt vur Zurn in an — springa: ich bin wütend; (poln. pluca)
Blutzerbirn, eine Sorte großer Birnen
Blutzerkern, Kürbissame
Blutzerschädl, (großer) Kopf
Bock, Fehler, störrische Person; an — måchen: wie bocken; Mz. Böck, Schuhe; lackierte —: Lackschuhe; an d Böck außilahna (hinaus vor die Tür stellen): einem kündigen
bockbani, bockbeinig, störrisch
böckeln, wie ein Bock stinken
bocken, trotzen, störrisch sein
Bockerl, Zapfen der Nadelhölzer (s. Pockerl)
Bocksbeudl, Tabakspfeife mit eiförmigem Wassersack
Bockshörndl, Johannisbrot, Karrobe

bockſteif, ſehr ſteif
Boden, Dachboden
Bodenſackl, Schweinemagen als Blutwurſt
Boding (d), Bottich
Bogen; Mz. Bögen
Böhm o. **Böhmak,** Tſcheche
böhmakeln, tſchechiſch-deutſch radebrechen
böhmiſch, tſchechiſch, unverſtändlich (des is mr z —); —er Heilånd: (ſpött.) Tſcheche; des is eahm a — Durf: das kennt er nicht; —er Grund (Favoriten)
Bojazer, Bajazzo (it. pagliaccio)
Bonſchurl, kurzer Männerrock (frz. bon jour, guten Tag)
Börſl, Geldtäſchchen
Borten o. **Burtn,** hoher Schaum im Bierglas
bös, böſe, ſchlimm, verfeindet, zornig
Bosniak, Bosnier, ein ſchwarzes Brötchen
Bosnigl, boshafter o. leicht erboſender Menſch
boſſen, Nüſſe vom Baume ſchlagen
Bot, Bote; ålli —: in kurzen Zwiſchenräumen (ſo oft ein Bote geht)
Bot (s), Angebot
Botſchanl, geringe Münze
Boxen, Hoſe
Boxer, Fauſtſtoß
Boxl, Mops
Bram, Bräme, Rand; Braue
Bramburi, Erdapfel (tſch. brambor v. Brandenburg)
Bråmſer, Branntwein
Bråmſerwinden, Schnapsſchenke (Gſpr.)
Brånd; kl. Brandl; Rauſch, gelinde Verrücktheit; auf Murd und —: ohne Hemmung
brandeln, Verſpüren eines Brandes o. einer Gefahr
Brändſchmålz, Fett, in dem bereits gebacken o. gebraten wurde
braſeln, das Geräuſch des Bratens, praſſeln
Braßletten, Handſchellen, -feſſeln
brat o. **brad,** breit
Brat, farciertes Fleiſch als Wurſtfülle
braten, breiten, zuwegebringen
bråten; mir wern eahm wås —: ſeinen Wunſch uſw. nicht erfüllen
Bratenfurt, Breitenfurt, einſt beliebter Ausflugsort, **wo** man vortreffliche Milchrahmſtrudel erhielt
Bratenſee, Breitenſee (Ort)
Bråter, Maſchine zum Drehen des Bratſpießes; jetzt meiſt: billige, ſchlechte Uhr
bratgoſchert, breitmäulig, großſprecheriſch
Bratl, Braten
Bratlbråter, Verkäufer friſchgebratener Würſte (va.)
Bratlgeiger, Wirtshausmuſikant
Bratmåcher, Großſprecher (va.)
bratmächti(ch), ſehr breit
bratſchlågen (ſich was), unrechtmäßig aneignen; veruntreuen
Bräuer, Brauer
Bräuhaus, Brauhaus
braun; des is mr z braun: das iſt mir zu bunt
bräun, brauen
Bräun, Halsbräune, Diphtheritis
Bräundl, Braun (Pferd)

Brautständen; in —: verlobt, im Brautstande sein
brav; der Braveste, Bravste
brebeln, keifen, nörgeln
brechen, sich erbrechen; er hat brochen
Bredul, Patsche (frz. bredouille) (va.)
bregeln, wie brebeln
Brein, geschälte Hirse (v. Brei)
bremasseln, prickeln, brennen; auch brummen, zanken
bremeln (mhd. bremen), wie brebeln
Bremsler, verkürzt aus Bremaßler, ein kurzes Prickeln o. Brennen (s. bremasseln)
bremsna, bremsen
brenna, brennen, brennat (brennte), brennad (brennend; zahlen; brennt sein: erfahren, gerieben sein; an —: ihm zuvorkommen; si —: sich schädigen
brennhas, sehr heiß; a Paar Brennhaßi: ein Paar heiße Würstchen; als a brennhaßer: im ersten Eifer
brennrot, hochrot, feuerrot
Brettl, Brettchen; das Volkssängerpodium; de is vurn wiar a —, hint wiar a Låden: eine magere Frauensperson
Brettlhupfer, kleiner Schlitten aus Brettern; Volkssänger (selten)
brettlrutschen, auf das Leichenbrett (Låden) kommen
Brezen, Brezel
Brezenbäck, Brezelhausierer, er trägt seine Ware auf dem Brezenstangl
Brezenhecht, junger Hecht, in Brezelform serviert
Briaf, Brief
Briaftaschl, Börse, Portemonnaie
Brickscherl, Bröcklein, Stückchen (it. bricciolo, Brocken)
Brigitterau, die Brigittenau, dort einst vielbesuchtes Kirchweihfest
brilliant (spr. brüll-), ausgezeichnet, glänzend
Brilliantengrund (spr. Brüll-), die Fabrikantenvorstadt Schottenfeld
Brimsen[kas], Brinsenkäse, der Liptauer Schafkäse; ausschaun wiar a —: blaß sein
bringa, bringen; bråcht, gebracht; bracht, brächte
brinnad, brennend
brinnrot, feuerrot, blutrot
Brinsel, vertrocknetes Augensekret
brocken, pflücken (v. brechen)
Brocken, plumpes Frauenzimmer; (iron.) Bröckerl
Brockerln, junger Kohl (it. broccoli)
brodeln o. **brudeln,** langsam arbeiten
Broden, Brodem
Brodler, einer, der (umma-) brodelt (s. d.)
Brollen, Scholle (v. Brocken u. Scholle)
Bromber, Brombeere
Brösel, geriebene Semmel, Brosamen
bröselnåckert, splitternackt
bröseltrucken, ganz trocken
brotäul, brutal, grob
Brotlåden, Mund
Brotschani, Gebäckjunge
Brotsitzer, ein Daheimhocker, feiger Spieler
Bruader, Bruder (mhd. bruoder); auch Ausruf der Verwunderung; a guader —, Mensch, dem man nicht

traut; deutscher —: Deutscher aus dem Reiche, bes. Preuße; — in Gspiel, Genosse; kl. Brüaderl, Kumpan

Brüah, Brühe, zweifelhafte Flüssigkeit

Bruat, Brut (mhd. bruot), wenig achtenswerte Familie, Gesindel

brüaten, brüten (mhd. brüeten)

Bruathenn, Stubenhockerin

bruati(ch), brütlustig

Brucken, Brücke (ahd. brucka), schiefer Stallboden, Schlachtraum (Schlagbrukken); sich mit der — zuadecken: unter einer Brücke nächtigen

Bruckenkopf, eine Form der Meerschaumpfeife

Bruckfleisch, Innereifleisch, in Blutsoße zubereitet

Bruckknecht, Schlächtergehilfe

Brühl, urspr. sumpfige Gegend; ein felsiger Engpaß bei Mödling

brumma, brummen, unzufrieden sein; in Haft sein

Brummeisen (eigentl. Maultrommel), eine brummige Person

brümmeln, mürrisch reden, wie bremeln

Brummer, Rüge; Bremsfliege, Schmeißfliege

Bründl, Quelle, Brünnlein

Bründlfeld (Brünnlfeld), einst Wiese mit Quelle in der Alservorstadt mit einem Bade (Bründlbad); später die dort erbaute Irrenanstalt

Brunn, Brunnen; in — fallen: zu Wasser werden

Brünnerstraßler, Wein aus den Rieden an der Straße nach Brünn

Brunngrånd, Brunnenschale

Brunnröhrn, Brunnenrohr

Brunnstangl, Brunnenschwengel

brunzen, pissen; red, wann d Gäns —: du hast nichts zu reden

Brunzle[r]t, Harn, Urin

Brunzwinkl, Pissoir

brusten, raufen (Brust an Brust)

Brustkern, eine fette Sorte Rindfleisch

Bschad, Bescheid

Bschadessen, Abschiedessen, Totenmahl

bschåffen, geartet; vorbestimmt (des wår mr net —)

Bschälerer, Beschäler, Soldaten, denen die Pferdezucht übertragen ist

Bschau, behördliche Besichtigung geschlachteter Tiere o. gestorbener Menschen

bscheißen, betrügen

Bschisterer, Tritt vor den Hintern, Entlassung, Laufpaß

Bschlacht, Beschlag, bes. der Tabakpfeife

bschlågen, mit Hufeisen versehen; Kenntnisse haben; vermögend sein; lederbschlågen: mit einem Schutzleder versehen

Bschores, unerlaubter Gewinn (jüd.)

Bschuri, Samenflüssigkeit (Sperma)

Bsetz, Besatz, bes. bei Frauenkleidern, um den Rand zu verstärken

bsoffenes Elend, Rausch, in dem sich der Betrunkene

unglücklich fühlt, wohl gar weint
Bsuf, Gewohnheitssäufer
Bua, Bube, Knabe, Sohn; Buben: Buabn o. Buam o. Buama (mhd. buobe)
Bu[a]berl o. **Bü[a]berl** o. **Büabl,** Bubi, Bübchen
Buach, Buch (mhd. buoch), Büachl, Büchlein; aufs — (auf Borg) nehma
Buachen, Buche; buachern: aus Buchenholz
Buachl, Buchnuß, -ecker
Buachståb, Buchstabe, Mz. Buachståben o. -staben
Buamamadl, Mädchen, das gern mit Knaben spielt
Buamastückl, Bubenstück
Buaß, Buße (mhd. buoze)
büaßen, büßen (mhd. büezen)
Bubikopf, Damenkurzhaarfrisur
Buchtl o. **Wuchtl,** gebackener Kloß, meist mit Powidl (s. d.) gefüllt (tsch. buchta); in Bayern: Dampfnudl, in Oberösterreich: bachene Knödln; Wuchtl: Puff, Ohrfeige
bucken, bücken; der Hahn buckt die Henne
Buckerl, Bückling, Verbeugung
Buckl (Bugl), Höcker, Rücken; er kann mir åm — steigen: eine der vielen Umschreibungen von: arschlecken; an n — wåschen: ihm übles nachreden
buckle[r]t (bugle[r]t), bucklig, uneben, beulig; bucklerte Welt (spr. buglerte Wöld), eine Gebirgsgegend im SW von Wien; auch das irdische Jammertal
bucklfünferln, s. v. w. am Buckl steigen (s. Buckl)
Bucklkråtzer, einem Kochlöffel ähnliches Holzgerät zum Kratzen des juckenden Rückens
Bucklkraxen, Rückentrage aus Holz; — trågen: einen auf dem Rücken gleich einer Kraxe tragen; auch s. v. w. bucklfünferln
Budaschl, Hund, Köter
budeln, wie einen Hund (Pudel) behandeln
Budi, Bude, Schmähw. für einen Geschäftsraum
Budl, Verkaufspult
Budlhupfer o. **-ramer,** der öfter über die Budl springende o. sie abräumende Handelsgehilfe, Kommis
Büdschee, scherzh. Umdeutung von Bitz (s. bitzeln) in Budget: ein Stück, ein Rest einer Speise
Büffel, ungeschlachter, grober Mensch
büffeln, eifrig lernen (ochsen); der es tut: Büffler
Bufferl, lustiges Hündchen (it. buffo, Komiker, Narr); kugelähnliche Quaste o. Büschel
Bug (Buch), Biegung, Ausbuchtung
Bugl, s. Buckl
Buhrer, Bohrer
buhrn, bohren
Buhu, Uhu, Ohreule; übermäßig hoher geputzter Frauenhut (va.)
Bukawettl, Bukettchen, Sträußchen
Bukettl, s. voriges
Büld, Bild; des is a — von an Madl: bildschönes Mädchen
Bültung, (zuweilen) Bildung

Bumbum, auffällige Reklame
Bumf, ungeschickter, grober Mensch (vgl. Bimpf)
bumfest, bombenfest
bumma, dröhnen
Bummakestl, Pauke
Bummarassa, der Lärm der Janitscharenmusik (große Trommel und Becken); Kanonenschlag
Bummel o. **Bummerl,** (kleiner) Bedienter, auch Hündchen (v. lat. pumilus, Zwerg)
Bummerin, die größte Glocke des Stephansdomes
Bummerl, ein dicker Punkt als Verlustzeichen bei Spielen (v. frz. pomme, Apfel)
Bummerlsålåt wie Tschåperlsålåt
Bums, Kneipe (v. bumvoll)
bumsti, einen Fall nachahmend wie pardautz!; auch: — Natzl!
bumvoll, voll wie eine Bombe
bunkert, klein und dick (bünkelartig)
Burd, Bürde, Last: kl. Bürdl; meist vom Brennholz gebraucht, das man beim Bürdlbauer (Holzwagenkutscher) kaufte (va.)
Burg, Hofburg o. Hofburgtheater; net um die Burg: um keinen Preis
Burgamaster, Bürgermeister; auch eine gute Sorte Schnupftabak
Burgerl, Walburga
Burgmusi o. **Burgmurrer,** die Musikkapelle, die bei der Wacheablösung in der Hofburg spielte
Burgunder, die Bete o. Mangoldrübe
Buri, Porreelauch, männliche Geschlechtsteile; eahm hängt der — aus: er trägt zerlumpte Hosen
Bursten, Borste
bürsten, saufen (v. Burse, Bursche)
Burten, Borten
Buschen, Strauß von Blumen; ein Bündel Föhrenzweige als Weinzeiger vor Buschenschenken (s. Heuriger)
Buschkett, scherzh. aus Buschen u. Bukett gebildet
Buserant, Urning
Buserer, Stoß von hinten (frz. pousse arrière) auf dem Billard
buserieren, drängen, nötigen (frz. pousser)
Bussel, Kuß
bussen, küssen (engl. to buss)
Busserl, Küßchen u. kleiner Honigkuchen (v. lat. pusillus, klein)
Butik, Kneipe, Bude (frz. boutique)
Butten, Holzbutte mit Tragbändern, am Rücken zu tragen; des is mir —: ist mir gleichgültig (frz. boudin, Blunzen, Wurst); in der — sein: in übler Lage sein; dem Teufel aus der — gsprunga: ein schlimmes Kind sein; Hand von der —: loslassen! nicht anrühren; vur Zorn in a — springa: sehr zornig, wütend sein; die — geht los: es ereignet sich Erwartetes (etwa eine Geburt); a — voll: eine große Menge; (Glånz-)—, Zylinderhut; (ahd. butin, mhd. büte)
Buttenhansel, der Tod

Butter; oft: der —
buttermårb, mürbe wie Backwerk aus Butterteig
buxbamern, aus Buchsholz; steif
Buxen, Hose (Gspr.)
Buxtihudi (=hudri), Buxtehude, ein ferner Ort, wie Tripstrill
Buz, Buzi o. **Wuzerl,** liebes Kind (tsch. bůže, Glückskind, o. lat. pusillus, klein)

C

Calafati, Besitzer des populärsten Ringelspiels im Prater, das sich um die Kolossalfigur eines Chinesen dreht
Catalani-Züngerln, Olmützer Käschen (Quargeln), in Essig u. Öl serviert (va.)
Charakter; er håt kan —: kein Ehrgefühl; das Kellnerserviertuch wird scherzh. — genannt
Chineser, Chinese; komischer Mensch, Narr, Idiot; Ausruf „Chineser!" statt „Zur Genesung!"
Christbambretteln, Fußkreuz des Christbaums; große Füße
Christkindl, Christuskind; Weihnachtsgeschenk
Christl, Christian[e], Christine
christseli(ch) (spr. söli[ch], gottselig, selig in Christo
Christus, Bild des Gekreuzigten; um Gottes Christi wölln: um Gottes willen
Chur, Chor

D

d, die (Geschlw.); du
da o. **der,** der (Geschlw.)
då o. **dåda** o. **dåder,** da, vorhanden
Dåch; wås unters Dåch bringa: viel essen u. trinken; ani aufs — kriagen: Schlag auf den Kopf, Ohrfeige; an aufs — steign: ihn zur Rechenschaft ziehen; kl. Dachl
Dåcht (s), Docht
Dåchtl o. **Tåchtl,** Ohrfeige (mhd. tahtel)
Dacken, Decke, Theke; der is auf der —: der ist dem Ende nahe
Dackl, Dachshund
dåda o. **dåder,** da; dådafur, dafür, dåderzua, dazu
Dådel, Dattel
däderln, tändeln, kosen
Dädl, Schwachkopf (v. Thaddädl, s. d.)
dafur, dafür, darum, daher, deshalb; — stehn: sich lohnen
Dager (spr. Dacha), alter —: Greis, der nicht mehr gut reden kann (mhd. dagen, schweigen)
daham, daheim; — sein: Bescheid wissen (s. hamschicken)
dahinter; då is wås —: dahinter steckt ein Geheimnis; då is nix —: das ist nichts wert
Dålk, täppischer Mensch, ein mißglücktes Gebäck (v. tsch. odolek, Aschkuchen); böhmische Dålken: in Fett gebackener Teig (tsch. libanzi)
dålke[l]n, lallend sprechen
Dålkendübl, sehr täppischer Mensch

dålkert, täppisch, dumm, ungeschickt
Dam, Daumen; an übern — drahn: ihn betrügen
dam[a]långer Hansel, der Däumling im Märchen; Knirps
dam-dam! ruft man die Ziege
damengi (der Menge), viel, unzählige (va.)
Damerling, Daumen, Fingerling für den Daumen
Damian, ungeschickter (damischer) o. wahnbefangener Mensch
damisch, betäubt, schlaftrunken, im Taumel; auch: groß, ungeheuer, sehr (a — Malör: großes Unglück)
damit daß, für damit o. daß, auf daß, so daß
Damlång; alli —: jede (kurze) Weile
Damleschi o. (richtiger) Tamleschi (s. d.)
Dampas o. Dampus, s. d.
Dåmpf, Rausch; Qualm; Asthma
dåmpfen, stark rauchen
Dämpfer, eine herabstimmende Rüge
dampfi(ch), dämpfig, kurzatmig
Dampfl, Sauerteig, Hefe
Dåmpfnudl, s. Buchtl
Dåmpfplauderer, Vielredner
Dampus, Rausch (v. Dampf)
damziagn, auf dem Damenbrett spielen
dåna, dort weg und näher her, s. dåni
Dånderlån[tsch], langsamer, fauler Mensch (va.)
dåni, weg von hier (verwandt mit mhd. dannen)
dånken, auf etwas verzichten (då dånk i)
Danterling o. **Danters,** wertlose (Spiel-) Münze
Danzinger, eine Sorte Branntwein, nach Danzig benannt
da[r]bei, dabei; då is nix dabei, d. h. nichts Bedenkliches
därfen, s. derfen
därisch, s. törisch
Dårm (Mz. Darm), Darm, Gedärme; sehr Langes; a — von aner Stråßen, sehr lange Straße
Darmreißer, schlechter Wein o. Halbwein (Sturm), der Leibschmerz verursacht
da[r]neben o. **da[r]nebmet,** daneben, nebenan
dås (hinweis.), das (s. des, dös); das Geschlw. das: s
Dåsein; då bin i bein — då!: da beteilige ich mich gern
dasi(ch), kleinlaut, still, verschüchtert (mhd. daesic)
dåsitzen, ratlos, hilflos sein
daß; daß s: daß es; oft nur ein Füllwort: inden daß, während daß i wårt; wia schön daß er is: wie schön er ist; wia vül daß (als) s is; wem daß Se vur Ihna håm (wen Sie vor sich sehen) u. ä.
dåstehn, wie dåsitzen, s. stehn
data, dato; bis —: bisher, bis jetzt
dauern, andauern, währen; s. bedauern
Daufel, (Faß-) Daube
davonhaun, fortjagen
davonsprenga, wohin schicken
davur, davor, zuvor (s. dafur)
davuring, vorhin
daweil o. **derweil,** derweile, indessen, unterdessen, währenddessen, während, einstweilen

Daxl, Dachshund
dazua o. **darzua,** dazu
dazuahålten, trachten, nicht zu kurz zu kommen, befleißen
dazuaschaun, sich beeilen, befleißen
dåzumåls, dazumal
de o. **dö** (hinweis.), die, diese; Geschlw. die: d
deana, dienen (va.)
Deandl, Dirndl, Landmädchen o. doch als solches gekleidetes Mädchen
Deaner, Diener; sein — machen: unterwürfig grüßen (va.)
Deanst, Dienst
dechteln, Holzgefäße verdichten, indem man sie in Wasser stellt (v. dicht)
Deckel, Hut; Offiziersdiener (s. Pfeifendeckel); schåmster —!: gehorsamster Diener!
deften, einschüchtern, herabstimmen
Degu, Ekel; Abneigung (frz. dégoût)
Deichgråber, Erdarbeiter (Deich = Damm)
deichseln, mit der Deichsel (einer kurzen Hacke) zurechthauen; zustande bringen
Deidei, Musik (Kinderspr.)
dei[n], dein u. deine; des ghört dei[n]: das gehört dir; dein: deinem, deinen
Deinige, Gatte, Gattin, Liebhaber, Geliebte
Deli, Adele, Adelheid
den (hinweis.), den, dem; den sei[n] = dessen; Geschlw. den u. dem: n
dena, zuweilen für: denen
Denar[i], Geld (va.)
denken; denkt, gedacht; dacht u. denket, dächte; denkad, denkend; auf wås —: an etwas denken; net amål —: kein Gedanke daran
denn; wås — für aner?: was für einer denn?; nå wås d e n n?: selbstverständlich!
denno, dennoch
der (hinweis.), der, dieser; der (der o. da), Geschlw. der
der- (dr- o. da-), die Vorsilbe er- (erzählen: derzählen, drzähln, dazähln); s. wås
dera, dieser (hinweis., weibl.)
deratwegen o. **derntwegen,** derentwegen
derbårma, erbarmen festhalten, s. fånga
derfåhrn, erfahren
derfånga, erholen, im Sturze festhalten, s. fånga
derfäulen, verfaulen
derfen, dürfen (oft: müssen), gedurft; derfat, dürfte
derfirti, fertig (i kånn net — wern)
derfriern, erfrieren
dergleichen; er tuat nix —: er tut so, als ob er von nichts wüßte; er redt —: er will zu verstehen geben
derglenga, erlangen, erreichen, fangen
derhålten, erhalten, festhalten
derinnern, erinnern (auf wås —)
derkenna, erkennen
derklåtschen, erwischen, fangen (von der Fliegenklatsche)
derkreuzinga, mit Gedanken quälen, schwer bemühen; erstaunen
derlängs, längs, der Länge nach
derlauben, erlauben
derledinga, erledigen
derlogen, erlogen

derlösen, erlösen, (ein Mädchen) heiraten; Losung machen
dermåchen, zustande bringen; erreichen können
dermirken, ins Gedächtnis prägen (merken)
dermurscht, vermorscht
derråten, erraten
dersågen; net zun —: nicht zu schildern
derschossen, erschossen; verloren, verunglückt
derschwinga, erschwingen
derselbiche, derselbe, der nämliche
derspåcht, gliedersteif (v. spach, trocken; mhd. spache, dürres Holz); verschmachtet
derstunken, erstunken (und erlogen)
dervuring, vorhin
derwarma, erwärmen
derweil, inzwischen, während, indes, doch, jedoch
derwischen, erwischen, ertappen; (einen) schädigen, betrügen; oft scherzh. derwuschen statt erwischen o. erwischt
derwundern, verwundern
derzähln, erzählen; — S mr nix: spiegeln Sie mir nichts vor
derzarn, erschleppen, s. zarn
des o. **dös** (hinweis.), das, dies, dieses; Geschlw. das: s; das schriftdeutsche des wird kaum je angewandt, höchstens als s: san Se denn s Teixls?
Desentär, Deserteur
desparat o. **desprat** (spr. deschp-), desperat, verzweifelt
dessat- o. **deßtwegen,** dessentwegen, deswegen
deuten, winken; an ani —: einem eine Ohrfeige versetzen
Deuter, Wink; Schlag, Stoß
deutsch, verständlich, aufrichtig, grob (mit einem reden)
Deutschmaster, Soldat des ehem. Infanterieregiments Nr. 4 (Hoch- und Deutschmeister), s. Edelknaben; dunkle Ringe um die Augen (die Aufschläge der — waren blau)
di, dich
Diab, Dieb; oft als bloßes Schmäh- o. sogar Scherzwort verwendet wie: verfluchter Kerl, Gaudieb; ebenso: Diabsbua; der Diab in Häfen: Schaffleisch (Schöpsernes), das beim Kochen stark einschrumpft
dichten, (Lügen) ersinnen
dick; des is (kummt) mr z dick: zu arg; — tuan: großtun, protzen; des håb i —: das ist mir sehr zuwider; der håts — hinter die Uhrn (Ohren): er ist ein tückischer Mensch
Dickat, Dickicht
Dicken, Dicke; in dera — (Weise) gehts weiter
dickopfert, starrköpfig
dicklert, schwerflüssig; trotzköpfig
dickmächti(ch), sehr dick
Dickschädl, Starrkopf; Mensch mit schwerer Auffassungsgabe
dickschädlert, eigensinnig
Didltåpp, gutmütiger, schwachgeistiger Mensch (mhd. titltapp)

diena, Diener, Dienst, jetzt üblicher als deana, Deaner, Deanst

Ding (geringschätz.), Mensch, Mädchen; der —: einer, dessen Name dem Sprecher entfallen ist; Dingskirchen dient für einen solchen Ort; Mz. zu Ding: Dinger

Dippelbam, Deckbalken der Wohnräume

Dirn, Bauernmagd

Dirndl, Bauernmädchen (s. Deandl)

dischkriern, diskurieren, plaudern, streiten (v. diskurieren, erörtern)

Dischpatåt, Disput, Streit

Dischpatierhansel, Streithans, Rechthaber

dischpatiern, disputieren, streiten

distiliern, destillieren, oft auch: digerieren o. mazerieren, auslaugen durch Alkohol

do, doch

dö, dös, s. de, des (dö, dös ist mehr bauernhaft)

Docht o. **Dåcht** (s o. der)

Docken, Puppe (va.)

Dodl, wie Trottel o. Täpp

Dokament, Dokument

Dokta o. **Dokter,** Doktor (bes. Arzt)

Dolferl, Dolfi, Adolf

Dolln, Ohrfeige (mhd. tulle, Einbuchtung) (va.)

dollna, ohrfeigen (va.)

Dolpåtsch o. **Dålapåtsch,** Simpel (ung. talpas, Fußgeher)

Doppelgoder, Doppelkinn (s. Goder)

doppeln, besohlen; prügeln; Doppeln o. Doppler, erneute Besohlung

Doppelpolischer, starker polnischer Schnaps

doppelte Glieder, die englische Krankheit, die Rachitis

Dori, Dorl, Dora, Dorothea

Dosen, Dose; Dosenstuck, alte Musikstücke

Dösen, Topf (für Salz, Schmalz), Schüssel (für Brot), großes Holzgefäß (für Teigbereitung)

dosti(ch), aufgedunsen (kroat. tuzt)

Dostl, ein dicker Mensch

Dotter (s: das u. der —)

dr, dir u. der (Geschlechtswort)

dr... (Vorsilbe der...; s. der...)

Dråchter o. **Rafler,** Reifdrache (Spielzeug)

Dragoner, spött. robustes Weibsbild

Drahanek, einst beliebter Volksmusiker; Jessas, der —!, lustige Begrüßung eines Bekannten; der Werkelmann (s. d.), er „draht am Eck“

Drahdiwaberl o. **Traunl,** Drehkreisel mit 8 Seiten, eine Seite zeigt ein weibliches Bild (Venus o. Waberl), die andern 1—7 Punkte, dient gleich Würfeln

drahn, drehen, die Nacht durchschwärmen, auch „umdrahn“, aus Nacht Tag machen; entfernen (drah di!: Fort!)

Drahrer, Nachtschwärmer, Lebemann; Schwindelanfall

Drahrerei, Nachtschwärmerei

Dråht, Geld
Dråhtziacher, ein geheimer Leiter
Drå^{n}gåb o. **Drå^{n}geld,** Anzahlung, Angeld
drå^{n}kriagn, verleiten, verführen, betören, betrügen
drå^{n}sei^{n}; då is nix drån: das ist nichts wert, ist nicht schön; då is wås drå^{n}: es mag wohl so sein
drauf, darauf, dazu (da håb i ka[^{n}] Geld —: dazu habe ich kein Geld)
Draufgåb, Zugabe
draufgeben, zugeben; i gib nix drauf: ich halte nichts davon, glaube es nicht
draufgehn, zu Ende gehn, sterben; auf des geh i net: das beachte ich nicht
draufkumma, entdecken; auf etwas zu reden kommen
draufstechen, eifrig arbeiten
draufzåhlen, aufzahlen, zu Schaden kommen
drauskumma, auskommen, davonkommen, mit etwas auslangen
Drauskumma, Auskommen
drausmåchen (si wås), sich ärgern o. kränken
draußt[en], draußen; i bin draußt: mir kann nichts widerfahren
draußter, außerhalb
draxeln, drechseln, in die Länge ziehen (z. B. eine Arbeit); den wir i wås —: ich werde seinen Wunsch nicht erfüllen
Draxler, Drechsler, einer, der Verzögerung anstrebt (ahd. drahsil)
Dreck, Kot, Schmutz, Unbrauchbares; in — und Speck: sehr schmutzig; jå, an —!: eine kräftige Ablehnung; an — verstehn^{n}: nichts verstehen
Dreckåmmerling, wie Dreckfink
Dreckfink, Schmutzfink, unreinlicher, auch verächtlicher Mensch
Dreckhulaner, wie Dreckfink
drecki(ch), dreckig, schmutzig
Drecklåcken, Pfütze
Dreckråmmel, Schmutzkruste; auch wie Dreckfink
Drecksau, unreinliche Person, Schmähw.
Dreckschleudern, Mund o. Person, die üble Reden führt
Dreckschwålben, Maurer
Dreckstößl, Knirps
drei^{n}, darein
drei^{n}mischen, einmischen
dreißg, dreißig
Dreizehner, Unglücksrabe, Werkführer
drent[en], drüben
drenter, jenseits
Dresch, Schläge (kriegen)
dreschen, schlagen; s Mäul —: schwätzen, aufschneiden, lügen
dressiern, quälen, drängen
Drias, Drosselschnur, Daumschrauben (va.)
Dridl, Spanne vom Daumen zum Mittelfinger (3. Finger)
Drill (spr. Drüll)
drinnat, drin; im Gesicht (er håt ani — o. drin: eine Ohrfeige); in der Patsche (der is —)
Drittel, Querholz, an dem die Stränge befestigt werden, Teil der Wage des Wagens
drobmet, droben
Dröscherl, Drossel (Vogel)

drüber, darüber; jenseits (drübern Brückl); der drübere o. drübrige: jenseitige
drübmet, drüben
drucken, drücken; davonmachen; rennen; Lohn o. Preis kürzen (er håt die Leut druckt)
Druckerl, schwacher Druck; Druckknopf
drum, darum
drumi; es is net — wert: lohnt sich nicht, ist nicht der Mühe wert (aus „der Müh" entstanden)
drunt, drunten; unten
drunter, darunter; unter; unterhalb (drunter der Brucken)
dübeln, prügeln
Dübl, Beule, Kopf, Kreuzer (mhd. tübel)
Dübltandler, Stümper
Duckmauser, Duckmäuser, heuchlerischer Schleicher
dudeln, Sackpfeife blasen, Töne ohne Worte singen, oft mit Überschlagen in die Kopfstimme (ähnlich: jodeln), tsch. dudlati, poln. dudy, holl. doedelen
Dudl, dicke Person (a bladi —), v. Dudelsack
Dudlsåck, Sackpfeife aus Bockshaut; dicker Mensch
dulli, vortrefflich, sehr schön
dulliäh, Jubelruf (zu dudeln)
Dulliähbruader, lustiger Geselle, leichtsinniger, vergnügungssüchtiger Mensch
Dummerl o. **Dümmling,** Dummkopf
dumper, düster
dumpern, dämmern, schlummern
dunken, sitzend schlafen u. dabei mit dem Kopfe nicken (v. tunken)
Dunner, Donner
dunnern, donnern
Dunnerstach, Donnerstag
dünnwunzi(ch), sehr (winzig) dünn
Dunst, geringe Kenntnis; Vogelschrot; blauer —: Lügen
dunsten, schwitzen (im Bade); (auf Befreiung) warten; in Haft sitzen
dünsten, schmoren; a dünste (gedünstete) Leber
durcha[ra]nånd[er], durcheinander; a Durcha[ra]nånd[er], ein Wirrwarr, Chaos, Mischmasch
durchbringa, vergeuden
durchi, zuweilen für: durch, hindurch
Durchmarsch, eine Nacht hindurch arbeiten, wachen
durchpledern, prügeln
durchwaken, durchweichen; prügeln
durchwassern, prügeln
durchwursteln, sich mit Mühe durchbringen
Durf, Dorf
Duri-Duri! Ruf des Salamihausierers u. dieser selbst (v. dürr o. it. duro, hart)
Durn, Dorn, Mz. Dürndln
Dürndl o. (fälschl.) **Dirndl,** Dürlitze o. Kornelkirsche (Cornus mas)
dürrn, dörren; dürrte Zwetschken, Backpflaumen
Durscht, Durst
durschti(ch), durstig
durt[en], dort
Dusel, stiller Rausch; Halbschlaf
duseln, im Halbschlafe sein (mhd. tuzen, traurig schweigen), nordd. dösen

Duslerei, Duselei
dusma o. **dus,** still, leise (v. frz. doucement o. doux, sanft)
duster, düster
Duttel, Zitze, weibl. Brust (mhd. tutte)
dutteln, saugen
Duttelzähnt, Schneidezähne des Säuglings
Dutten, Saugflasche
Dutzad, Dutzend
duu! Drohung

E

eahm, ihm o. (betontes) ihn: schau dr — ån; auch: er is in eahm (sich) gånga; eahmas: ihms
eahna, ihnen (3. Pers.); s. Ihna (Ihnen); ihrer: sie wårn eahna siebeni
eahnarich; a eahnaricher Spezi = ein Freund von ihnen (3. Pers.); a Ihnaricher Freund (2. Pers.)
ebenst, eben (Umstandsw.)
echader o. **echer,** eher
Eck (s), Ecke; Mundwinkel: a wechs — håm; då máchts a[n] —: nimmt es eine üble Wendung; neuestens: a[n] —: eine 10.000-K-Note
eckert, eckig
Edelknåb, s. Deutschmeister
Ederl, Edi, Edordl, Eduard
egäul, egal
eh, ehe; ohnehin: i bin eh erst kumma
Eh, Ehe
ehamål, ehemals (va.)
eh[e]nder o. **echader,** eher
Ehkrüppl, Ehemann (spött.)
Ehr; auf —: auf mein Ehrenwort
Ehrnta o. **-tåch,** Hochzeitstag
Ehståndswinkel, das Zurückweichen des Haarwuchses beiderseits der Stirne
ehvur, bevor, früher
ehwenn, ehe, bevor
Ei-ei geben, die Wangen streicheln (Kinderspr.)
Eier (s), Ei; s Hendl håt a Eier glegt
Eierklår, Eiklar, Eiweiß
Eierpecken, Osterspiel: man stößt zwei Eier aneinander, das eingeschlagene ist verloren
eifern, eifersüchtig sein
eigen, eigenartig, eigentümlich
Eigenspiagl, Eulenspiegel
eigenst, eigens
eigentli(ch), eigentlich
eili(ch) (spr. äuli[ch]), eilig
ei^{n}; er sågt eahm wås —: flüstert ihm ein; s. a, a^{n}
eina, herein
ei^{n}aschern, einäschern
einaschmecken, hereinriechen, hereinkommen
ei^{n}balliern, einpacken (emballieren)
ei^{n}bilden (spr. -bül-), sich überschätzen; auf wen o. wås versessen sein (er håt si gråd die Hausmasterische einbildt)
Ei^{n}bildung (spr. -bül-), Dünkel, Wahn; d — håt amål an gnädinga Herrn gspeist: er ist davon satt geworden (Spott)
ei^{n}binden; das Patengeschenk in das Taufkissen binden
Ei^{n}brenn, in Fett geröstetes Mehl als Gemüsezusatz
ei^{n}brenna, Gemüse mit Einbrenn versetzen; an wås

—: etwas gegen ihn anzetteln
ei^{n}bringa, vergelten
ei^{n}bröckeln, verzetteln; zusetzen, bei den Gschäft håt er sein gånz Vermögen einbröckelt; an wås —: etwas gegen ihn anzetteln
ei^{n}brocken, s. v. w. einbröckeln
ei^{n}dechteln, Holzgeschirr mit Wasser dicht machen (v. dicht)
ei^{n}drahn, Haare mit Wickeln (Papilloten) wellig machen; in Haft setzen (den håm s eindraht)
ei^{n}fadeln, einfädeln, einleiten; listig zu etwas bewegen
Ei^{n}fåhrt, Hauseingang, Hausflur
Ei^{n}fåll; der håt Ei^{n}fåll wiar a ålts Haus, d. h. merkwürdige o. unglückliche Einfälle
ei^{n}fållen; wås dir net einfållt!: das ist ein schlechter Einfall; fållt mr ei^n!: das kann mir nicht einfallen, das tu ich nicht
Ei^{n}fåß (d), Einfassung
ei^{n}fåssen, einfüllen (in Säcke u. dgl.)
ei^{n}führn, in Haft führen (va.)
ei^{n}geh^n; a neuchs (Mond-)Viertl geht ei^n: tritt ein; er geht ei^n, wia die böhmische Lei^{n}wad: er wird immer weniger o. er kommt arg zu Schaden, er zieht den kürzern; des geht mr net ei^n: ich kann das nicht fassen
Ei^{n}gmåchts, Ragout, Fleisch in Soß; scherzh. für „eins gmåcht" beim Billardspiel
ei^{n}gsprengt, versessen auf was o. wen
ei^{n}hålten; n Dam (Daumen) —: in der Hand verbergen (soll andern Glück bringen)
ei^{n}hätscherln, sorgsam einhüllen, iron. in Arrest setzen (v. hätscheln)
ei^{n}haun, eifrig essen; ein Spiel: eine Münze wird nach einem Ei, Apfel u. ä. geschleudert; bleibt sie stekken, so ist der Gegenstand gewonnen, wenn nicht, die Münze verloren; si bei wem —: sich einschmeicheln
ei^{n}hazen, einheizen; an —: ihn ängstigen, quälen
ei^{n}henken, den Arm in den des Begleitenden legen; ei^{n}ghenkt[er] (Arm in Arm) geh^n
ei^{n}hetzen, einüben
ei^{n}huscherln, wie einhätscherln (v. husch!)
eini, hinein; gehst denn net —! Ausruf, der Unglauben u. Ablehnung ausdrückt (der Hund wird so in seine Hütte gewiesen)
einibandeln, in eine Sache verwickeln
einidrahn, an ani —: ihm eine Ohrfeige versetzen
einisetzen, wie einihaun
einifliagen, hineinfallen, zu Schaden kommen
einiflicken, wie einidrahn
einihaun, ins Gesicht schlagen, hineinwerfen, hineinjagen, in Tisch —, auf den Tisch schlagen
einihupfen, wie einifliagen
einikein, eintrichtern, einbleuen (va.)

einikinna, hineinkönnen; viel zahlen o. leisten können
einilegen, sich Mühe geben (das Pferd legt sich in die Stränge); an —: ihn hineinlegen, schädigen
eininEiden, den Bissen neiden, den einer in den Mund führt
eininga, einigen
einipåtschen, wie einifliagen
einipfrènga, hineinzwängen (va.)
einiplumpsen, wie einifliagen
einipulvern, in ein Unternehmen stecken (Geld u. ä.)
einireden, mit Worten bestürmen
einireiben, deutlich zu verstehen geben
einireiden, wie einireißen
einireißen, ins Unglück bringen
einiribbeln, wie einireiben
einisausen, wie einifliagen
einischmecken, hineinriechen
einisetzen, ins Unglück o. Glück setzen
einispringa, wie einifliagen
einistecken, (Geld) in ein Unternehmen stecken
einitånzen, wie einifliagen
einiteufeln, Brennstoff reichlich in den Ofen schieben
einitreten, wie einifliagen
einizarn, hineinschleppen
ei^{n}jauken, einjagen (Angst)
ei^{n}kasteln, gefangensetzen
ei^{n}låssen, den Zimmerboden wichsen
ei^{n}legen, bescheren; St. Nikolo legt Äpfel, Nüsse o. Ruten in die Kinderschuhe
ei^{n}måchen, einhüllen, einkochen
ei^{n}magerieren, marinieren, konservieren; des kånnst dr —: das will keiner haben
ei^{n}mummeln, dick einhüllen
ei^{n}nahn, einsperren (vgl. Naderer)
ei^{n}påcken; mit den kånnst —: das will keiner haben
ei^{n}panieren, mit Semmelbröseln umhüllen
ei^{n}quetschen, einzwicken; in eine Zwangslage bringen
ei^{n}rama, den Markt beenden u. das Unverkaufte in ein Magazin, die „Einram“, tun (s. rama)
ei^{n}renna; an die Tür —: ihn überlaufen
ei^{n}richten, einrenken (verstauchter Glieder)
ei^{n}rucken, einrücken
ei^{n}sackeln, in die Tasche stekken
ei^{n}safinga, einseifen, etwas Übles antun
ei^{n}sågen, einflüstern; in den Häusern bekanntmachen
ei^{n}sålzen, wiedervergelten
ei^{n}schaun, beim Versteckenspiel in einem Winkel warten, bis sich die andern versteckt haben
ei^{n}schern, einscharren
ei^{n}schiaßen, einüben; den schiaßt d Liab ei^{n}: er wird plötzlich verliebt; den Teig in den Backofen schieben
Ei^{n}schlåch, Rat; ein Schwefelstänglein, womit man Weinfässer ausschwefelt
ei^{n}schlågen, Beifall finden
ei^{n}schuastern, wie ei^{n}bröckeln
ei^{n}schwabeln, einreden
Ei^{n}setz, Leichenkammer
ei^{n}spinna, wie ei^{n}nahn

Einstånd, Eintritt; ein Bestgeben für die Genossen bei Antritt einer neuen Dienststelle
einstecken; i steck kani Grobheiten ein: ich gebe sie zurück
einstehn, eine neue Stelle antreten
einstuppen, wunde Körperstellen der Kinder mit „Stupp" überpudern
eintäpschen, (den Hut) durch einen Schlag eindrücken
eintegeln (bei Kindern) mit einer Zeremonie Freundschaft schließen; davon: sich beliebt machen, einschmeicheln
einträнken, heimzahlen
Eintrapfts, Eingetropftes, Tropfteig, in der Suppe gekocht
eintrickern, eintrocknen; zu kurz kommen
eintunken; mir håm uns (den Arsch) schön eintunkt: wir haben uns geschädigt; an —: ihn anzeigen, schädigen
einwachen o. **einwaken,** einweichen, auch wie eintunken
einweimberln, durch Angeberei einschmeicheln (s. Weimberl)
einwendi(ch), inwendig, innen
einwerkeln, einüben
einwirtschaften, erwerben, kaufen, zuziehen
einzama, einzäunen
einziagn, nachgeben, klein beigeben
einzwicken, einklemmen, lochen
Eipeldau, Leopoldau, (mhd. Eipeldowe, auch Apeldawe)
Eisen; des is —: das ist gewiß, hält fest, ist unübertrefflich, unumstößlich
eisern; eiserner Äff; Dummkopf; eiserner Månn: Ritter, bes. der (aus Kupfer) auf dem Wiener Rathausturm
Eisstoß, Eisstauung auf der Donau
Eklipasch, Equipage
ekschplizieren, explizieren, erklären
Elefånt (spr. Ölefånt), uneigennütziger Begleiter
Elefåntenweibl, robustes, dickes Frauenzimmer
Elend (spr. Ölend)
elendi(ch), elend, schlecht
Elendspemsl, elender Einfaltspinsel
elf (spr. ölf); elfi: elfe
Elfer (spr. Ölfer), eine Elf; lange Beine
eligant (spr. öligant), elegant, fein
Elln (spr. Ölln), Elle; Hieb nåch der —: ausgiebige Prügel
Ellnreider, Schneider
Emmer, Eimer (Maß), s. Amper
End, Ende; åm —: vielleicht, etwa
endeln, mit einer Naht das Ausfransen verhüten
endinga, endigen
Endl, Stoffkante, Salband
engbrüsti(ch), engbrüstig, engherzig
engerltragen, ein Kind an den Armen schwebend tragen
Engl, Engel; a — aus der Holzkåmmer: ein vierschrötiges, unschönes Frauenzimmer (va.)

Engl- o. **Engerlmåcherin,** gewissenlose Kostfrau kleiner Kinder

enk, euch; enker, euer (s. es)

ent o. **enten,** drüben (mhd. ente)

enter, jenseits; die entern Gründ: die Vorstädte jenseits des Alserbaches, durch Urwüchsigkeit und Schneid der Bewohner bekannt

entern, gruseln (ahd. endrisc, fremd, unheimlich)

entrisch, gruselig (s. entern)

entschuldinga, entschuldigen

enttraun, versehen (des håb i mi net enttraut)

Enz-, etwas Großes; Enzkerl: Riesenkerl; Enzmå^{nn}: großer, starker, tüchtiger Mann; Enztrum, großes Stück; enzdumm, sehr dumm

eppa, etwa, vielleicht

Erbber o. **Irbber,** Erdbeere

Erbsenscharl, Erbsenschote

Erbsien, Strafhaus (wegen der Erbsenkost)

Erbsienhaus, ein Armeleutehaus im 3. Bezirk

Erd o. **Erden,** Erde, Boden; um d Erd haun: zu Boden werfen; auf der Erd sei^{n}: herabgekommen, in übler Lage sein

erdenes, irdenes (Geschirr)

erderln, nach Erde schmecken

Erdzeisl, Zieselmaus (Tractotomis citillus)

erledinga, erledigen (s. derledinga), beseitigen, töten

Ernst; in — o. aus —: ernstlich, wirklich

ernstli(ch), wirklich (kein Spielzeug)

es (spr. ees), ihr; enker, euer; enk, euch (ös entspricht nicht der Aussprache)

Esel, Dummkopf

Esels- bezeichnet etwas Dummes, aber auch Großes, Heftiges: Eselsdurst, -geduld, -glück, -kopf, -strach (-streich), -zurn (-zorn)

Eslerei, Eselei

essen; i iß: ich esse; i håb gessen: ich habe gegessen; als a essader: essend; då håb i scho[n] gessen (o. gfressen): das ist mir zuwider

Essi(ch), Essig

Eßzeuch, Eßzeug, Eßbesteck; der o. s —

estamiern, ästimieren, schätzen, würdigen, beachten (selten)

etla, etliche (vor einer Zahl: etla dreißg), aber: etlichi Schilling

etwån, etwa

eucher, euer; Mz. euchere o. eucheri

Evangeli, Evangelium; Evangelimå^{nn}: Vorleser des Evangeliums in den Haushöfen (va.)

Everl, Evi, Evchen, Eva

ewi(ch), ewig; — net!: nie und nimmer!; — schåd: sehr schade

Exlenz, Exzellenz

exparte, eigens

extra, eigens, besonders; mir is net recht —: ich fühle mich nicht wohl

Extramadl, Hilfsmagd in der Küche

Extras, Besonderes, Gutes

Extrato, Lottogewinst auf eine einzelne Nummer

Extrawurscht, kranzförmige Selchwurst; an a — bråten: einen ausnehmend bevorzugen

extrem, äußerst genau o. anspruchsvoll (sein)

extrich, besonders (va.)

Extrichkeit, Besonderheit

F

Fachl, kleines Fach

Fåden; då håts an —: da ist etwas nicht richtig

Fadeß, Fadaise, Albernheit, Langweiligkeit

Fadian, langweiliger, alberner Mensch

Fadichkeit, Fadigkeit

Fadist, fader Mensch

Fadl o. **Farl,** Ferkel (ahd. farhelin); auch unsauberer Mensch

Fåhderl (fälschl. Vaterl), Fangespiel, Haschen (mhd. vâhen, fahen, fangen)

Fåhⁿ (der), Fahne (Liebhaber, va.); Rausch

Fahnl, Fähnchen, unansehnliches Frauenkleid (s. auch Fandl)

Fåhrer, hastige Handbewegung (v. zufahren); Lenker

fåhrn, fahren; i fåhr, du fåhrst, er fåhrt; fåhr mr?: fahren wir? (s. führen)

Fahrtl, Fuhre, Wagenladung (z. B. Holz, Heu usw.)

Fålbn, Falbel (Faltensaum)

fålln, fallen; i fåll, du fållst, er fållt; i fållet: ich fiele; i bin jå net am Kopf gfålln: ich bin ja nicht blöde

Falott (spr. Fäull-), Lump, Gauner; Schelm (frz. falot?)

fålsch, zornig, wild, heuchlerisch; måch mi net —; a fålsche Person, Heuchlerin (s. schiach)

Fålten, Falte, Kittelfalte; ihr auf der — sitzen = sich stets bei ihr aufhalten, dadurch lästig sein; bei der — håm: festhalten, erwischen

Fam, Faum, Schaum

fama, schäumen (mhd. veime)

Famüli, Familie

Fandl, Fädchen (s. Fahnl)

Fång (Mz. Fäng o. Fang), Krallen, Hände

fånga, fangen, erhalten; du fångst, er fångt; er fånge[r]t, finge; du wirst glei ani —: eine Ohrfeige bekommen; då wern S es a net — (nämlich das Glück)

Fanier, Fournier

Fannerl, Fanni, Franziska (v. engl. Fanny)

Fårb, Farbe; ålli Fårben spieln: die Gesichtsfarbe wiederholt wechseln; außa mit der —: die Wahrheit bekennen (v. Kartenspiel)

-fårb o. fårben, -farbig

farbeln, Wände mit einer Farbe (nicht weiß) bestreichen

Färbeln, ein Hasardspiel

Fårferl, unansehnliches, unverständiges jüngeres Frauenzimmer (it. farfalla, Schmetterling, farfarella, Koboldin); kleine Teigbröcklein (für die Suppe), mhd. varfele

farkeln, ferkeln

Farl o. **Fadl** (s. d.), Ferkel

fårzen, furzen

Fåsån, Fasan; (Mz.) Fåsåna; (kl.) Fasanl

Fasch, Haschee, zerhacktes Fleisch (frz. farce, Füllsel)

faschee, böse, verärgert; erzürnt sein

faschieren, farcieren, zerhacken, haschieren

Fåsching, Karneval (6. Jan. bis Aschermittwoch)

Fåschingkråpfen, feine, in Fett gebackene, mit Marmelade gefüllte Mehlspeise, im Karneval beliebt; s. Kråpfen

Fåschingstückl, Narrenposse

Fåschingzug, früher übliche possenhafte Karnevalsumzüge am letzten Faschingstage

Fåß (spr. Fås), größeres Faß (sonst Faßl)

fassen, packen, fangen (bes. v. Hunde auf den Ruf: Faß!); den håm mr glei gfaßt: festgehalten

fåssen, bekommen; du wirst glei ani —: eine Ohrfeige bekommen

Faßl, Faß (kl. Fasserl)

Faßlreider, Mensch mit O-Beinen

Faßlrutschen, über ein großes Faß hinabgleiten (am 15. Nov. in Klosterneuburg)

Faßlspritzer, arme Männer, welche die Reste aus den geleerten Bierfässern trinken (s. Hansltippler, Taxameter)

fast, feist, fett, dick (a faste Sau)

Fatschen, Wickelbinde

fatschna, mit einer Binde umwickeln

Fäukl (Falkl), Falke

fäul, faul

fäulen, faulen

faustdick; der håts — hinter die Uhrn (Ohren): der ist klüger, als man glaubt, ist verschlagen, pfiffig o. hinterlistig

Fäustling, Fausthandschuhe

Favorite[r]l, Schläfenhaar der Damen (va.)

Faxen, Possen, Umschweife (v. facken, fackeln); — und Schnaxen

Fazi, Diener, Faktotum (it. facitore, Macher)

Fazinettl, Taschentuch (it. fazzoletto) (va.)

feankeln, mit einem Messer ungeschickt (sägend) schneiden

Feanker, ein schlechtes Messer, s. feankeln u. Feitl

feanzen, grinsen, höhnen

fechsna o. **fexna,** fechsen, ernten

Fechtbruader, Bettler, Wanderbursch (diese produzierten sich einst im Fechten)

fechten, betteln

Fechtschul; då stinkts in der —: da ist etwas nicht richtig

Federfuxer, Federfuchser, Schreiber, schlechter Schriftsteller

Federn, Feder; Angst; der håt d —: eine Gänsehaut, er fürchtet sich; von d — aufs Stroh kumma: verarmen

Federpinål, Pennal, Behälter für Schreibfedern

Federritten, Inlett, Federnsack in Federbetten

Fee; åldi —: Hexe

Fegfeuer, Weibsperson, an der man seine Sünden abbüßt

fehlen (spr. föhln); mir fehlt nix: ich bin gesund; jiatzt gehts gfehlt: jetzt entsteht Unheil; des håt no gfehlt: das Unheil ist vollständig
Feichtl, einst s. v. a. heute Wurzen o. Kren (s. d.)
Feieråmd, Feierabend; jiatzt is —: ist das Ende da
Feigenwurzen (eigentl. Veilchenwurzel), Wurzel der Iris florentina, Schwertlilie, ein Zahnmittel kleiner Kinder
Feign, weibl. Scham; a wälische —: der Italiener steckt den Daumen zwischen Mittel- und Zeigefinger, eine obszöne Hohngebärde
Feikåff, Maulaffe (v. feixen, gaffen)
fei[n], schlau (a feiner Hecht); er håt feini Håår: er ist ein Schlaukopf; fein stad sein: recht still sein
Feitl, primitives Taschenmesser (v. mhd. fitelen, fiedeln)
Felber (spr. Fölber), Weidenbaum (mhd. velwer)
Felberer (spr. Föl-), Schreiber; Beamter (Gspr.)
Felbergarten, Weidenrute o. -gerte
felbern (spr. fölbern), schreiben
Feld (spr. Föld)
Feling (spr. Fö-), Radfelge
Fell (spr. Föll)
Felserl (spr. Fölserl), Gefängniszelle (Gspr.)
Fenigl, Fenchel
Fensterladen, die Augenlider
fensterln, nachts an das Fenster der Geliebten gehen
Fensterschwitz, Abzugbier
Ferdl, Ferdinand
Ferl, Stäbchen des Lehrers (lat. ferula, Gerte) (va.)
ferm, fesch (s. d.) (it. fermo, fest)
Ferschen, Ferse
fesch, forsch, schneidig, geschmackvoll; a fescher Geist: eine hübsche, heitere Person (it. fascinare, fesseln, bezaubern)
Feschigkeit o. **Feschität** o. **Feschn,** das Feschsein (s. fesch)
fest, stark, kräftig, tüchtig; a Festi: tüchtige Ohrfeige
fett; si — mächen: sich prahlen
Fetten (d), Fett; sei[n] — kriagn: Strafe o. Verweis erhalten
fetzen, reißen; eilig schreiben o. arbeiten
Fetzen, Lappen, Scheuertuch; Frauenkleider (schmähend); Rausch; verächtliches Weib; Tausendkronennote
Fetzenbånkert, Puppe aus allerlei Lappen; Kind in zerrissenen Kleidern
Fetzenbinkl, Stoffrestebündel; zerlumpter Mensch
Feuer; an — geben: ihm die Zigarre anbrennen; a Watschen, daß s — aus die Augen spritzt: eine sehr kräftige Ohrfeige; jiatzt wår — åm Dåch: es entstand große Erregung; — speibn: wütend schimpfen
Feuermauer, hoher Stehkragen
feuern, schleudern
Fiaber, Fieber
Fiaker, zweispänniger Platzlohnwagen; auch dessen Kutscher
Fichten, Fichte
fidel (spr. fidöl), frohgemut, lustig

Fiduz, Vertrauen; Verlangen

Fiesko; d Håår — schneiden: sie ganz kurz (alla Fieschi) schneiden

Figur, (erbärmliche) Gestalt; verächtl. Mensch; Gipsabguß einer Skulptur

Figurimå^{nn} o. Figurini, Wanderhändler mit Gipsfiguren (nach seinem Ruf: Figuri!)

filigra^{n} (spr. fü-), zart, gebrechlich

filitiern o. filutiern (spr. fü-), s. außafilutiern

Filutierer (spr. Fü-), Schwindler (frz. filou, Betrüger)

Filz (spr. Fülz), unausgeschmolzenes Schweinefett (Bauchfilz); der rohe Speck heißt Speckfilz

filzen (spr. fül-), befühlen, untersuchen (Viehhändler-Ausdruck)

Filzlaus (spr. Fülz-), Lausart (Phthirius pubis); lästige Person

Finanzer, Zollwächter

Fineß, List (frz. finesse, Feinheit), Spitzfindigkeit

Fingerlång; alli —: jeden Augenblick

fingerln, fingern, stehlen

Fini, Finerl, Adolfine, Rudolfine

Finster (d), Finsternis; in der —: in der Dunkelheit

fipern, (vor Begier) zittern; auf was —: dringend danach verlangen (v. fiebern)

firma, firmen; leicht ohrfeigen

Firneis, Firnis

firneißen, firnissen

firti(ch), fertig, zu Ende

Fisanamie, Physiognomie, Gesicht

Fisch (ohni Graden: ohne Gräten), Hiebe, Prügel

fischeln, nach Fischen riechen

Fischkålter (richtiger: Fischghalter), Fischbehälter (v. Gehalt, nicht: kalt)

Fischperl, schwächliches Frauenzimmer

fischpern, wispern, flüstern, lispeln

Fisimatenten o. Fisimatetten, Faxen, Umstände (machen) (it. fisima, Laune, Grille)

Fisolen, Bohne (lat. phaseolus, mhd. fasol)

Fitschipfeil (spr. -pfäul), Pfeil (v. fitschen, sausen)

fitzeln o. fuzeln, etwas in kleine Stückchen (Fitzeln, Fetzchen, Fuzeln) (zer-) schneiden

fix!, verkürzt aus Kruzifix!; — und a Geign! Fluchwort wie: fix Laudon!, fix Gramatanten! (Bomben und Grånåten!); fix und firti: vollkommen fertig, verarmt; åber —: aber schnell

flachen, packen, ergreifen

Flåchs, Kopfhaare (an bein — nehma: s. beuteln)

flacken, faulenzen

Flacker, Fleck, Fladen, flacher Klumpen (Kuhmist), großes Stück

Flåder, Holzmaser (v. mhd. vlader, Esche)

flami(ch), flaumig

Flåmma, Flamme, kl. Flammerl

Flånken, Stück, Fetzen; Flankerl, Flocke, leichtsinnige

Frauensperson (v. flankiern)

flankiern, flanieren, herumstreichen

Flårn, Flarde, Fladen, ein breites Stück, Auswurf

Flåschen, Flasche; Ohrfeige (flatsch! o. platsch!), so schon im Mittelalter; Flasch[er]l, Fläschchen

Flåx, wie Flåchs

Flaxen, Flechse, Sehne

fleanschen, den Mund spöttisch verziehen, grinsen, Gesichter schneiden

Fleanschen, Mund (mhd. vlans, Maul)

Flechten, Flechte; Wagenkorb

Fleck, Platz; Makel; Stück Gewebe o. Leder; die Masern; Brieftasche; Guldennote; Kuttelfleck; von — weg: sogleich; s geht nix von —: es geht nichts vorwärts; Ohrfeige; kl. Fleckl u. Fleckerl, wie Zweckerl (s. d.)

Fleckelsetzen, ein Kinderspiel

Flecke[r]lpåtschen, aus Tuchenden geflochtene, warme, aber plumpe Hausschuhe

fleckert, fleckig

Flecksiader, Kaldaunenhändler

Fledermaus werden auch größere Nachtfalter genannt

Fledewachl, einfacher Federfächer, um die Ofenflamme zu verstärken (va.), auch Flederwisch, Nebenbedeutung: unruhige, flatterhafte Person

Fleischbånk, Fleischerladen; Hosenschlitz

Fleischhåcker, Fleischer, Schlächter

Fleischmåder, einer, der viel Fleisch ißt (v. Marder)

Fleiß; mit — tuan: absichtlich tun

fleißi(ch), fleißig, oft (an — hamsuachen)

Fleißzedl, Lobzettel, den der Lehrer fleißigen Schülern gab (va.)

flenna, flennen, weinen (mhd. flannen, grinsen)

Flennerei, Weinerei

flesseln, einer Frauensperson beflissen ins Gesicht sehen (va.)

fliagadi Salben, flüchtige Ammoniaksalbe; fliagadi Hitzen: Wechselfieber

fliagen, fliegen, stürzen, verabschiedet werden; rennen; auf wås (o. wem) —: es (o. ihn) lieben; Se wern glei —: hinausgeworfen werden

Fliagen, Fliege; das Bärtchen an der Unterlippe

Fliagengader, Fliegengitter

Fliagenholz, Quassiaholz, dessen Abkochung ein Fliegentötungsmittel ist

Fliagenpracker, Fliegenklatsche

Fliagum, s. v. a. Flugmaschin

fliaßen, fließen: in ungeleimtem Papier (Fliaßpåpier o. Flußpåpier), Breitfließen der Tinte

flicken, prügeln (va.)

fliechhängad, die Flügel hängen lassend, krank, traurig

Flieg o. Fliech, Flügel, Arm, Ärmel; an bein — derwischen

Flins, 10-Kreuzer-Münze

Flinserl, Flitter, Ohrschräubchen (ersetzte den Ohrring bei Männern); Flinserlritter, Mann, der es trug, meist aus den untern Schichten
Flitschen, vagierendes Frauenzimmer; überhaupt: wenig achtbares Mädchen; kl. Flitscherl; (zu flitzen)
flitzen, laufen; wegschleudern
Flocherl, Flöhchen
Flohberg, Höhenrücken zwischen Hernals u. Währing (arme Bewohner), auch: Ganserlberg
Flohbeudl, Mensch, der viele Flöhe hat; überhaupt Schmähwort, oft nur scherzhaft
Flöhpulver, Insektenpulver
Flohtrücherl, Bett
Flöhzöcher, wie Flohbeudl (s. Zöcher)
Florl, Florian
Flörl, Florin = Gulden (nach der Stadt Florenz)
Flossen, Hände
flöten (gehn), zugrunde, verloren gehn; davon: auf n letzten Loch blåsen
flott, fließend, rasch; gewandt, lustig, verschwenderisch
Fluach, Fluch
fluachen, fluchen
fludern, fledern, flattern
Fludern, flatterhaftes Frauenzimmer
Fludriwudri, Sausewind, s. Hudriwudri
Flugmaschin, viel umhervagierende Person
Flußpåpier, s. fliaßen
födern, eine Schuld einfordern
folgen, gehorchen, einen Rat befolgen
Folio; er is a Lump in —: ein großer Lump
Föllito^{n}, Feuilleton
Förstner, Förster, Forstgehilfe
Foz (der), Mund, Maul; ärgerliche Miene (mhd. fatz, Fratze), s. a. Fozen
Fozen, Ohrfeige (zu mhd. fatz, nicht zu Voze, Fott), (tsch. facka)
Fozhobel, Mundharmonika
Fozmåtz o. **Måtzfåtz,** Maulmacher, Feigling (Måtz v. Matthes, Matthias)
Fozmäul, Rindsmaul, verdrießliches Gesicht
Frack, Schuld, die nie bezahlt wird: an an — å^{n}legen; ah, —! Ausruf der Verwunderung
Frackerl, Schnapsflasche (wohl v. flacon)
Frågerei, lästiges Fragen
Frågner, Viktualienhändler, Greißler (it. frangere, brechen)
Franell, Flanell (span. franela, it. frenella u. flenella)
frånk, frei (ohne Liebhaber): a frånks Madl
Frånkfurter, eine bessere Art Krenwürstchen; — in Saft (in Gulaschtunke)
Frånz, Franz
Frånzen, Franse; s geht ålles in (o. auf) —: zugrunde, zerreißt, zerbricht (mhd. franze)
Franzi, Franzl, Fränzchen
Franzischkerl, Räucherpillen
franzöisch, französisch
Franzos, Werkzeug, das Hammer, Klemme und

Schraubenschlüssel zugleich ist

Fras, Fraisen; in d — fålln: heftig erschrecken (mhd. vreise, Schreck)

Frashauben, geweihte Kinderhaube als Mittel gegen Fraisen (va.)

Fråß, elendes o. sehr gutes Essen

Fråßdårm, Vielesser

fratscheln, ausfragen, klatschen, tratschen

Fratschlerin, Schwätzerin, Hökerin; Fratschl- o. Fratschlerweib

Fråtz, Kind (meist unartiges, doch auch: a liaber —), Range, Göre (Abl. v. mhd. fatz, Fratze, Gesicht)

Frauderl, Frauchen

Frauenbildler (spr. -büld-), Silbermünze, Zwanziger o. Taler, mit dem Bilde der Gottesmutter

Fräuln (d), Fräulein, Gouvernante, Lehrerin

Fredi, Fredl, Alfred

freigehn, aus der Haft entlassen werden; nicht verurteilt werden

Freigwånd, neue Kleider, die der Meister dem ausgelernten Lehrling schenkt

freili (spr. freuli), freilich, allerdings, jawohl; ablehnend: (nå) freili, wås denn? = was denn noch? jå freili! Ausdruck v. Zweifel u. Staunen

Freita o. **Freitåch,** Freitag

Fremd (d), die Fremde

fremd måchen, aus dem Dienste treten (va.)

Fressalien (spr. -säul-), Nahrungsmittel, Eßware

fressen; i friß; då håb i (schon) gfressen: das verabscheue ich; a gfressener Kerl: ein Fresser

Fressen, gutes Essen; des is a —: eine willkommene Sache

fretten, einschränken, behelfen, wie es geht (mhd. vreten, quälen)

Fretterei o. **Gfrett,** Leben o. Arbeit mit Hindernissen, Unzulänglichkeiten; Pfuscherei

Fretter[er], Pfuscher

Freunderl, Zechgenosse; —wirtschåft, Günstlingswirtschaft, Korruption

Freundschåft, Verwandtschaft

freundschåftli(ch), freundschaftlich

Fridatte[l]n, Eierkuchen (it. frittata); auch Nudeln, aus Eierkuchen geschnitten

Fried, Ruhe; gib an — (o. laß mi) in —: gib Ruhe, schweig!

Friedhof; sei Gsicht schaut aus, wia a jüdischer Friedhof: er ist pockennarbig (gflickt)

Friedhofröserln, hektische Gesichtsröte

Friedhofspargel, die lange Virginierzigarre (schädlich!)

Friedl, Friedrich; auch Überrock (Winterfriedl)

friern, mi friert in o. auf d Händ: in die Zehen; gfrurn, gefroren

frisch, kalt; erneuert; von frischen: von neuem; lebhaft: a frischer Bua

frischgfångt, neu an- o. eingestellt; a Frischgfångter: ein Neuling

Frischling, junges Schwein, junges Mädchen

frisieren, zurichten; beuteln (s. beudeln)
Frißling, Fresser
Fritzi, Fritzl, Friedrich o. Friederike
froiseln, fröstеln (va.)
frörn, wie friern; s. gfrört
Frosch, Knirps; einer, den oft friert
frotzeln, necken
Frotzlerei, Frotzelei, Neckerei (it. frizzare, stechen)
fruah, früh; in der Fruah: morgens; då muaßt früher aufstehⁿ: wachsamer, rascher sein
Fruahjåhr, Frühling
Fruahstuck, Frühstück; den friß i zun —: der ist mir zu schwach, unbedeutend
Früchtl, junger, leichtsinniger Mensch; a Weaner —
frümen, nach Maß anfertigen (mhd. vrum, fromm, gut); eine Sache gut machen
frumm, fromm
Fuader, Futter (mhd. vuotar)
Fuaderasch, Fourage, Nahrung
Fuaderäul, Futteral
fuadern, füttern, fressen
füadern, füttern
Fuadersackl, Futtersack der Pferde
Fuaß, Fuß, Mz. Füaß; kl. Fuaßerl; d Füaß über d Achsel nehma: eilig gehen; Füaß kriagn: gestohlen werden; an Füaß mächen: ihn zur Eile antreiben o. verjagen; n Herrgott d Füaß åbeißen: überfromm sein
Fuaßfetzen, Fußlappen; Sklave
Füaßl; an s — gebn: ein Bein stellen
füaßln, unterm Tische mit den Füßen kosen
Fuaßwerch, die Beine
fuchsen o. **fuxen,** ärgern
Füchsl, Fuchs, braunrotes Pferd
Fuchtel, Vettel
fuchti, zornig (v. fauchen)
fuchzehn, fünfzehn (s. fufzehn)
fuchzg, fünfzig (s. fufzg)
fufzehn, fünfzehn
fufzg, fünfzig
Fuhr, Fuhre; große Menge; Diebstasche (Gspr.)
führn, fahren; an auf d Båhn —: ihn zur Bahn fahren
Füll, Füllsel
Füllerl, Füllen, Fohlen
Fum, Anstand; er gibt si an —: will vornehm scheinen (it. fumo, Rauch)
fünfazwanzg, fünfundzwanzig; auch 25 Stockstreiche
Fünfe; ålli — gråd sein låssen: nichts zur Abwehr tun; ma sicht ålli —: man sieht nach einer Ohrfeige die Fingerspuren
Fünfer, Geldnote über 5 Einheiten; a bugleter Fünfer: ein Buckliger
Fünferl, Fünfguldennote; Fünfkreuzermünze
fünferln, zum besten halten (i låß mi von dir net —)
Funzen, schwaches Lichtlein, verächtliches Frauenzimmer; kl. Funzerl (zu Funke)
füra, hervor (einst: herfür)
fürafåhrn, vorfahren; herausrücken
füranånder, voreinander; i bring nix —: habe keinen Erfolg
fürchten; i fürcht mi, håb mi gfurchten

fürchten; **i** fürcht mi, håb mi gfurchten
Furelln (spr. -ölln), Forelle, seltener: Ratte
füri, nach vorn, vornehin
fürigehn låssen, es andern zuvortun an Lustigkeit; schnell fahren
fürigspritzt, wie fürigwixt
Fürigspritzte, s. v. w. Schadln o. Sechser
fürigwixt, nach vorn gewichst (v. Schläfenhaar [Schadln])
Furlaner, Bewohner von Friaul (slow. Furlanija)
furma, formen, Meisterschaft zeigen
Fürscht, Fürst
furt, fort; furt und furt: immerzu
Fürta, Schürze (Vortuch)
furtschummeln, mit List bewegen, wegzugehen
furtwursteln, sich mühsam weiterbehelfen
futsch, fort, weg (it. fuggire, fliehen)
fuxen, s. fuchsen
fuxert o. fuxi o. fuchsert o. fuchsi, fuchsig, fuchsrot
fuxteufelswild o. **fuxwild** (spr. -wüld), sehr zornig
Fuzel, Schnitzel, Stoff- o. Papierstückchen (it. futile, geringfügig); kl. Fuzerl
fuzeln, zu Fuzeln zerschneiden; kritzeln, klein schreiben

G

g-, ge-; die Vorsilbe ge- (das Augment) fehlt allen Zeitwörtern, deren Stamm mit b, d, g, k, p, qu, t und z beginnt (i håb blåsen, deut, gessen, kost, paßt, quåtscht, tån, zåhlt)
gåbeln, gabelfrühstücken
Gablitzer, Ochse (in Gablitz war einst eine Rindersammelstelle, die „hohe Schule in G.")
gach, jäh (mhd. gâch, gaehe); Gachzurn, Jähzorn
Gader (s), Gitter (s. Gåder)
Gåder (s) o. **Gådern** (der), Gatter, Lattenzaun, Gittertür (mhd. gater)
Gaderbettl, Gitterbett für Kinder
gadräulliert, gitterartig gestreift, quadrilliert, kariert
gåffen, klaffen, offenstehn (eines Schlitzes o. einer Falte, des Mundes)
Gagelbam, Schaukel aus einem beweglichen Balken (alt: gogeln, schaukeln, gaukeln)
gagelbamern, wacklig, gefährlich (s. gigel-gågel)
Gågerl o. **Gogerl,** Ei (zu gagerzen, s. d.)
gågerzen, gackern (mhd. gagzen)
Galerie (spr. Gäul-), Gaunergesellschaft, Koterie (s. Quart, Kårten, Plåtten) (Gspr.)
Gåling, Galgen; —diab o. —strick: einer, der den Galgen verdiente; Lump, Strolch, Schelm
Gålingnågel, gelbe Rübe (va.)
galizi, galizi, galoggogog! ein Ruf, der boshaft den Sturz eines Reifendrachens o. Spanlers (s. d.) bewirken sollte
Galiziberg, der Wilhelminen-, einst Galizinberg genannt

Gåll, Galle, Zorn; d — auslåssen: den Zorn an wem (oft Schuldlosen) betätigen; mi frißt die —: ich vergehe vor Zorn; mir geht d — außa: ich speie Galle

Gålldübl, zum Zorn geneigter Mensch

gållhanti(ch), sehr bitter (s. hanti)

Gam, Gaumen

Gamaschen håm, Furcht, Angst haben (va.) (s. Manschetten, Federn)

Gamaschenritter, Infanterist

gamern, gelüsten, gieren

gamerzen, gähnen

gamri, lüstern, gierig

Gams (d), Gemse (mhd. gamz)

Gamsbårt, Hutgesteck aus langem Gemsenhaar

Gamskrickl, Gemsenhorn (Krickl: kleine Krücke)

Gamsveigerl, Alpenaurikel

Gånauser, Gänserich (ahd. ganazzo)

Ga^{n}fårn, Gainfarn (Ort)

Gåns, dumme Frauensperson, Plaudertasche; die — håm: eine Gänsehaut (Angst, Furcht) haben; s. brunzen

Ganserl, Gänschen, Ausplauderin, dummes Mädchen, Angeberin

Ganserlberg, s. Flohberg

ganserlgelb, gelb wie ganz junge Gänschen

ganserln, ausplaudern, angeben

Ganserlwei^{n}, Wasser

gånz; — a åndrer: ein ganz andrer; åls a gånzer: ungeteilt; die gånzen: alle; gånz wås Neuchs, etwas ganz Neues

Gånzgscheider, Überkluger

går, zu Ende, aus; besonders; warum net —!: unglaublich!; sogar (er håt — gwant); sei net — so: mäßige dich, sei gütiger; i bitt Ihna — schö^{n}!: reden wir lieber nicht davon!

gårazen, Geräusch der steil gestellten Gabel auf dem Teller (s. schårazen)

Gåreisel, Karausche (Fisch) (lat. carassius)

Garten, Gerte

Gårtengschirr[l], Blumentopf

Gårtner, Gärtner

Gas, Geiß, Ziege; Schneider, schwaches Pferd

Gas (d u. s), Leuchtgas

Gasbårt, Ziegenbart, Kinnbart

Gasbock, Ziegenbock; schaun wiar a ågstochener Gasbock, nämlich ausdruckslos; auch schlechtes, schwaches Pferd

gåschåmer, s. ghorschåmer

Gasdutteln, Weintrauben mit länglichen Beeren

Gasharlbålwierer, spött. Bezeichnung f. Friseur, Barbier

Gasharn, Kapuzinerpilz, Boletus scaber

Gashirn, Gehirn mit Mängeln

gasnarrisch, übermütig; hundsjung und —: jung und übermütig

Gaspemmerl, Ziegenkot

Gassel, leichter Schlitten für eine Person (v. Geiß, Ziege)

Gåssen, Gasse, Mz. Gåssen u. Gassen; kl. Gassel

Gaßl, Geißel, Peitsche

Gåstgeber, Gastwirt

Gastriller (spr. -trüller), Tremolo

Gatsch, Brei, weiche Masse (tsch. kaše)
Gatscherl, Ente (tsch. kače, ung. kacsa)
gatschert, breiig
Gåttern, s. Gådern
Gattie o. **Gattihosen,** Unterhose (ung. gatya)
Gäu (s), Einkaufsbezirk des Fleischers; an ins — gehⁿ: einem ins Gehege kommen, seine Rechte beeinträchtigen
Gaudee o. **Gaudi,** Freude, Vergnügen (wie Hetz) (lat. gaudium)
Gaukler, Schwindler, Betrüger, Lügner
Gausråb, Elster (it. gazza, gazzera); Habsüchtiger
Gawlier, Kavalier, bes. unechter; freigebiger Mann
Gawlierspitz, eine Rindfleischsorte
Gaxen, Faxen (va.)
Gebäu, Gebäude, auch Mz.
Gebäulichkeiten, Baulichkeiten
geben; i gib, håb —; Kartengeben; es wird si scho[ⁿ] wieder —: es wird wieder alles in Ordnung kommen; des gibts net: das glaube o. dulde ich nicht; i wir eahm — (nämlich zu fühlen o. zu hören, damit er sich bessere); då gibts nix (einzuwenden o. was hindern könnte); des gibt er guat: das hat er gut gesagt; er gibt eahm 50 Jåhr (hält ihn für 50 J. alt); der Dokter gibt eahm no 3 Wochen (sagt, er werde nach 3 Wochen sterben); er gibt nix aufs Reden: ist unfolgsam
Geblüat, Geblüt
gebültet (iron. schriftdeutsch): gebildet, manierlich
geburn, geboren
Gedånken, Mz. Gedanken; Gedanke; ein denkbar kleinstes Stückchen (um an — kleaner) (s. Idee)
gedeftet, wie dasig (aus dem Jüd.), s. deften
Gedicht, Mz. Gedichter
Geduld, Nachsicht; gedulden S Ihna a wengl (bissel): warten Sie ein wenig
Gedütt, der Busen, die Brüste (zu Duttel)
Gegraseiſtas, von Lippenbetern verstümmelt: Gegrüßt seist du ...
gehⁿ, gehen (bewegen, möglich sein, reichen, lauten); i geh, mir gengan, es gehts, i ging o. ginget o. ganget, es gingats o. gangets, mir gingeten o. gangeten, åls a gehader, gengan mr o. gehn mr o. gemmer; låß mi gehⁿ!: laß mich!; geh? o. geh weg!: ist es wahr?; s geht net: es ist nicht möglich; geh, kumm!: i bitte dich, komm!; s Liad geht so: das Lied lautet so ...; der Tach geht schoⁿ: der Teig steigt schon; des geht mr bis zum Håls: das reicht mir bis zum Halse (ich habe genug davon); die Marie geht mit n Frånz: er ist ihr Geliebter; de Frau geht no vier Wochen: sie wird in vier Wochen entbinden; i geh mi guat in de Schuach: die Schuhe passen gut
Gehwerch, Gehwerk (der Uhr); die Beine

geigeln, schwanken (des Luftdrachen) (v. geigen)
Geigen, Geige; a ålti —: altes Weib; fix und a —: ein Fluch (s. fix)
geigna, geigen; er håt eahms geigent; ihm die Meinung gesagt; i wir eahm wås —: ich erfülle ihm den Wunsch nicht (wie pfeifen, s. d.)
Geil (d) (spr. Gäul), die Geile (eine Vogelkrankheit)
geili(ch) (spr. gäuli[ch]), geil, wollüstig, widerlich fett
Geist, Gespenst; a fideler o. fescher —: lustige Person; spirituöse Flüssigkeit (z. B. Seifengeist)
geistern, spuken
Geizkrågen, Geizhals
gel? (spr. göl?), gelt?; gelts?, geln o. gelten S?
gelbzipfert (spr. gölb-), gelbsüchtig, krank
Geld (spr. Göld); kl. Gelderl, Sümmchen
Geliebtin, Geliebte
Gelln (spr. Gölln), Zither (v. gellen)
Gelsen (spr. Gölsn), Gelse, Stechmücke; hagere Person
Gelsendübl, Mückenstichbeule
gelten (spr. göltn), s gilt, s (gült), håt golten; gilt (gült) schon!: abgemacht!; wås gilts (gülts): was gilt die Wette
geltsgod! (spr. gölts-), vergelte es Gott!
Gemäuhl(in), Gemahl(in)
gemer, ergebener (— Diener!)
gemmer!, gehen wir! (s. gehn)
genau, sparsam, knauserig
Generäul, General
Generäulsburten, hoher Schaum im Bierglase (v. Borte)
g[e]niaßen, genießen; du bist net zum —: nicht zu ertragen
Georgi, der Georgstag (24. April), einst Zinstermin
Gepäck, (spött.) Höcker
Gepernek, langer Überrock (ung. köpönyeg, Mantel)
Germ, Hefe (lat. germen, Keim)
germerln, nach Hefe riechen o. schmecken
gernhaben, lieben; aber: du kånnst mi —: du kannst mich am Ende des Rückens küssen
Gerstenkurn, Geschwürchen am Lid
Gerstl, Habe, Geld (i håb mei gånz — verlurn); grollts (gerolltes) —: Grütze; griebens —: zerriebener Teig (in der Suppe); gspiebens —: eklige Menge
gestert, gestern (selten)
gestri(ch) (sein), übernächtig
gestringa, (am) — Tag, gestrigen
Getös, Lärm (bes. der Kinder)
Getua, Getue
g[e]wöhn[ig]li(ch), gewöhnlich
gfährli(ch), gefährlich
gfållen, gefallen; du gfållst mr: du denkst o. handelst merkwürdig; des låß i mr —: damit bin ich einverstanden; nur nix — låssen: nichts hinnehmen
gfäult, faulig
gfehlt (spr. gföhlt), fehlerhaft, falsch, schlimm; s

geht (o. is) —; a gfehlter Kerl: verächtlicher Mensch
gfinkelt, klug, listig, erfahren, abgefeimt (v. finkeln, auf der Drehbank glätten)
gfleckelt, scheckig, gefleckt
gflickt, mit Flicken ausgebessert; blatternarbig
Gfluderwerch, Putzkram
Gfraßt, elendes Essen; wertloser Kram; alles Schlechte
gfressen, s. fressen
Gfrett, s. Fretterei
Gfrettbruader, einer, dem es schlecht geht
gfreun, freuen; du gfreu di: dir wird es schlimm ergehen
Gfrier, Frost
gfrieren, zufrieren, einfrieren; gfrurn, gefroren
Gfriß, Gesicht, Mund
Gfrör, Frost, Frostbeule
Gfrördübl, Frostbeule; einer, der sich über Frost beklagt
gfrörn, erfrieren (gfrörte Äpfel o. Zechen); gfrörter Kerl wie Gfrördübl; der Gfrörte sein: das Opfer sein
Gfrurns, Gefrornes, Fruchteis
gfüllt, dick (blad); schwanger (spött.)
gfunden; wia —: willkommen, erwünscht; a —s Fressen: eine erwünschte Sache
gfurchten, gefürchtet
Ghack, Häckerling
ghålten; häst es (das Maul) —; mi håm s —: für das Militär assentiert (bestimmt)
gham, geheim; in der Gham: im geheimen
Ghamtuararei, Geheimtuerei
ghaut, erfahren, gewitzigt (a —er Kerl)
Ghör, Gehör; zu — reden: anspielen
ghöri(ch), gehörig, sehr (der håt si [gånz] — å[n]gschmiert, hat sich sehr geschadet)
ghörn, gehören; des ghört mei[n] (mir); des ghört si net: das ist unschicklich; des ghört scho[[n]] dei[n]: das mag ich nicht
Ghorschåmer o. **gåschåmer** Diener!: gehorsamer Diener!
Ghörtsi (der), Anstand, Sitte, Brauch; des is ka[[n]] — (net)
ghupft, gehüpft, oft verwechselt mit gupft (s. d.)
giaßen, gießen, heftig regnen
Giaßkåndl o. **Giaßåmper,** Gießkanne
gicksen o. **gixen,** mit der Stimme überschnappen; vom Billardballen abgleiten (an Gickser måchen)
Giebigkeiten, Abgaben
Gieß, Gießhübler Wasser (a Achtl mit Gieß)
Gift (der), Zorn, Ärger; des Messer schneidt wiar a —: ist sehr scharf; da kånnst — drauf nehma: das ist ganz gewiß; vor lauter — und Gåll: vor Zorn u. Ärger
giften, zornig sein, ärgern; des håt mi gift (geärgert)
Gifthåh[n], leicht zu erzürnender Mensch; kl. Gifthahnl
Gifthütten, Schnapsladen
Giftnigl, wie Gifthah[n]
Giftnudel, Virginiazigarre
Giftschübl, wie Gifthanl u. Giftschüberl
Giftschüberl, Haarschopf über der Stirnmitte

Gift-und-Gäll-Pulver, ein Abführmittel (va.)
gigel-gågel, wacklig, hin u. her, s. wigel-wagel
Gigerer, Roßfleischhauer
Gigerl, Modenarr (mhd. giege, Geck, Narr)
Gigerlfuader, wie Studentenfuader (s. d.)
gigerzen, gixen, überschnappen der Stimme
giges-gages!, s. v. a. larifari!
Gilet (Schilee), Weste, Brust, Lunge
Gimpel, Dummkopf, leicht zu Betrügender
Gimpelinsel, Teil des 14. Bezirkes südlich der Schmelz
Ginkas, Schnaps
Girardi(hut), Hutform, niedrig, Krempe und oben flach, nach dem Komiker Girardi benannt, frz. canotier, meist aus Stroh
gitschen, zusammenstoßen
gixen, abgleiten vom Billardball, überschnappen der Stimme (mhd. gikson)
Gizzi, Zorn (it. guizzo, das Zappeln)
Glachter, Gelächter, holzernes —, die Holzharfe
Glacis (Glaßi), d — (weibl.)
Gläger, Bodensatz des Weines im Fasse
Glander, Geländer
glånga, s. glengen
Glånzbutten, Zylinderhut
glånzen, glänzen; er glånzt, glånzad, glänzend, schön gekleidet
Glas, Geleise
Glås, Glas; $^{3}/_{10}$ Liter; kl. Glasl, Monokel
Glåsaugen, Brille
Glåserer, Glaser, Libelle o. Wasserjungfer
Glåspåtzen, Augen
Glåtzen, Glatze
glåtzkopfert, glatzköpfig
Glaudern, ekle Flüssigkeit, schales Bier (zu Låder, Gelader)
glei, sogleich
Gleichen, Erreichung der Gebäudehöhe eines Hauses; Gleichenfest, Feier der Bauarbeiter aus diesem Anlaß
glenga, langen, ausreichen (ahd. gilangon)
glitscheri(ch) o. **glitschert,** schlüpfrig, rutschig
Glocken, Glocke; Taschenuhr; kleiner dummer Junge (auch Rotzglocken)
Glöckerl, Glöckchen; wiar a —: ausgezeichnet; ein Eisstückchen im Weinglase
gloffen, gelaufen, ausgeronnen
glosen, glühen, glimmen
glüan, glühen; glüatat, glühend; glüat, geglüht
Gluat, Glut
Gluathäferl, Topf mit glühender Kohle zur Erwärmung im Freien
Glust o. **Kluft,** Kleidung (Gspr. claffot, v. hebr. chalipha, Wechsel)
Glumpert, Gelumpe, wertlose Sachen; Gesindel
glumsen, glimmen (zu glänzen)
glurn, schauen (mhd. lûren, lauern)
Glurn, Augen
Glust, Gelüste
glusten, gelüsten
Gmacht, Machwerk, schlecht Gemachtes, auch Genitalien
Gmaⁿ, Gemeinde

gmaⁿschaftli(ch) o. **gmanschaftli(ch),** gemeinschaftlich, gemeinsam
Gmasch, Gemaische, Gemenge (mhd. gemeusche)
Gmüas, Gemüse
Gmüat, Gemüt
gmüatli(ch), gemütlich, ungezwungen
gnä, gnädige(r)
Gnack, Genick (mhd. knock)
gniaßen, genießen
gnöti, genötig, eilig, zu Eile genötigt (oft irrtüml. gnädi(ch) gesprochen und geschrieben)
gnua, genug; von wås o. wem — håm: angewidert sein
God, Gott; mei(ⁿ) — und Herr! (meist: Gott); um Gotta[r]swölln: um Gottes willen
Göd, Pate (mhd. göte)
Goder, Fettwulst zwischen Kinn u. Hals, Doppelkinn (it. gota, Wange); kl. Goderl; wem s — kråtzen: ihn streicheln, ihm schöntun
Godl, Patin; a fesche o. saubere —: ein fesches o. hübsches Frauenzimmer
Godsåcker, Gottesacker, Friedhof
Gogerl, s. Gågerl
Golasch, Paprikafleisch (ung. gulyás)
Golaschreindl, kleiner ungar. Hut mit aufrechter Krempe (s. Reindl)
Golatschen, kleine Kuchen (tsch. kolač)
Golatschenbäck, (spött.) Zuckerbäcker
Golatschengsicht, ein rundes Gesicht wie das eines Slawen
Gold (spr. Goid); des is jå — gegen s åndere: das ist weit besser
goldern, golden
Goldgråber, (spött.) Kanalräumer
Goschen, Maul, Mund (altes Wort, auch: Gusche); schimpfende Person; der füadert sei — net umasunst: er ist ein Schwätzer o. Zänker; a — wiar a Schwert: ein böses Maul; a — håm: schimpfen, keifen
Goscherl o. **Göscherl,** Mäulchen, Mündchen; hübsches Mädchen; a gschliffenes —: eine schnippische Person
gottikeit o. **guatikeit,** was sagen soll (lat. quod dicat, it. codiga); gewissermaßen; er sågt, i waß nix, — i war a Esel
Gottschewer, Hausierer mit Leckereien aus Gottschee in Krain (s. Kraner)
Gottsöberster, der oberste Vorgesetzte (der gleich nach Gott kommt)
Göttweig, Göttweih
gråbeln, mit den Fingern tastende, fühlende Bewegungen machen (zu: graben)
gråben; du gråbst, håst —
Gråben, Mz. Gräben o. Graben; kl. Graberl
Grabler, einer, der bei Weibern gerne handgreiflich wird
grabsen, stehlen, zusammenraffen (v. graben?)
gråd, gerade; des is — wåhr!: ist doch nicht wahr!; a gråder Michl: ein aufrichtiger Mensch

grädert, gerädert; i bin wia —: meine Glieder sind wie zerschlagen

Gradl, eine Art fester Leinwand zu Matratzen

Graffl o. **Grafflwerch,** wertloser Kram (v. raffen)

Gramat, Grummet (zweite Heuernte)

Gramatanten; fix —! Fluch wie: Bomben und Granaten

Grammel, Fettgriebe (mlat. cremium); auch: Lustdirne (vgl. rammeln), s. a. Treiber

Grammelkerschen, Art festfleischiger Kirschen

grammeln, knirschen; då grammelts: es gibt hier Lustdirnen

Grampeln, s. Krampeln

Granadier[er], Grenadier

Grånåt, Falschspieler

Grånd, (Brunnen-) Trog, -Schale; auch Kühlwanne (für Milch) (it. gronda, Rinne)

Grand-, groß; Grandesel, -wurzen

Grandl o. **Granl,** die kleinen Eckzähne von Hirsch u. Reh (Jagdtrophäe) (lat. granum, Korn)

Grant, Zorn, üble Laune (v. greinen, zanken, mundartl. granne, Mißmut, Ärger, dän. krant, Ärger)

Grantnigl o. **Grantscherm,** ein mürrischer Mensch

grapsen, stehlen

Gras, Gereisig

Gråsåff, junger Dummkopf

Grasel, Räuber, der 1818 in Wien gehängt wurde; Schelm

gråsen, weiden, heuen

Graserl, Grashalm

Gråshupfer, Heuschrecke, Laubfrosch

grast (gereist), erfahren, gewitzigt, klug

Grästeufel, toller junger Mensch

grataliern, gratulieren

gråten, geraten, gelingen, von etwas lassen, etwas entbehren o. missen; mir håts —, ich bin bei einem Haar (einem Unheil) entkommen

Graten, Gräte; Spreu (s. Kratten)

gratisblitzen, jemand um sein Entgelt prellen

Gratlträger, s. Krattlträger

gratschen, die Beine spreizen (grätschen), s. vergratscht

Grauperl, zausiges Tierchen; verwahrlostes Mädchen

graupert, ungekämmt, verrauft; —er Kerl u. —s Mensch, verächtliche Personen

Grausbirn; mir steigen d — auf: ich empfinde Grausen, Furcht, ahne Schlimmes

Grauschübl, alter Mann, Graukopf

grausen, ekeln

Grausen (der), Ekel

grausli(ch), eklig, unschön, unedel

graweln, grauen, dämmern (mhd. grâwen); verdorbene Eier —: riechen übel

Graz; und wånns — kost = um jeden Preis (Wort K. Ferdinands II.)

grea^n, grün, unreif, zu jung, ungeselcht (Grea^{n}schweinernes); damals håm Se no — gschissen: waren Sie noch ein Kind; greani Bettfrau:

Wiese; grea^{n}scheanklad: grünäugig (häßlich); a Greans: Suppenkräuter; die Grea^n: Gelbsucht; a Greaner: eine 5-Gulden-Note
Grea^{n}ling, Grünling, Zeisig; ein Neuling; Zollwächter (wegen der grünen Aufschläge)
Grea^{n}zeuch, Grünzeug
Grebelter, Wein, der aus abgerebelten Beeren gewonnen ist; s. rebeln
greberzen, rülpsen
Greberzer, Rülps
grechteln, zurechtmachen, zurechtlegen, vorbereiten, herrichten
Grechtigkeit, Betriebsbefugnis (z. B. für ein Gasthaus)
Gred, Gerede; aufs — gib i nix: achte ich nicht
Gredl, Puppe, ungeschicktes Mädchen (v. Grete), s. Gretl
greifen; des kånn ma (mit Händen) —: das ist gewiß
greina, weinen, zanken
Greißler, wie Frägner (v. Grieß); auch Kleinigkeitskrämer
Greißlerbårt, Bart, der das Gesicht einrahmt, aber unter dem Kinn verläuft
gremassi(ch), griesgrämig, kränklich, hypochondrisch (v. Grimasse)
Gretzl, Umkreis (mhd. gereize); oft falsch „Krätzl" geschrieben
Greul, Greuel (mhd. griul)
griaglert, heiser (va.)
Grias, Grieß, Grus
griasgrami(ch), griesgrämig, verdrossen
Griasknödl, Kloß aus Grieß; plumper Mensch
Griasler, Kleinigkeitskrämer, beschränkter Mensch
griaslert, körnig, grießartig
gribbeln, kribbeln, gelindes Kitzeln wie von Insektenbeinen, prickeln auf der Haut (zu grabeln); tasten, greifen (s. vergribbeln)
Gricht, Gericht; Mz. Grichter
grieben, gerieben, durchtrieben, schlau
Griebs, Gurgel; an bein — nehma; Kernhaus im Obst
Griffling, Finger
Grill (spr. Grüll) (der), die Grille; ein magerer, schwacher Mensch; kl. Grillerl
Grillengrås (spr. Grüllen-), Blätter der Schafgarbe
grimmi(ch), grimmig; sehr (kalt)
Grinderl, Wundenschorf
gring, gering, leicht
gringschätzi(ch), geringschätzig
Gripperl o. **Grischperl,** magere, schwache Person (v. Gerippe)
Gripplerts, Rippenfleisch
Griß, Gereiße, starker Begehr; (iron.) a — wiar in Summer um d Påtschen
Gritsch o. **Kritsch,** Zwerg, Kind (? v. kreischen)
griwes-grawes, alles durcheinander
groß, oft statt: sehr, — irrn, — wundern usw.
großgoschert, großmäulig, prahlerisch
großkopfert, hochgestellt, einflußreich
großmächti(ch), sehr groß
großmäuli(ch), prahlend

großschädlert, wie groß-kopfert
gröst, geröstet; Gröste, geröstete Kartoffeln
grüabeln, grübeln
Gruabn, Grube, Grab
Gruaß, Gruß
grüaßen, grüßen; grüaß Jhna Gott = grüße Sie Gott; den håm s (nämlich die Narren) — lassen: er ist auch ein Narr
Gruchen, Geruch; Grü[a]cherl, übler Geruch; s. v. Gschmachen
Grund, Vorstadt, jetzt Bezirksteil; aner Såch am — kumma: bis zum Grunde ermitteln
Grundl, kl. Brachsenart
grundell (spr. -döll), gründlich (va.)
Grundtrummel, Klatschbase, Bezirkstratschen
Grusler, Schauer
Gruz, Knirps (v. Grutz, Ziselmaus)
Gsangl, (geringschätzig) Lied
Gsätzl, Absatz, Strophe
Gsäuft, Gesöff
Gsäus, Gesause, Gerede, Lärm
Gschad, Wegscheide; Scheide
Gschäft, Geschäft, Kaufladen, Geschäftsgang; Mz. Gschäfter; kl. Gschäftl
gschafti(ch), geschäftig
Gschaftl, Verrichtung
Gschaftlhuaber, wer überall mittun will
Gscham, Schamteile
gschami(ch), verschämt
gschaßt, davongejagt
Gschau, Augen, zuschauen; wås kost s —?: Hältst du Maulaffen feil?
gscheckert, scheckig
gschegn, geschehen; es gschicht nix; wånn nur nix geschächet o. gschachet (geschähe); då wårs aus und gschegn: da wurde die Aufregung groß; wia gschicht mr denn?: was ist denn mit (in) mir?
gscheit; des is —: das ist recht so; wie net —: wie ein Narr
Gscheiter; måch an Gscheiten: sei vernünftig
Gscherter, Geschorener; Bauer (einst durften die Leibeigenen keine langen Haare tragen)
gscherter Hansel, der Tod
Gschicht, Erzählung, Lüge, Sache; Menstruation; Mz. Gschichten, Umstände; Gschichten und Sachen: Umstände (machen)
Gschichtenmåcher, Aufschneider, Umstandskrämer
Gschisterer, s. v. a. Bschisterer
gschisti-gschasti, s. v. a. paperlapa o. Unsinn!; — Gummilasti! (scherzh. Reim)
gschlacht, schlank u. wohlgewachsen; —s Holz: gerade spaltbares Holz ohne Knoten
Gschlåder, schlechter Kaffee o. ähnl. Getränk (s. schledern)
gschlågen, unglücklich; a gschlågeni Stund: eine volle Stunde
Gschlåmp, schlechtes Weibsvolk; Gewand; unappetitliches Fleisch
Gschlav, Sklave
Gschleck, Gekose, Küsse, Leckerei
gschleckt, geleckt, ohne Charakteristik, tadelhaft verschönert
Gschleder, verschüttete Flüssigkeit (s. schledern)

Gschling, Gekröse d. Kalbes; a Gschlingl
Gschloß, Schloß (Bau); net um a — (s. Burg)
Gschmåchen, Geschmack o. Geruch (s. schmecken), kl. Gschmacherl, Geschmack o. Gestank
gschmacki(ch), schmackhaft, geschmackvoll, appetitlich, schmuck
gschmålzen, gefettet; teuer, kostspielig
Gschmaß, Geschmeiß, Gesindel
gschmeidi(ch), geschmeidig, angenehm
Gschmier, schlechte Schrift nach Form o. Inhalt
Gschmierte, starke Ohrfeige, s. schmiern
Gschmuck, Schmuck (va.)
Gschmudl, Gekose; s. schmudeln
Gschnåder, Geschnatter, lautes Durcheinanderreden
gschnappi(ch), schnippisch
gschnåpst; der is —: hat sein Spiel o. Vermögen verloren (s. schnåpsen)
Gschnas, Blendwerk, unechtes Zeug
Gschnatts o. **Gschnattl,** Abfallfleisch, das arme Leute kaufen
gschnauft, schnaufend vor Hochmut, hochnasig; gschnaufte Knauschen, arrogantes Frauenzimmer
gschnecklert, lockig (s. Schneckerl)
gschnirkelt, geschnörkelt, aufgeputzt
Gschnudl, Gesindel (va.)
Gschra, Geschrei, Gerede, Verruf; mit der Wahrheit ins — kumma: für eine Wahrheit angefeindet werden
Gschradi, eine kreuzweise eingeschnittene Semmel (v. schroten) (va.)
gschragoschert, stets in schreiendem Tone redend
Gschrift, Schriftstück
gschupft, verrückt (va.), s. schupfen
Gschwabert, verschüttete Flüssigkeit
Gschwabl, Geschwätz, Geschwäbel
Gschwåder, Redeschwall
Gschwådrant, Vielredner, Plauscher, Aufschneider
Gschwafl, Geschwefel, Geschwätz
gschwaft, geschweift
gschwanzi(ch), geschwänzig, anmutig, selbstgefällig (gehen)
Gschwär, Schwäre, Geschwür (mhd. swer)
Gschwatz, Geschwätze
gschweigenst, geschweige
gschwelln (spr. gschwölln), anschwellen (mir gschwüllt der Finger: er schwillt an)
gschwind, schnell, lächerlich (der Huat steht eahm —)
Gschwinden, Geschwindigkeit
gschwindi, schnell
Gschwistrakind, Geschwisterkind, Vetter, Muhme, Kusine
Gschwistrat, Geschwister
gschwollen, sinnlos (reden)
Gschwuf, Liebhaber; Stutzer (v. umherschweifen)
gschwürad, schwärend
Gschwurbl, das undeutliche Gerede und Treiben einer Menschenmenge
gselcht (spr. gsölcht), geräuchert; mager (a gselchter Haring: ein magerer Mensch)

Gselchts, Rauch- o. Selchfleisch; Verweis; Stoß mit dem Knie an eines andern Gesäß
Gsell (spr. Gsöll), Gehilfe, Bursche, Kerl
Gsellin, Gefährtin, Mädchen
gsengt, versengt
Gseres, lautes Geschwätz, Geschrei (hebr. gseroth, spr. Gseros)
Gsetzl, Gedichtabsatz, Strophe
gsetzt, bedachtsam, ernsthaft
Gsicht, Gesicht, Augen, Miene; unters — kumma: unter (va.) die Augen kommen; a — måchen: ein finsteres o. erstauntes Gesicht machen; des hat a ånders —: ein anderes Aussehen o. Ansehen; a — wiar a Feld voll Teufeln: eine sehr wilde Miene (machen); ani ins — stecken: eine Zigarre in den Mund stecken; a — wiar a ågstochener Gasbock: ein blödes o. verdutztes Gesicht; a — wiar a (nåckader) Kinderårsch: ein glattes, bartloses Gesicht
Gsichterschneidwåchter, scherzh. für Sicherheitswachmann
gsotten; heunt bin i net — und net bråten: ich fühle mich heute nicht wohl
Gspån, Kamerad, Begleiter
gspandelt, gespreizt, stolz
gspånna, merken, ahnen
Gspaß, Spaß, Witz; då håm mr an — ghåbt: das gibt es im Ernste nicht; kl. Gspaßerl o. Gspaßettl, Späßchen
gspaßeln, spaßen
gspaßi(ch), spaßig, witzig; unwirklich, unecht
Gspaßlaberln, die weibl. Brüste (man hat Spaß damit)
Gspaßmåcher, Witzbold
Gspaßvogel, Spaßvogel, Witzbold
Gspeibert, Gespienes, Speichel
gspeist z håm!; ich wünsche Ihnen, wohl gespeist zu haben (auch iron. nach einer schlechten Mahlzeit o. einem Verweis)
Gspenst, Mensch von üblem Aussehen
Gspiazlert, Speichel
gspickt, mit Geld versehen, bestochen
Gspiel (spr. Gspül), Spiel, Kram, Geschlechtsteile; Bruader in —: Genosse bei Schlechtem, Komplice; Mz. Gspieler; kl. Gspielettl
Gspinn, Milchproduktion der Mutterbrust
gspitzt, durch Krankheit abgemagert (s. spitzen)
gspreizt, gespannt, ungemütlich, hochmütig
Gspritzter, Wein mit Sodawasser; auch getaufter Jude; ein Entlassener
Gspur o. **Gspuri,** Spur; ka —: nicht im geringsten (ka — von aner Idee); Mz. Gspurn
gspürn, spüren, fühlen; ka Traurigkeit — låssen: stets guter Dinge sein; i gspür meine Füaß net: ich bin übermüdet; gspürn S wås?: merken Sie etwas?, begreifen Sie?
Gspusi, Liebschaft, Liebelei (it. sposi, Verlobte)
Gstånken, Gestank; Stänkerei, Exzeß

Gstanz, s. v. a. Hetz o. Gaudi (it. stanza, Gesang)
Gstänz, Penis (v. Stanze)
Gstätten, wüster Platz, Lagerplatz, Sandgrube; wüste Weibsperson (s. Mistgstätten)
gstatzt, steif, stolz; a —i Gredl: hochmütiges Mädchen
Gsteam, Werkzeug, Eßbesteck, Tabakpfeife (v. Stamm)
Gsteck, Hutzier aus Federn, Haaren u. dgl.
gsteckt, gedrängt (voll Leute)
Gstell (spr. Gstöll), Gestelle, Stellage, Etagère; Schirmgestänge; die Beine
gstellt (spr. gstöllt), kräftig; in gutem Stande; imstande (i bin — und sågs eahm: ich bin imstande, es ihm zu sagen)
gsteppt, pockennarbig
Gstift, geistl. Stift
gstopft voll, gedrängt voll
Gstråmpfter, ländl. Tanz mit Füßegestampf (v. strampfen)
gströmt, gestriemt (v. Fellen)
Gstudierter, einer, der studiert hat
Gstüß, Sküs (Spielkarte) (v. it. scusa, Entschuldigung)
Gsuach, Gesuch
gsund, gesund, heilsam, gesund erhaltend; a gsunds Ban: ein unverwüstlicher Mensch; pfüat di —!: Gott erhalte dich gesund!, gsundi Pracker: heilsame Schläge; Obst essen is —: erhält gesund; (iron.) du schaust — aus: dir ist übel mitgespielt worden
Gsund (der), die (liebe) Gesundheit
Gsurr, Gesurre, Gemurmel einer Menschenmenge
guat, gut, wohl, tüchtig, zugute; kurz und —: in Kürze gesagt; san S (o. sei) so —: sei so gütig o. ist es möglich!; ka[n] — tuan: schlecht enden, sich übel aufführen; des kummt mir —: mir zugute; (iron.) a guater Bruader: ein netter Geselle; das måcht der —: das bringt der gut zum Ausdruck o. das ist nicht übel!
guatgniaßli(ch), selbstsüchtig
Guatikeit, so gut wie; Umdeutung von Gottikeit (s. d.)
güatli(ch), gütlich
guatwilli(ch), gutwillig, freiwillig, ohne Widerstreben
Gucken, liebliche Augen; kl. Guckerln
Gudlkraut, Garten-Thymian, ein Küchengewürz (v. Quendel)
Gugamucken o. **Gugaschecken,** Sommersprossen (von den Flecken am Bauche des Kuckucks); auch die niedrige Schwertlilie, Iris pumila, nennt man Gugamucken (s. a. Mucken). Ebenso eine Pilzart
gugerligurot, rot wie der Klatschmohn (frz. coquelicot) (va.)
gugerzen, der Ruf des Kuckucks
Gugezer, Kuckuck
Gugl, über den Kopf gebundenes Tuch (lat. cucullus, Kopfhülle)
Guglhupf, Napfkuchen (v. Gugl u. Gupf, s. d.)
Güll, eine Vogelkrankheit (v. geil)

Gummilasti, Kautschuk (Gummi elasticum)

Gummiradler, Kutsche mit gummibereiften Rädern

Gundi, Gundl, Kunigunde

gunna, (ver)gönnen

Gupf, spitzer Haufe auf einem vollen Hohlmaß (verwandt mit Gipfel und Kuppe)

gupfvoll, gegupft, gehäuft voll (s. ghupft)

Guri, Mut (v. Courage)

Gurkenhåndl; då hört si der — auf!: da hört alles auf!, das ist unerhört!

Gurkenkräutl, Dill (Anethum graveolens), unausgewachsen: Dillenkräutl, dient bei Erzeugung von Sauergurken

gurrezen, girren

Gurten, Gurte

gurtna, gürten; gurtent, gegürtet

Guß, Regenguß

Gusti, Gustl, Auguste, Augustine, August, Augustin, Gustav

gustiern, kosten, wählen

gustiös, appetitlich

Gusto, Geschmack, Appetit; fålscher —: nicht essen können trotz Sehnen danach

Gustobrettl, Brett mit kalten Speisen (im Gasthaus)

Gvåtta, Gevatter (Pate); — (falsch: Våtta) leich mr d Schar: Gevatter, leih mir die Schere (Spiel)

Gwachs o. **Gwachst,** Gewächs, Auswuchs, Wuchs

Gwålt, Kraft; ka[n] — in die Ärm håm

Gwånd, Gewand, Kleidung; verkaufts mei[n] —, i fåhr in Himmel! Ausruf in übermütiger Stimmung

Gwåndlaus, ein zudringlicher, lästiger Mensch, Schmarotzer

gwandn, kleiden, mit Kleidern versorgen

Gwascht, Gewäsche; schlechtes Getränk; verschüttetes Wasser, Wasserlachen

gweister Wech, vorgezeichneter Weg

gwest, gewesen

Gwicht, Gewicht, Mz. Gwichter; die Belastung des Schweifendes des Reifendrachens; kl. Gwichtl

Gwichtl, Geweih des Rehes

Gwihr, Gewehr

gwinna, gewinnen; i gwinn, hab gwunna; gwinnet, gewänne; gwinnad, gewinnend

gwiß, gewiß, sicher; des muaß — sein: das ist nicht wahr; — a no: ganz gewiß

gwißquasi o. **quisiquasi,** gleichsam, gewissermaßen (lat. quasi)

Gwitter, s. Wasser

gwöhna, gewöhnen; gwöhnt, gewöhnt u. gewohnt

gwöhnigli(ch), gewöhnlich

gwohnt (nur Eigenschaftswort); d —i Stund

Gwölb, Kaufmannsladen m. Spezereien; Geschäftsladen, Mz. Gwölber

Gwunst, Gewinst (selten)

Gwürgst, Gewürge, Streit, Kampf, Tumult, Gedränge

Gwurrl, Gewimmel

Gwürznagerl, Gewürznägelchen o. -nelken

H

Håår; de håt — auf d Zähnt: ist ein Weib mit Schnurrbart, d. h. wie ein Mann, also ein resolutes Weib (s. fein)

hååri(ch), haarig

håårkla^{n}, haarklein, genau

Haarl, Härchen; net a — Haar: nicht das geringste

Håårlins, Leinsame; Flachs wird auf dem Lande „Haar“ genannt (s. Flåchs)

håårneuch, funkelnagelneu

Håårwåchs, Flechse, Sehne

Habediechre, höflicher Gruß (sein — måchen)

habediechre (sein), verschwunden, weg (es hat sich verabschiedet), futsch

håben o. håm (håbn); i håb, hätt, håb gehåbt; es håbts: ihr habt; wås håst denn?: was ist dir denn?; mi håts (nämlich: beim Kragen); des håm mr net: das gibt es nicht; hätt mr s net, so tät mr s net: man kann sichs leisten; då håts wås!: da gibt es etwas

Håbern, Hafer (mhd. haber), auch: Geld

habtacht (stehn) wie der Soldat auf das Kommando: —!, stramm

hacheln, hecheln, streiten; Hachlerei, Streit (mhd. hachel, Hechel)

hacheln, mit dem Hachl (s. d.) zerschneiden; dann: haschieren, zerhacken

Hachl, Küchenhobel, um Gurken u. dgl. in Scheiben zu schneiden

Hachlputz, Speise (zu acheln, essen in der Gspr.)

Håcken, Hacke

Håcker o. Håckerbua o. Håckerpåscher, junger Strolch; jetzt meist: Pülcher (s. d.); Håcker auch: Biß, Hieb

Hackl, kl. Hacke

hackl-packl, unterschiedslos

Håckstock, Holzblock, auf dem man Holz o. Fleisch zerhackt; scherzh. auch s. v. a. helf Gott! beim Niesen

Had, die Heide

Håderlak, zerrissenes Laken, Fetzen; s. v. a. Håderlump

Håderlump, Fetzen, verachteter Mensch

Håderlumpweib, Hadernsammlerin

Hådern, Scheuerlappen, Fetzen; schlechte Kleidung; verachtetes Weib; des is a^{n} Bund —: das ist ganz das gleiche

Hådirl, Tölpel (va.)

hadjee!, adieu!

Hadn, Heidekorn, Buchweizen

Hadschi Loja, kleiner Brotwecken, benannt nach einem bosnischen Insurgentenführer

Häfen, Hafen, Topf; kl. Häferl

Häferdeckl, Hafen- o. Topfdeckel, Stürze

Haferl, ein Zauberwort (er sagt „—“, und alles is verschwunden) (va.)

Häferldålk, Backwerk aus flüssigem Teig (Häferltach)

Häferlgucker, Topfgucker (gilt als lächerlich)

Häferlsterz, Sterz (s. d.) aus flüssigem Teig

Håfner, Töpfer

hafteln, mit Haften oder Nadeln schließen

Haftl, Hafte aus Draht

Haftlmåcher; einer, der gut achtgibt (er paßt auf wiar a —)
Håhⁿ, Hahn; Mz. Håhna; kl. Hahn[d]l
Håhⁿkräuller, die „Krähenfüße" (Fältchen am äußeren Augenwinkel)
Håhⁿreiter, Buckliger; einst eine Straßenfigur, verspottet mit dem Rufe: —!, Peitscherlbua! Kikeriki! (va.)
hakeln, haken; fingerziehen
Håken, Mz. Häken o. Haken; då håts an —: da gibt es ein Hindernis
Hakl, Häkchen; Heikel o. Heikelkeit (es håt kan —: es ist nicht heikel)
hakli(ch), heikel
haklziagn, fingerziehen
hal (spr. häul), glatt, schlüpfrig, rutschig (mhd. haele); s Glück håt an halen Schwaf: es entgleitet leicht
Halawachl (spr. Häula-), Schlingel (tsch. halama)
Hålbe (d), eine halbe Maß, ein halber Liter
hålbenteils (spr. -täuls), zur Hälfte
hålber, halb (bei Zeitangaben: hålber zwölfi)
hålbert, halb (a hålberts Kilo); albern (red net so —!)
Hålbscheid (d), Hälfte
Hålbseidener, intelligenter Sträfling (Gspr.)
Halle (spr. Häulle), Markt- o. Bahnhofhalle
hällen, hallen (er schreit, daß alles hällt)
Hallo (auch Häullo), Aufsehen, Lärm, s. v. a. Hetz, Wirbel, Jagd (s. d.)
hallodero! Freudenschrei
Hallodri (spr. auch Häul-), leichtsinniger, lustiger Mensch; Lump
Halmerl (spr. Häul-), Hälmchen
Håls; an åm — håm: von einem belästigt sein; an übern — kumma: einen unerwünscht besuchen; um an — nehma: umhalsen; schneid dr in —!: s. v. a. häng di auf!; kl. Halserl
Hålsdrüssel, eine Rindfleischsorte
hålsen, umhalsen
hålt, eben, nun einmal; i will — net: ich will eben (o. nun einmal) nicht; des is hålt a (nicht: halter) so: das ist einmal so; — jå!: ach ja!; nå, — jå!: so meine ich auch!
Hålt (spr. Håld), Hutweide
håltaus!, halt!
hålten (spr. hålden); du håltst; er hålt; ghålten; auf an (o. wås) —: ihn (o. es) schätzen; des wird si net —: das wird nicht von Dauer sein; hålt scho[ⁿ]!: es ist fest; abgemacht; Viech —: Vieh hüten
Hålter (spr. Hålder), Hirt; Kurpfuscher; essen wiar a —: viel u. eifrig essen; schrein wiar a —: sehr laut schrein
ham, heim, nach Hause; gengan S — und sågn S, es wår nix!: Sie sind hier überflüssig! o. Sie werden hier keinen Erfolg haben
håm, haben (s. d.); hämmer: haben wir
Hamat, Heimat

hamerln o. **hamham måchen,** (scherzh.) essen
hamgeigna, mit Geigenspiel heimgeleiten; laß di —!: Geh und mache dich nicht lächerlich!
Hamham, (scherzh.) Speise
hamhelfen, fortjagen; eines Besseren belehren
hamlert o. **hamli(ch),** heimelig, zahm, zutraulich
hamleuchten, heimleuchten; mit Spott abweisen
hamli(ch), heimlich, insgeheim (s. hamlert)
Hammerl, Hämmerlein; Master —: der Tod
hammerln, mit kleinem Hammer hammern; klopfen
Håmmernix, Habenichts
Håmpferl, kleine Handvoll; eine größere Prise
Hamras, Heimreise
hamschaun, nach Hause gehen
hamschicken, heimschicken, eine Abfuhr zuteil werden lassen
Håmsterer, einer, der hamstert, Waren häuft
hamsuachen, besuchen
hamtückisch, heimtückisch
Hamur, Humor, Laune; schlechter —: üble Laune
hamurisch, humorvoll, lustig
hamwissen, den Heimweg kennen; Bescheid wissen
ha^{n}? Fragewort gleich: wie? was sagst du? (frz. hein?)
Ha^{n}-, Hain- in Ha^{n}bam (hohe Stange); Ha^{n}bach (Hainbach), Ha^{n}burg (Hainburg), Ha^{n}feld (Hainfeld) usw. (In Hainburg wird Hain von Heunen = Hunnen abgeleitet)
Hånd; unter der —: gelegentlich; a guati — zun Singa: (spött.) eine schlechte Stimme; d — von der Butten!: laß ab!; an aus der — fressen: von ihm gezähmt, ihm unterwürfig sein; kehr um d —: im nächsten Augenblick
Håndbrezen, Handschellen, Fesseln (s. Braßlett)
håndelans, handelseinig
håndeln, feilschen (i låß nix —: ich gebe nicht nach)
Håndicher, das rechte Pferd im Zweigespann (s. Sättlicher)
Håndkuß; zun — kumma: (iron.) übel ankommen; i küß d Hand: (iron.) dafür danke ich
Handleh, herumziehender Handeljude
Handscha o. **Handschuach,** Handschuh(e)
Håndwerch, Handwerk
Hånef, Hanfsame, Geld
Håneferl, Hänfling, Schwächling
Hangerl, Serviertuch (zu hängen)
Hangerlritter, Kellner
Hängstått, Platz, wo Wäsche getrocknet wird
Håni o. **Höni[ch],** Honig
Håns, Hansel, Hansi, Johann; auch Kanarienvogel
Hansel, schales Bier, Tropfbier; — åm Wech: Mauergerste (Grasart), auch Hanserl schliaf benannt; gscherter —: der Tod
Hanselbånk, Schnitzbank
hanseln, hänseln, verspotten
Hanseltippler, wie Fasselspritzer
Hanserlgschäft, wenig einträgliches Geschäft

Hanserlgspiel (spr. -gspül), Spiel o. Beschäftigung mit geringem Ertrag
Hansi o. Hanni, Johanna
Hånsjirgl, die Wochenschrift „Hans Jörgel von Gumpoldskirchen", einst wegen ihrer Satire gefürchtet
hanti, herb, bitter; zänkisch, streng (mhd. handec, bitter, scharf)
haperln o. hapern, stocken, Schwierigkeiten o. einen Haken haben (mhd. holpeln, holpern; holl. haperen)
Hapl, Häuptel, Kopf von Salat, Kohl, Kraut, Zwiebel; kl. Haperl
happen, springen (des Hundes), hopsen, hüpfen
hapsen o. hapseln, hopsen
harb, böse (ungehalten), zornig; auch schneidig, pikant, fesch (a harbi Godl = ein pikantes Weib) (v. herb u. härmen); harber Schaß: einer, der sich für bewundernswert hält
harben, ärgern, erbosen
Harber o. **Haber,** Freund (Gspr.)
Hardegg o. **Hardex!** Teufel! (v. ung. ördeg, Teufel), s. Herdegatta, Herdegg!
Hardl, Bernhard, Leonhard, s. Hartl
Haring, Hering, magere Person; Verweis; gselchter —: Bücking (getrockneter Hering), magere Person; pfui Teufel, scheiß —!: ein Ausdruck des Ekels
Haringer, Geflügelhändler (va.)
Haringkopf, fischkopfähnliche Frauenhaube im 18. Jhdt.
Haringseel (spr. -söl), verschrumpfte Schwimmblase des Herings; sehr hagerer Mensch
Harmonika; eine vielfächerige Brieftasche
Harpfen, Harfe, weibl. Genitale
Harpfenist o. **Harfenist,** Harfenspieler, auch Volkssänger (va.)
hårt; hirter, härter; åm hirtesten: am härtesten
hårtgschegn, Leid, Mitleid empfinden
has, heiß; a Paarl Haßi: heiße Würstchen
Hås, Hase, auch Kaninchen; a heuriger —: ein unerfahrener, a ålter —: ein erfahrener Mensch; junger —: das Hasenklein; Haserl, Häslein, auch schwächl. Person
Hascher, armer, mitleidswerter Mensch, Bettler, Schlukker (mhd. haeschen, schluchzen); kl. Hascherl, armes Kind, schwächliche, arme Person
Haschl, armseliger Jude
Håsenaugen, gerötete Augen
Håsenlauf, Hinterschenkel des Hasen
Håsenöhrl, eine tütenförmige Mehlspeise
haseri(ch), heiser
Has[e]richkeit, Heiserkeit
Håslinger, Prügelstock aus Haselholz
Håspel, Garnwinde, Radschaukel
Håspelåmt, Hasenbannamt (va.)
Hassard o. **Hassat,** Streit, Lärm (Abl. v. frz. hasard

unerklärlich; vielleicht zu Hatz)

hazen, heißen, nennen; i haß, håb ghaßen, haßet (hieße); des haßt nix: ist nicht gutzuheißen, ist nichts wert

hatschen, hinken; schlarfen; gehen; schlendern, v. mhd. hatsche, Ente; Ableitung v. Hadschi ein Witz

Hatschen, Pantoffel, schlechter Schuh; verächtl. Frauenzimmer

hätscherln, hätscheln

Hauben, Haube, Kappe, Mütze; des is a ålti —: etwas längst Bekanntes; der håt d — auf: der ist übel dran, er ist ein Haubenstock

Haubenstock, ein hohler Kopf aus Pappe als Frauenhaubenständer; Hohlkopf

Hauderer, Mietkutscher, langsam vorwärts kommender Mensch

Hauer, Winzer (v. der Arbeit mit der Haue)

Häufeln, ein Kartenspiel (va.)

Haufen, Haufe, Kot (Fäzes); Mz. Häufen: viel (a — ztuan); kl. Häuferl, s. v. a. Schirafferl; a Häuferl Elend: armseliger Mensch

häufi(ch) o. **häufti(ch),** häufig, oft

haugerln, hockerln, gekrümmt sitzen, s. zsåmhaugerln, v. hocken

haun, schlagen, werfen; ghaut, gehauen, mit allen Salben gesalbt; in d Luft —: fortjagen, vergeuden; um d Erd —: zu Boden werfen; an aus n Sålz haun: salzen, prügeln; net ghaut und net gstochen: nicht so, wie es sein soll; haust net, so gilts net: tüchtig zuschlagen

Häunl, Haue (Erdhacke)

Haupt- (Verstärkungswort)

Hauptadutt, einer, der alle andern übertrifft

Hauptesel, der Dümmste

Hauptgspaß, guter Spaß

hauptguat, gut genug

Hauptheß o. **Hauptjux,** sehr großes Gaudium

Hauptpåtzer, der Ungeschickteste

Hauptschnipfer, der Schlimmste; der größte Schelm

Hauptschub, Treffer, großer Gewinn (v. Kegelspiel)

Hauptspe[k]takel, größtes Aufsehen

Hauptspitzbua, der schlimmste der Spitzbuben

Haus; a ålts —: ein alter Mann; bist z Haus?: weißt du nun Bescheid?; i geh z Haus: nach Hause; Einfäll wiar a ålts —: merkwürdige Einfälle

Häusel, Häuschen; der is gånz aus n —: ist sehr erregt; Abtritt

Häuselramer, Kanalräumer

Häuselråtz, Ratte; mißachtete kleine Person

Häuselweib, Weib, das den Abtritt zu reinigen hat

Hausmaster, Hausbesorger; ehem. Weißgebäck aus zwei kugelförmigen Teilen

Hausnocken, Frau, die nur für ihren Haushalt lebt

Hausnudl, kleiner Hausball

Hauspåtsch, Aschenbrödel

Haustätschen, tüchtige Ohrfeige

Haussteuer, Hochzeitsgeschenk, Aussteuer

Hauswurzn, ständiges Opfer eines Eigennützigen
Haut, Mensch (a årmi guati —); in d — eini: vollkommen, recht sehr (si in d — eini schåma o. gnua håm); in kaner guatn — stecken: zu krankwerden neigen
hautschlecht, sehr schlecht (bis in die Haut hinein)
Haxen, Bein, Fuß (mhd. hehse); d — beuteln: sterben; a —: ein Gulden
..haxert o. **..haxlert,** ..beinig, ..füßig (krumphaxert)
Haxl o. **Haxerl,** Beinchen, Füßchen
Haz, Heizraum, Feuerung
hazen, heizen (s. einhazen)
Heamber o. **Heampa,** Himbeere, rote Nase; große Nase
Hea^n^dreck, Hühnermist; Knirps
Heaneraugen, Hühnerauge, Leichdorn
Heanerdarm, Vogelmiere (Pflanze)
Heanerkramperln o. **-kräullerln,** Hühnerzehen o. -krallen; Falten am äußeren Augwinkel
Heanersteigen, Hühnersteige (Käfig)
Hea^n^klötzen, mageres Huhn; verkümmerter Mensch
heanzen, hänseln (zu Hinz wie hänseln zu Hans)
Heanzer, Hänseler; dann Hainze (deutscher Burgenländer, in Wien oft als Geflügelhändler auftretend)
heanzerisch, spottsüchtig; hainzisch (s. Heanzer)
heben, als Taufpate fungieren (aus der Tauf —); de Gschicht håt si ghoben: die Sache ist erledigt; es hebt mi: ich habe Brechreiz, mir ekelt; er hebt scho[n]: liegt im Sterben; heb di!: fort mit dir!
Hecht; a feiner —: ein schlauer Mensch
hechtlgsund, gesund wie der Fisch (Hecht) im Wasser
Heckerl o. **Hekturl,** Hektor (als Hundename)
Hedi, Hedwig
Heft, Nase; s — in der Hånd håm: die Führung haben
hegeln, hecheln (s. hacheln)
Heiden-, (Verstärkungswort) viel, groß
Heidengeld, viel Geld
Heidenkrawall (spr. -krawäul), großer Lärm, Streit
Heidenspitakl, großer Lärm
heiderln, schlafen, vom Schlummerliede: heidi, pupeidi (griech. heideu mou paidion, heideu mou pai)
heidi (måchen), s. heiderln
heidi-pritsch, fort (aus hei! u. tsch. pryč, fort)
Heilånd; böhmischer —: (spött.) Tscheche
heili(ch) (spr. häuli), heilig; sicher, gewiß (des is — net wåhr); bigott, heuchlerisch
Heilichenstriezl, ein Striezel, den früher die Bäcker am Allerheiligenfeste ihren Kunden schenkten
heilichi Wåhrheit, ein Gesellschaftsspiel
Heilinga, die Heiligen
Heinerich o. **Heini,** Heinrich; der sanfte —: Spottname
Heiråtsguat, Mitgift
Held (spr. Höld), iron. Feigling; merkwürdiger Geselle
Helen, Helene

helfen (spr. hölfn); i hilf, i helfert (hülfe); helfad (helfend); i wir dir —: ich werde dich willig machen

helfgott (spr. hölfgod); —, daß s wåhr is! (Niesen bekräftigt die Wahrheit des eben Gesagten)

hell (spr. höll), klar, offenbar (des is — a Lug!); der helli o. helledichi Satan: ein wahrer Satan

helliacht (spr. höll-), ganz licht o. hell

Helm (spr. Hölm), Kappe, Hut

Helmerl (spr. Hölmerl) o. **Helmi**, Wilhelm

Hemad, Hemd (mhd. hemede u. hemde)

Hemadhusar, Floh

Hemadlenzl, Hemdmatz (ein nur mit Hemd bekleidetes Kind), s. Lenzl

Hemadspreizer, Penis, Sellerie

Hemadstock, die untere Hälfte des Hemdes

hena, weinen, henad, weinend

Hendl o. **Henderl,** Henne, Huhn, schwaches Pferd (Abl. wie Kåndl v. Kanne)

Hendleier, Hühnerei

Hendlfånger, oben gekrümmter Stock; Geflügelhausierer

Hendlkråmer, Geflügelhändler

henken, hängen, hangen; i henk, i bin u. håb ghenkt (neben hängen; schon mhd. henken u. hengen); henkt schoⁿ: ist schon gefangen; er henkt bein Greißler: hat Schulden beim Greißler

Henkl, Grimm, Zorn; Lust, anzubinden (er håt auf mi an —)

heo!, Anruf auf größere Entfernung

her, herbei; des muaß —: herbeigeschafft werden

herandgegen, dahingegen

heraußt[en], heraußen; der håt s — (wia der Krowåt s Hemad): der versteht die Sache (doch auch iron.)

herbei, seitwärts (von mir)

Herbergsvåda, Wirt einer Gesellenherberge

herbeudeln, herausschütteln

herdåⁿ, wie herbei

Herdegatta (ung. ördög adta =) der Teufel gab's! (s. Hardegg)

Herdegg o. **Herdex,** wie Hardegg

herein!, komm zu mir her! (zum Hunde)

herent[en], diesseits; als Präpos. herenter (herenter der Mauer)

herentgegen, s. herandgegen

herfåhrn, herfallen

herfetzen, (Kleider) zu sehr in Gebrauch nehmen, abnützen, zerlumpen

hergehⁿ; i geh her (= ich zögere nicht) und schreib eahm; obs d hergehst zu mir!: ob du wohl herkommst zu mir!

hergloffen, hergelaufen, unzuständig, ungerufen, nicht einheimisch

herhålten, (für einen andern) zahlen o. Unbill ertragen, sich opfern

herinnat, herinnen

herinner, (hier) innerhalb (s. drinner)
hernåchdem o. **hernåchert,** hernach (s. nachdem); dann
hernehma, (zu einem Verweise, einer Strafe) vornehmen; herabbringen, Krankheit nimmt an her
herober, (hier) oberhalb (s. v. a. drober)
herobmet, heroben
herpassen, (unwillig) warten
herreißen, wie herfetzen (doch nicht nur von Kleidern)
Herrgottspfänder, unbarmherziger Gläubiger (der dem Schuldner selbst das Kruzifix nimmt)
herrichten, vorbereiten; ausbessern; an åm Glånz herrichten: schönmachen; aber auch iron.: verderben, verunstalten, krank machen, beschmutzen u. ä.
Herrl, der Herr (des Hundes)
Herrschåft! (verhüllend für:) Herrgott!
herschaun; schau murgen wieder her: komm morgen wieder; schau her (= sieh doch ein), i kånn net ånderscht
herschleppen, wie herfetzen
herschmecken, hieherriechen (s. schmecken), herkommen (kaum, daß s —, san s schoⁿ keck)
herstellen; glauben S, i stell mi her mit Ihna?: ich werde nicht mit Ihnen streiten; an schöⁿ —: ihn entlarven, schelten, verunglimpfen, verleumden, heruntermachen
hervurn, (hier) vorne
Herwerch, Herberge
Herz; wås net übers — bringa: es aus Mitgefühl nicht tun können; sie a — nehma: Mut fassen
Herzbinkerl, Liebling
Herzeln, ein Kartenspiel
Herzerl, Herzi, Herzchen
herzhåfti(ch), herzhaft
Herzkammerl, das Innere des Herzens
Herzlad, Herzeleid
Herzwurm, Sodbrennen
Heß; a blinder —: einer, der nicht gut sieht (der Feldmarschall Heinr. Freih. v. Heß war einäugig)
Hetscherl, Frucht der Rose (Hetschepetsch, Hagebutte)
Hetz, große Erlustigung, Spaß, Gaudium (urspr. die Tierhetze); aus Hetz: zum Spaß
hetzen, aufstacheln, aufwiegeln; si —: eilig arbeiten o. laufen
Hetzendorfer Sauwirt, ein durch Grobheit berüchtigter vielbesuchter Gastwirt (va.)
Hetzerl, Hetzer, Friedenstörer
Heublamen, Heublumen, Heumull
Heuesel, großer Esel (Dummkopf)
Heuflamen, verdorben aus Heublumen (s. d.)
Heugeigen, Heubaum o. Wiesbaum (lange Stange, die das Heu auf dem Wagen festhält); große, magere Person
heugna, Gras mähen, heumachen
heunt, heute
heuntztåch, heutzutage
Heuriger, noch nicht jähriger Wein; der Eigenbauausschank des Winzers
heutingstågs, heutzutage

Hex; ålte —: altes Weib; junge —: Mädchen, das die Männer bezaubert; a — mächen o. Hexenfüaß machen: die Beine kreuzen

Hexentånz, der Platz, wo die Skodagasse von der Alserstraße abzweigt (va.)

Hiasel, Matthias; ein Bauernbursch o. Bauer

Hiatzing, Hietzing (13. Bezirk Wiens)

Hieb, Schläge; Rausch; Stadtbezirk (der 10. —: Favoriten)

Hier, Pissoir

hierbleiben, in der Schule nachsitzen

Himmel, tragbarer o. fixer Baldachin; s gibt immer wås, wås n — hålt: es gibt immer Dinge, welche hindern, daß die Erde zum Himmel würde; um Christi —s wölln: um Himmels willen

Himmelsakra(ment), Fluch; diesen verhüllend: Himmelseiten!

Himmeltau, feiner Grieß (für Kinder)

Himmelvåda o. **-vatta,** Gott (Vater o. Sohn)

himmlezen, wetterleuchten (mhd. himalitza, blitzen)

hi^{n}, tot, verdorben, unbrauchbar

hi^{n}bei, drüben

hi^{n}då^{n}, drüben, beiseite (vgl. dåna u. dåni)

hi^{n}düppeln, hinschlagen

Hi^{n}fållerte (s), Fallsucht, Epilepsie

hi^{n}fetzen, rasch, aber sorglos hinschreiben o. arbeiten

hi^{n}fliagen, hinfallen

hi^{n}grissen und herzart, (iron.) hingerissen, bezaubert (sein)

hi^{n}haun, hinschlagen; sehr fleißig sein

hinich, wie hin

hi^{n}mächen, töten, verderben, zerbrechen; Kot absetzen

hi^{n}schaun, hinsehen, hingehn, besuchen

hint[en], hinten, zurückgeblieben; — und vurn: bei jeder Gelegenheit (gnä Frau — und vurn); an — und vurn für an Närrn hålten)

Hinterfüaß; si auf d — stelln: Widerstand leisten

Hinterleder, (urspr. Lederfleck auf dem Hosengesäß, jetzt) das Gesäß

hinterrucks, hinterrücks

hinterschi, hinter sich

Hintertürl; der håt immer a —: eine Ausflucht

hintnach, hinterdrein, nachher

hintri, nach hinten

hintridrahn, besiegen, überholen

hi^{n}tuan; i waß net, wo i Ihna — o. hi^{n}gebn soll: ich weiß nicht mehr, wo ich Sie schon gesehen habe

hintummi, hintenherum

hi^{n}wern, sterben, verderben; es is zun —: zum totlachen

Hirbst, Herbst

Hirn, Gehirn, Schädeldach, Verstand, Stirn

Hirnchristl (richtiger: -grißtl), ein hirnrissiger Mensch (gerissen, grissen)

Hirngrüllerl, der Gartenzeisig; einer, der lächerliche Ideen im Kopfe hat

Hirnkastl, Schädel

hirnwach, blöd (wie ein Paralytiker)

Hirsch, (milderes Schimpfw. als) Esel o. Ochs

Hirschauerstückl, eine lächerliche Handlung, Narrenstreich

Hirschbrei^n, geschälte Hirse, Brei daraus

Hirschgrandl, die abgeschliffenen kleinen Eckzähne des Hirsches (Jagdtrophäe)

hirter, s. hårt

Histuri, Historie, Geschichte

Hitz o. **Hitzn,** Hitze; heißes Blut; Zorn; Fieber

hitzi(ch), hitzig, aufgeregt

Hobel; du kånnst mr n — ausblåsen: (verhüllend) den Hintern lecken

hobeln, bessere Lebensart beibringen

Hobelscharten, Hobelspäne; eine Mehlspeise

hoch; des is mr z —: das geht über mein Verständnis; — hergehn: festlich hergehn

hochgschissen, hochgeboren, hochmütig

hochgsegn, hochangesehen

hochmächti(ch), sehr hoch

hochmüati(ch), hochmütig

hochnåsert, hochnäsig

Hoch und Spleny, s. v. w. Deutschmeister (Spleny war ein beliebter Oberst); „mir von — san net weni"

Höch[en], Höhe; in d — geh^n (s. steigen)

höcher, höher; des is scho^n s Höchere: das übersteigt alles Glaubhafte; d höchere Wurschtichkeit: die größte Gleichgültigkeit (statt — kann auch höchst gesagt werden)

höchst; s. höcher; der —e Heuriche, einst der Name von Weigls Heurigenschank in Hernals (es ging dort am höchsten [lustigsten] her); s. Kre^n

Hockerl, s. v. w. Stockerl; Hockstellung

hockerln, hocken, kauern

Hoffnung; in der — sei^n: schwanger sein

Hofratsecken, Haarbuchten oberhalb der Schläfen

Hofraunzen, Schwermütiger, Hypochonder

Hoftrauer, s. Sammetbandeln u. Trauerrånd

Höh, Polizeiamt

Höhmå^{nn}, Polizist

hohnigeln (eig. hohnekeln), verhöhnen

Holler, Flieder, Holunder; wertloses Zeug; Unwahrheit

Holpern, Bodenerhöhungen, über die man holpert

holprat o. **holpri,** holperig, uneben

Holz; net aus — sei^n: echt, vortrefflich sein; viel Holz!: viel Geld!; — bei der Hütten håm: hochbusig sein

Holzbürdl, Holzbündel (va.), s. Burd

hölzeln, lispelnd sprechen (als hätte man ein Hölzchen im Munde)

Holzgstätten, Holzplatz

Holzhåckernockerln, abgeschmalzene Grießnockerln (s. Nockerl)

holzi(ch), holzig

Hölzl, Hölzchen; an s — werfen: ihn listig zu etwas anreizen (vom Apportieren); s picksüaßi —: die Pickelflöte

Holzlech, Holzkammer o. -schuppen (v. legen)

Holzmützen, schirmlose Soldatenmütze (va.)
Holzscheiber, Holzkarrenschieber; roher Gesell
holzschneiden, sägen; laut schnarchen
Holzweg, Irrweg, Waldstraße, die sich im Walde verliert; åm — seiⁿ: erfolglose Ideen hegen
Homokukuwaua, der Name eines einstigen Schaubudennegers; Neger, Wilder, häßlicher Mensch
Höni(ch), Honig
Hopf; des is der —: der (dumme) Bauer, Narr, Genarrte (va.)
Hopfenstången, eine große, magere Person
hoppadatschert o. **-datschi(ch),** überheblich, hochmütig, hochfahrend (frz. de haut en bas, von oben herab)
hoppasa! o. **hopsa!** hopp! (zu hopsen, hüpfen)
Hoppern o. **Holpern,** Wegunebenheiten, Holprichkeiten
hoppnehma, festnehmen
Hörndl, Horn, Hörnchen; si d Hörndln åstößen: durch Schaden lernen
Hörndler, Ochse
Hosen; der håt d Hosen voll: er hat große Angst; Hosen åⁿstreichen: prügeln; kl. Hoserl
Hosenscheißer, Feigling, kleiner Junge
Hotifalloti (spr. -fäull-) Lumpengesellschaft (iron. von frz. haute volée, vornehme Gesellschaft)
Hottoh, Pferd (Kinderspr.) (v. hott!, hottoh!)
Hovno, Dreck (tsch. hovno)
Huach[en], Huchen (Fisch)
Huaf, Huf
huasten, husten, spucken; wie pfeifen (s. d.)
Huasten (d), Kehle; der Husten (mhd. huoste)
Huastpech, Bären- (eig. Beeren-) Zucker (va.)
Huat, Hut; Mz. Hüat; kl. Hüatl (mhd. huot); der håt n — auf (näml. den angetriebenen): er ist übel dran; i gib dr ani (eine Ohrfeige), daß dr der — net paßt; des is net meiⁿ —: das kümmert mich nicht; mit an unter an (o. n) Hüatl spielen: mit ihm insgeheim einverstanden sein
hüaten, hüten (mhd. hüeten)
Hüater, Hüter, Hirt, Flurwächter
Huaterer, Hutmacher
Hüatldurf, Hütteldorf
hübsch (Adverb), ziemlich: hübsch groß
hudeln o. **hudern,** eilig, aber unsorgfältig arbeiten (mhd.)
hudriwudri, durcheinandergemengt, wirr
Hudriwudri, einer, der alles übereilt, nicht auf Ordnung hält; Wirrkopf, Sausewind; einer, der sich übereilt, leidenschaftlicher Mensch
Hüferl o. **Hüferschwanzl,** Rindfleischsorte
Hulaner, Ulan (poln. hulan o. ulan), Lanzenreiter
Hülsen, Hülse
hülzern, hölzern, steif, unbeweglich
Hund; des is untern —: ist miserabel; åm — seiⁿ: her-

abgekommen sein; gwöhnt, wia dr — d Schläg: nichts übelnehmen; von den nimmt ka[^{n}] — a Stückl Brot: selbst ein — verachtet ihn; Hund ausläuten, mit den Beinen schlenkern

hundeln, Hundegeruch verbreiten

hundert; des is — und ans: das ist ein großer Unterschied, das entzieht sich einem Vergleich

Hundianer, wie Hundling

Hundling, Hund (als Schmähung), Elender

hundsjung, sehr jung (und täppisch); — und pudelnarrisch: jung und toll

Hundskälten, große Kälte

Hundskapauner, verschnittener Hund, wie Hundling

Hundsknochen, wie Hundling

hundsmüad, sehr müde

Hundsmuader, Frau, die Hunde liebt und oft mehrere besitzt (schmähend)

Hundsrippen, wie Hundsknochen, Hundling

Hundsturn, Hundsturm, ehem. Vorstadt Wiens

Hundsviech, Schmähung für Hund u. Mensch

Hundsweder, Hundewetter

Hundswürzl, etwas Kurzes

Hungerl, habgieriger Mensch

hunzen, quälen, wie einen Hund behandeln

hüöh!, Ruf, der das Pferd gehen heißt

Hupfauf, Teufel; scherzh. Straßenbahnschaffner

hupfen, hüpfen (mhd. hupfen); mit an —: mit ihm „geh^n" (s. d.); ghupft wia gsprunga: eins wie das andere, kein Unterschied

Hupfer, kleiner Sprung; kurzer Weg (i måch an — übri); Koitus

Hupferl, wie Springinkerl; Straßenbahnschaffner (scherzh.); eine Kutsche mit Gummirädern

hurchen, horchen

husarisch, schneidig; tüchtig; sehr

huscherln, schmiegen, hüllen, kauern (zu husch!, kalt)

huß!, Hetzruf für den Hund (zu hussa!)

hussen, hetzen

hutschen, schaukeln; hutsch di!: entferne dich!

Hutschen, Schaukel; zugängliches Frauenzimmer

Hutschpferd, Schaukelpferd

Hutzeputzl; jå, bein —!, wie: jå, bein Bäcken! (Ablehnung)

Hydrauer o. **Idrauer,** hydraulischer Kalk (it. idraulico)

I (i)

i, ich

...i(ch), die Nachsilbe ...ig; sie wird bei Verlängerung zu ...ich (lusti, lustiche; ewi, ewiche; weni, weniche)

Ideäul, Ideal

Idee, Gedanke, Einfall; ein geringes (um a — kürzer o. größer); håst a[^{n}] —?: verstehst o. begreifst du?; ka^n Idee von aner Idee: gar nicht zu denken daran

Idrauer, s. Hydrauer

Ihaha, Pferd, auch Pferdefleischhauer

Ihna, Ihnen; Ihnariche: Ihrige, Gatte, Geliebte

ihriche (3. Person weibl.); a — Tant: eine Tante von ihr; der Ihriche: ihr Gatte, Geliebter
Imber, Ingwer
immeringsamål, immer wieder einmal, hie und da (nur scherzweise)
in (bed. außer „in" auch:), im, dem, den (s. auch n), in dem, in den, åm; sågs in Våtern: dem Vater; trau in Leuten net: den Leuten; in A^{n}fång: am Anfang; — gånzen: im ganzen; — an furt: in einem fort, immerfort, immerzu; ins Wåschen geh^{n}: als Wäscherin dienen
ina[ra]nånd[er], ineinander
inden, indem, indessen währenddessen
Indian[er], Truthahn o. -henne
Indianerkråpfen, Schokoladekrapfen
Individium, Individuum, fragwürdige Person
...inga o. **...ichen;** die Wortendung ...igen wird zu ...ichen o. auch zu ...inga: mir lustichen o. lustinga Leut (s. Seite 8, 2. Absatz)
Ingwad, Eingeweide
inne wern, begreifen, verstehen; i bins net glei inne wurn: habe es nicht gleich bemerkt o. verstanden
inner, innerhalb
Innerei, eßbare Teile der Eingeweide
ins, in das, zu (ins wana å^{n}fånga: zu weinen anfangen)
Inslert o. **Inslicht,** Unschlitt (mhd. inslit)
inwährendden, währenddessen
irben, erben; girbt, geerbt
Irbschåft, Erbschaft; Irbsuhn, Erbsohn; Irbteil (spr. -täul), das Erbe, Erbteil; Irbtochter, Erbtochter (doch nie bloß Irb = Erbe)
Irbsen, Erbse(n)
ircha[n]d, irgend
irger, ärger; am irgsten
irgern, ärgern
Irmel, Ärmel
irrgehn, irregehen; i bin den Ring glei irrgånga: habe ihn gleich vermißt
irrn, irren; du wirst di —: verrechnen, täuschen
Irxen, Achsel (mhd. üchse); s. Üachsen
is, ist; s (das); is dr wås?: bist du krånk?; is (s, dås) beste is låchen
Isenbårtbirn, Isambertbirne

J (j)

jå; —, då! (dabei deutet der Finger auf Nasenspitze o. Auge) o. —, bei der Nåsen! o. —, bein Augen!, ersetzt das gemeine: —, bein Årsch! und ist eine verächtliche Ablehnung; auf — und na: plötzlich, rasch, im Nu
ja (oft mit Achselzucken): was läßt sich da tun?
Jacher, Jäger (ahd. jagâri)
jachern, Jägerei treiben
Jågd, eiliges Gehen; s. v. a. Hetz
jageln, quaken
Jågl o. **Jogl,** Jakob; Bauer
Jagler, Frosch; Unsinn (vgl. jageln); Plunder

jahri(ch), jährig
Jahrl, Jährchen
jährli(ch), jährlich
Jakob o. Schack, Plunder
Jakobi, 25. Juli, einst Zinstermin
Jakobifedern, (iron.) Stroh (zu Jakobi gibt es neues Stroh), Strohlager (va.)
Jåmmer, Elend; Katzenjammer
Janisch, s. v. a. Indian (s. d.) (v. [ind]ianisch) (va.)
Janker, Jacke, Bauernjacke; Bauer; Kerl
Jantschi, Ungar (ung. Jáncsi, Hans)
Jaß, Überrock (Gspr.) (holl. jas)
jasso, jå so!
jaten, jäten
jatten, lärmend umherjagen (v. Gejaide, Gejage)
jauken, jagen, treiben (mhd. jouchen)
Jaukerei, Gejage, Antreiberei
Jausen, Vesperbrot (v. slow. justina, Mahlzeit)
Jausenschlaferl, Nachmittagsschläfchen
jausna, vespern
je; von je: von jeher
je, jecherl, jeches o. **jegerl, jeges, jemine, Jessas,** lauter Verstümmelungen des Namens Jesus; oi je, ui jecherl, ui jeches; Herrjemine, Jessas na! deuten Schreck o. Verwunderung an
Jesasdeuter, ein aufmerksam machender Stoß o. Schlag
jesna, gären (mhd. jesen o. gern)
Jessas!, Jesus!, Jessasundjosef, Jessasmaria
Jesuit, Heuchler, Schleicher
jiatzt o. **jiatztn,** jetzt (mhd. ietz)
jiatztich, jetzig
Jirgl, Georg, Jörg, Bauernbube
Jocherl, serviler Mensch (va.)
jodeln, singen der Alpenbewohner mit Übergang zur Kopfstimme (v. johlen)
Jodl, Stier; (spött.) Bäcker (Bäckenjodl); v. Jodokus
Jodler, Älplergesang ohne Worte, und der, der ihn singt
Jögl, s. Jågl
Joppen, Jacke (mhd. joppe o. juppe); kl. Jopperl
juchee!, Juhschrei
Juchee (s), die oberste Galerie des Theaters
juchezen, jauchzen
Juchezer, Juhschrei, Jauchzer
Jucker, junge, schnelle Wagenpferde
Juckerzeugl, mit Juckern bespannter leichter Wagen
Jud, im Tarockspiel eine Prämie für den, der den Pagatultimo ansagt u. macht; Klitoris
Judenschul, jüd. Bethaus; lärmende Versammlung
Julerl, Julie
Jumpfer, Jungfrau; Zofe, Kammerjungfer
Jumpfernbråten, der Lendbraten v. Schwein
jung, unreif; fragwürdig; (Gspr.:) gefahrdrohend
Jung, Lehrjunge
Junggsell, lediger Mann
Jüngl, Judenjunge
Jungs, das sog. Klein von Gänsen, Hasen u. dgl.; ein Auswuchs an der Nase
Jurament, Eid, Schwur (lat.)

Juri, Kroat, Slowak (eig. Georg, slaw. Jure o. Gyuri)
just o. **justament,** erst recht, absichtlich, zum Trotz (lat.)
Jux, Scherz, Gaudium (v. lat. jocus)
Juxbruader, Witzbold, Scherztreiber

K

Ka, Krone
Kåchl, Kachel; ålder —: altes Weib (va.)
kache[r]zen, husten, keuchen
Kåder, Kater
kadräullieren, gittern, quadrillieren (frz.)
Käfer, Rausch; (nettes) Mädchen (a fescher o. schwårzer —)
Käferl o. **Kaferl,** Käferchen
Kaffeebaberl, leidenschaftliche Kaffeetrinkerin
Kaffeederl, (kos.) Kaffee
Kaffeelutschl, Kaffeeliebhaber
Kaffeemühl, (spött.) Kleinbahn-Lokomotive
Käfich (s), Käfig
Kågerå^{n}, Kagran (Ort)
Kaibl, Kalb, Dummkopf; kl. Kaiberl
Kaiser; bezeichnet als Bestimmungswort das Beste seiner Art; då wår i —: da habe ich eine erste Rolle gespielt
Kaiserauszug, bestes Weizenmehl
Kaiserbirn, die wohlschmeckende Butterbirne
Kaiserfisch, der Saibling (Forellenart)
Kaiserfleisch, Selchfleisch mit starker Speckschicht
Kaisergerstl, feines geriebenes Gerstl (s. d.)
Kaiserkirta, allgemeines Kirchweihfest im Oktober
Kaiseröl, bestes Petroleum
Kaiserschmårrn, Schmarrn (s. d.) aus Eierteig
Kaisersemmel, weiße, sternförmig eingeschnittene Semmel
kaka, eklig; — machen: kacken (Kinderspr.)
kakerlgelb, gelb wie Kinderkot
kakerln, kacken (it. cacare, lat. cacare, tsch. kakati)
Kaktus, (scherzh.) Kothaufe (s. kakerln)
Kälbernes, Kalbfleisch
Kålch, Kalk (ahd. chalch)
Kaleß, Kalesche (it. calesse)
Kålfåkter, flatterhafter Mensch, Herumtreiber
kålfåktern, sich als Kalfakter zeigen
Kalle, Jüdin (hebr. kalle, Braut), s. Käulli
Kälten, Kälte
Kålter, Fischkasten (v. Gehälter)
Kaluppen, schlechtes Haus, Hütte (tsch. chaloupka)
Kalvariberg, Kalvarienberg (bes. der in Hernals)
Kam, hautförmiger Schimmel auf Flüssigkeiten (mhd. kam)
Kamanadl o. **Karbonadl,** Karbonade
kami, kamig (s. Kam)
Kamin, Schornstein
Kaminett o. **Kamernett,** Kabinett, Kammer
Kåmmerhåndel, frei käufliche Gasthauskonzession
Kåmmertuach, Kattun
Kåmp, Kamm (Hühner- o. Gebirgskamm); den wird der — steigad: er wird stolz

o. zornig (mhd. kamp); s. a. Rindskåmp
kampeln, kämmen, rügen, streiten, prügeln
Kampl, Haarkamm
Kampl, tüchtiger Mensch (v. Kämpe, Held)
Kamplmist, Hornspäne vom Kammacher
ka[n], kein; kan: keinen o. keinem; kani: keine; doch auch ka[n] für keine: i håb ka[n], er håt ka[n] Frau
Kånafås, Kanevas; jå, —!, wie: jå, Schnecken! höhnische Verneinung; Redensart desselben Sinnes: —, hint åm Buckl beißt mi wås!
Kanari, Kanarienvogel; Gelbsüchtiger; Gelbhaariger, Blonder
Kåndl, Kanne; Kanderl, Kännchen
Kåndlschånk, Kleinausschank von Branntwein (früher durch eine Kanne oder der Tür bezeichnet)
Kånter, Faßgestell, (lat. canterius)
Kånzel; (zwei) von der — schmeißen: sie als Brautpaar verkünden
Kapauner, verschnittenes (Kapp-) Huhn; (kl.) Kapäunl
kapaunern, verschneiden, kastrieren
Kapäunlerin, Geflügelhändlerin
Kapelln (spr. -pölln), verdunkeltes Zimmer
kapiern, verstehen, begreifen (it. capire, fassen)
kapiteln, schelten, rügen (v. Kapitel lesen)
Kapo, Oberhaupt (it. capo)
kapores, verloren, zugrunde gerichtet (v. hebr. kappârâh, Versöhnung)
Kåppen, Kappe, Mütze mit Schirm; an auf d — gehn: ihn scharf beaufsichtigen o. zur Verantwortung ziehen; kl. Kappl u. Kapperl
Kapperlfetten, bestes rohes Gansfett
Kapplbua, gemeiner Kerl (bessere Leute trugen vorlängst keine Kappe)
Kapplmaster, (spött.) Kapellmeister
Kapplzam, Kappzaum
Kåprål, Korporal
Kapri, Kapern (ung. kapri)
Kaprizl, kleines (Kaprice-) Polster
Kapu, dunkler Milchkaffee (Kapuziner)
Kaput, langer Überrock
Kapuzen, Kapuze
Kapuziner; mir is, åls wånn i an — gschlickt hätt: ich habe Kratzen im Halse
karabatschen o. **karwatschna,** peitschen
Karabatschen o. **Karwatschen,** kurze Peitsche (poln. karbacz)
Karaffindl, Gestell mit Öl- und Essigflasche (it. caraffa, Flasche)
Kardätschen, Kardätsche (s. Kartatschen)
Kårfreita, Karfreitag
Kårfreitaratschen, Ratschen (s. d.); Schwätzerin, Klatschbase
karniffeln, peinigen; bestrafen (v. lat. carnifex, Henker, Schinder)
Karnischen, Vorhangträger (frz. corniche, nicht v. Karnies)

Karnten, Kärnten
Karo, gewöhnl. Name des Pudels (it. caro, teuer); altes o. häßliches Weib (so a ålter —!)
Karpf, Karpfen; Dummkopf
Karpfenberger, Dummkopf
Karree, Kalbsbraten oder Schweinebraten; (verstümmelt:) Karrière, Galopp, Schnellauf (in an —; in größten —)
Kartandl, Pappeschachtel (frz. carton)
Kartatschen, Pferdebürste (tsch. kartač, Bürste)
karteln, Karten spielen
Kårten, Kartenspiel; Bande (s. Quart)
Kartl, Quartblatt, Papier
Kårtscherl o. **Kårtschi,** Karlchen
Karwindl o. **Karaffindl** (s. d.)
Kas, Käse; schlechtes, wertloses Zeug; åm — geh^{n}, gern anbeißen, sich leicht verführen lassen
Kasarn o. **Kasern,** Kaserne
Kasernfetzen o. **-mensch** o. **-schlåmpen,** sittenloses Weibsbild, Soldatenhure
Kåschernått, Mischmasch (v. frz. cochonaille, Schweinssülze)
kaschuliern, schmeicheln (frz. cajoler, liebkosen)
kaseln, nach Käse riechen
kasi(ch), käsig, bleich
Kaspåpierl, wertloses Papier, Wisch
Kaspåpperln, Käsepappel (kleine Malve)
Kåsper (spr. Kåschper), Kaspar, Narr
Kasperl, Lustigmacher, Marionettentheater im Prater
kåspern, narren, zum besten halten
Kåspernelli (spr. Kåschpernölli), Narr
Kåsperwågler, ein unentschlossener, von Zweifeln beherrschter Mensch (Zweifelscheißer)
Kassa, (spött.) Höcker
Kassettl, Korsett, Nachtjacke
Kasstecher, Käsehändler
Kåsten, vierschrötige o. dicke Weibsperson
Kästen, Kastanie (mhd. kestene)
Kästenbam, Roßkastanie
Kästenbråter, wie Maronibrater (s. d.)
Kastl, Kästchen
Kastroll, Kasserolle
kasweiß, bleich
Kaswochen, Flitterwochen, in denen junge Eheleute oft bleich aussehen (va.)
Kaszedl, wie Kaspapierl
Katarrhzeltl (spr. -zöltl), in Papier gehüllte Malzzuckerplätzchen (oft mit Verslein) (va.)
Katechisimus, Katechismus
Kathi, Kathl, Käthchen; auch: Perücke (v. Perücke à la Cadogan)
Kathrin, Katharina; d schnelle —, Diarrhöe
Katichet, Katechet, kath. Religionslehrer
Kåtz, sehr kleine o. schwache Person; fålsche —: Heuchlerin; des is für d —: ist unnütz, unbrauchbar (Kåtzenfutter!); då sitzt d (schwårze) — drauf: das ist der älteste, beste Wein; då kümmert si ka^{n} — (niemand) drum; schaun wia d —, wånns dunnert: verdutzt

schauen; d — in Såck kaufen: etwas unbesehen hinnehmen; då kunnt d — a Viech wern: da muß man sich ärgern
Kåtzenkopf, Schmähwort
Kåtzennådl, wie Kåtzenkopf
Kåtzensprung, kurze Strecke
Kåtzentischl, Seitentischchen
Katzl, Katze, Pelzkollier; kl. Katzerl, auch: Schmeichlerin; kleine, schwache Person
Katzlmåcher, Italiener (Figurimänner verkauften einst Gipskatzen)
kaufen; sie an —: sich einen herlangen, um ihn zu strafen
kaugeln, kugeln, rollen
Kaukau, Kakao
Kaukäuliesel; si auskenna bei der — (va., heute dafür: Äpfelfrau, s. d.)
Käuli, Hure (v. hebr. kalle, Braut); Blumenkohl (lat. caula)
käun, kauen
kawi, wolkig, trüb
Kea^n^, Kien (harziges Föhrenholz)
kea^n^föhran, aus Föhren- o. Kieferholz (mhd. kienforhin); hölzern, ungeschlacht, wie ein Waldmensch
Kea^n^ruaß, Ruß (als Farbstoff) aus Kienholz, Kienruß
kebi o. **kewi,** zänkisch (mhd. kiben, schelten)
Kebi o. **Kewi,** Lustdirne
keck, dreist; lebendig, fesch, schneidig; s. Wecken
Kedn, s. Kette; Mz. Kedna
Kegelbua, Kegel aufstellender (aufsetzender) Bube
Kegelbudl, Kegelbahn (v. Bude)
kegelscheiben, kegelschieben
Kegelstått, Kegelbahn
kegerzen, husten, hüsteln (v. keckern des Fuchses, Jägerspr.)
Kehr, Bucht im Flusse, Straßenbeuge, Kurve
kehrum d Hånd, im Handumdrehen, schnell, rasch
Keierei o. **Gheierei,** Zank, Streit, Unannehmlichkeit (mhd. gheien, plagen)
keif, schuldig (Gspr.)
Kelhåmer (spr. Kölhåmer), großer, breiter Donaukahn (v. d. Stadt Kelheim)
Kelleranten (spr. Köller-), Enten aus dem Keller, Quargln (s. d.)
kelzen (spr. kölzen), heftig husten
kenna, kennen; i kenn, mir kennan, es kennts, i håb kennt; i kennert
keppeln o. **kebeln,** keifen, zanken (mhd. kebelen)
Kepplerin, Zänkerin
Kepplmaster, Meister im Zanken
Kepplzåhnt, aus dem Munde ragender Zahn
Kerl; ihr —: (verächtl.) Liebhaber; Mz. Kerln, kl. Kerderl, Kerlchen
kerlnarrisch, männersüchtig
Kern, Same, Mark, Kraft (des håt an —: ist kräftig; kl. Kerndl (s. a. Körndl)
Kernfetten, Rindsfett
kerni(ch), kernig, markig, kräftig
Kernsaf, gute Waschseife aus Rindsfett
Kerschen, Kirsche (mhd. kerse o. kirse)

Kerschenbam, Kirschbaum
Kerschenblüah, Kirschenblüte
Kerschenstingl, Kirschenstengel
Kestl, Kessel, Mz. Kestln
Ketten o. **Kedn,** Kette
Kettl o. **Kedl** o. **Ketterl** o. **Kederl,** Kettchen
Kettlziagn, ein Bauernfängerspiel (Schlingenlegen)
kewi (s. kebi)
Kiberer, Geheimpolizist (Gspr.)
kicherzen, kichern (s. auch gigerzen)
Kiebitz, Zuschauer beim Spiel (v. Kiebitz, einer Vogelart)
kiebitzen, beim Spiel zusehen
Kiefelårwat, Nebenarbeit
kiefeln, nagen, kauen; v. Kiefer (mhd. kivel u. kiver; kifelen, kauen)
Kiehraus, Kehraus, Schlußtanz
kiehrn, kehren, fegen
Kikerihåh^{n}, Haushahn
Kikerikihauben, Kappe, die einem großen Hahnenkamm etwas ähnelte (va.)
Kimm, Kümmel
Kinderfüaß, infolge von Schwangerschaften aufgebrochene Beine
Kinderverzahrer, Kinderschänder
Kindlbetterin, Wöchnerin
Kindsmadl, Kindermädchen
Kingfu, Zauberer, Alleskönner (n. einer Person, die in Wien auftrat)
kinna, können, müssen; i kånn, mir kinnan, es kinnts; i håb kinna, wånn i kinnt (könnte); jiatzt kånn (d. h. muß) er zåhln; kåmma (kånn ma), kann man
Kipf, Wagenrunge
Kipfel, hornförmiges Weißgebäck (ein kleiner Kipf, s. d.; nicht v. Gipfel)
Kipfler, längliche Kartoffeln (zuweilen kipfelförmig)
Kirchen, Kirche; mit der — ums Kreuz geh^{n}: etwas verkehrt tun
Kirchenhansel, Kirchendiener, Mesner
kirrn, kreischend lachen
Kirta o. **Kirtåch,** Kirchweihfest, Kirmes; Lebkuchen
Kirtahauben, aus farbigem Papier gemachte Mützen, Narrenkappen
Kirzen, Kerze; d — einhålten: dem Sterbenden die Sterbekerze halten; kirzentunken, im Schlafe nicken
Kirzlweib, Kerzenhändlerin bei Kirchen u. Friedhöfen; Nebenbedeutung: Betschwester
Kisten, Kiste; vierschrötiges Weib; in d — geh^{n}: in den Kugelfang springen, auch: in Zorn geraten (wohl v. Kegelspiel)
Kitsch, Schund (von Kunstprodukten)
kitschen o. **gitschen,** anstoßen
kitschgscheit, (spött.) übergescheit
Kittel o. **Kidl,** Weiberrock; Arbeitsrock der Männer
Kittelfålten; aner immer auf der — sitzen: nicht wegzubringen sein
Kittelprotektion, die Protektion durch Frauen
Kitz o. **Kitzl,** junge Ziege (mhd. kitze); junges Mädchen; kl. Kitzerl
kitzli(ch), kitzlig, heikel, schwierig, empfindlich

Klachl, Glockenklöppel (mhd. klechel); riesiger Kerl, Lümmel, Schwengel

Klad, Frauenkleid

kladen, kleiden

Kladerstock, Kleiderstock; magere Person

Klåfter; nåch der —: ausgiebig, im großen

Klåmpfen, Eisenklammer für Baugerüste (mhd. klambe); auch Gitarre, Zither (v. klimpern)

Klåmpferer, Klempner, Spengler

Klåmpferergsindl, Gesindel (nach einer Posse), Verleumder

Klampfl (mhd. klapf, klapfelin, Verleumdung, o. klempelin, bissige Redensart, Verleumdung) (an a — å^{n}henken)

Klåmsch, Hieb, Fehler im Gehirn

kla^{n}, klein; es schlågt scho[^{n}] —: es ist bereits nach Mitternacht; — wern o. zuagebn: bescheiden o. kleinmütig werden (kla^{n} wia der Håbern); klani Würstl, Krenwürstchen; Steigerung: klaner o. kleaner, am klansten o. kleansten

kla^{n}banlert, dünnknochig, grazil

kla^{n}buderwinzi, äußerst klein

Klånk, Schlinge

klankeln, baumeln, pendeln

kla^{n}wunzi, kleinwinzig (stanålt und —), sehr alt

Klapetz, kleiner Junge (tsch. chlapec)

Klapperl, Klapperhans (der Tod)

Klapschi, (dummer) Junge (tsch. chlapec)

Klår, Eiklar, Eiweiß

Klarl, Klärchen

klåschen o. **kleschen,** klatschen (Schall eines Schlages), knallen

kläubeln o. **klebeiseln,** ohne Appetit in den Speisen stochern (va.)

Klaviertippler, scherzh. Klavierspieler

kleber, schwächlich

Klebl, Finger, Mz. Klebeln (mhd. klâwe, Klaue)

Kleckser, Klecks

Klederling, Kledering, Wohnort des Wiener Wasenmeisters (der ghört nåch —: ist zu vertilgen)

Kleebladl, Kleeblatt, drei (auch vier) zusammengehörige Leute

Kleiben, Kleie (mhd. klîwe)

klekn, langen (glenga) (va.)

klempern, klimpern

klena, schmieren, verkleben (mhd. klenen)

Kle^{n}kas, Schmierkäse, Wertloses (s. klena)

Kleppen, Klette (zu kleben bezogen)

kleschen, s. klaschen

Kleschen, die aufgeblasene Schote des Blasenstrauches (Colutea); auch Papierblasen, die knallend zerreißen, wenn man darauf schlägt; auch s. v. w. Mädel; Schlåmpen (s. d.); Ohrfeige

Klescher, Knall, Schall einer Ohrfeige

Kletzen, gedörrte Birne (mhd. klotzbire); schwache o. verweichlichte Person; der —: etwas Wertloses (ein Schmårrn)

Kletzenbrot, Früchtenbrot (aus Dörrobst)

klezeln, fingern, lösen (s. åba- u. umklezeln)
klinga, klingen; s håt klunga, klingad (klingend)
Klingelklangel, Klingklang, Herabhängendes
Klitschen, Dirne (aus bayr. Gitschen u. wienerisch Kleschen gebildet)
Klopferl, wie Klapperl, der Tod (der an die Tür klopft)
Klosterfrau, Nonne
kluag, klug, berechnend; klüager
klüageln, klügeln
kludern, pludern, zu weit sein (v. Kleidern) (va.)
Kluft o. **Klüftl,** Anzug, Gewand (Gspr., urspr. claffot, v. hebr. chalîphâh, Wechsel)
Klumsen, Klunse, Spalte (mhd. klumse)
Klüngel (eigentl. Knäuel), Vereinigung von Leuten zu üblem Zweck
klunkern, baumeln
Kluppen, Wäscheklammer (mhd. kluppe)
Knacker, Knacks, Greis (v. Nußknacker); Knackwurst
Knållbandl, Papierstreifen, der beim Zerreißen einen Knall hören läßt
Knåller, Knall
Knållhütten, Pulverhütte; kleines Häuschen
knårrezen, knarren
knauern, winseln, wimmern (heunt håts a Kälten, daß d [die] Niß [Lauseier] —: große Kälte)
knäufeln, stricken o. häkeln (v. Knauf, Stricknadelspitze)
knaufen, raunzen, zanken
Knaufen, Raunzerin, Zänkerin
Knauferl, kleiner, zorniger Hund, Kläffer
Knäul, Knäuel; kl. Knäulerl
knaunzen, raunzen, knausern
Knaunzer, Geizhals, Knauser
Knauschen, hochmütige u. zänkische Frau (v. knautschen)
knautschen o. **knutschen,** wimmern, weinerlich reden (tsch. kňučeti)
Knebel, Knöchel
Kneip, Ledermesser des Schusters; Taschenmesser (mhd. knîf)
Kneipen, Kneipe
kneippen, barfuß in nassem Grase gehen (nach Pfarrer Kneipp)
Kneiß o. **Gneiß,** Grind der Kinder
kneißen, verstehen, begreifen (v. lat. cognoscere, erkennen)
Knerzl, Knirps (v. Knorre)
Knetsch, Maß (Daumenbreite) im Kinderspiel
knetschen, zerdrücken (v. kneten)
Knezerl, schwächliches Kind (v. Knerzl, s. d.)
Knia, Knie; des låßt si net übers — brechen: nicht mit Gewalt erreichen
Kniabeiß, grämlicher Mensch, Hypochonder
Kniaboxen, Kniehose
Kniabuhrer, Mensch mit X-Beinen
knian; knien; i bin kniat; åls a kniarada: kniend
Kniaohahosen, Hosen, die beim Knie zu Ende sind (s. oha)
kniaradlert, O-beinig, säbelbeinig
Kniaream, Knieriemen des Schusters (oft Züchtigungsmittel)
kniawach, knieweich, nicht stramm (im Gehen)

Knochen, s. v. a. Hundsknochen
knödeln, undeutlich reden (als hätte man einen Bissen im Munde); (va.:) ärgern
Knödl (spr. Knedl), Kloß aus Mehl o. Grieß (mhd. knode, Knoten; kl. knodel); Knoten (der Haare); Tölpel; und wånn s — an Gulden kost: um jeden Preis
Knödldeutsch, militärische Ausdrucksweise
Knödlköchin, Auskocherin in einer Markthütte (va.)
Knofel, Knoblauch
Knolln, Knollen
Knopf, geistloser Mensch; Kupferkreuzer; s. v. a. Schuasterlabl (s. d.); ein rundes geflochtenes Weißgebäck; der — geht eahm auf: er begreift endlich
knöpfeln, knöpfen
Knöpferlbåhn, Kleinbahn, schlechte Eisenbahn; einst Spottname der Franz-Josef-Bahn (die Kinder fertigen sich aus Schächtelchen kleine Wagen mit Rädern aus Knöpfen)
Knöpflhosen, hinten zu knöpfende Kinderhose
knotzen, untätig hindämmern, duseln; nicht streben; schlummern
Knotzer, einer, der seine Stellung nicht zu bessern sucht
Knurz, kleiner, aber kräftiger Mensch (v. Knorz, Astknoten)
Kobel, Taubenhaus (mhd. kobel, Hüttchen)
Koberer, Hurenbeherberger; wbl.: Koberin (Gspr.: Kober = Wirt; mhd. koberen, beherbergen)
Koberl o. **Kobi,** Jaköbchen
Koch (s), Brei; Köcherl, Breiumschlag
Kogel, stumpfer, abgerundeter Berg (v. Kegel, Kugel)
Kohl; aufs —: zwecks Täuschung
Köhl o. **Kölch,** Kohl (mhd. koele)
Kohlbrockerln, Rosen- o. Sprossenkohl
Kohlpflanzeln, junger Kohl
Koks, Gaskoke, scherzh. Geld; Kokain
Kölerabi, Kohlrabi
Kolöffel, Kochlöffel
Kolofoni, Geigenharz, Kolophonium, Saupech
Komedi o. **Kumedi,** Komödie, Täuschung; Komedispieler (spr. -spüler), Schauspieler
Komfortabler, einspänniger Platzlohnwagen, Komfortabel; auch dessen Kutscher (engl. comfortable, behaglich)
Komiteterer, Komiteemitglied
Kommiß, Militär
Kommißjanker o. **-knopf,** militärischer Pedant
kommod o. **kummod,** bequem; lässig; faul
Konduktånsjäger, Veranstalter der Leichenbegängnisse
Konfusionsråt, verworrener, zerstreuter Mensch
Konsum, Konsumverein
Kontin; in an — immerfort (lat. in continuo, zusammenhängend)
Kopertdecken, Bettdecke (it. coperta, Hülle)
Koperträhm, Kuvertdecke, Bettdecke mit Holzrahmen (va.)
Kopf; des is a —!: ein gescheiter Mensch; si wås in

— setzen: etwas nicht vergessen können o. über etwas verrückt werden; åm — gfållen sein: dumm sein; si n — aufsetzen: eigensinnig bei einem Entschlusse bleiben; er wird mr n — net åreißen: er wird mir nicht viel tun; an bein — nehma: ihn beuteln (schütteln), ihn strafen; zur Verantwortung ziehen; wånn er si åm — stellt: wenn er was immer tut; an hårten — håm: schwer lernen, eigensinnig sein; an vorn — stößen: ihn kränken; an guaten — håm: leicht lernen; an in (den) — wåschen: ihn ausschelten

Kopfårwat, Kopfarbeit; Schopfbeutler

Kopfnuß, leichter Stoß o. Schlag auf den Kopf

Kopfstückl, Schlag auf den Kopf; Vorderteil eines Fisches

Kopfweh, Kopfschmerz; måch dr ka[n] —: strenge deinen Kopf nicht an, bleibe ruhig

Koprater, Kooperator

Körberlgeld, Veruntreuungen der Köchin beim Markteinkauf

Körberljud, Figur eines Juden, der in einem Korbe die Nägel zur Kreuzigung Christi bei sich hat. (Hernalser Kalvarienberg.) Sie war Gegenstand von Mißhandlungen

Körblkraut, Kerbelkraut (Anthriscus cerefolium)

Korda, Schnur, Leine; an ån der — håm: ihn beherrschen (it. corda)

Köřndl, Körnerfrüchte, Korn

Korsikaner, Pfefferkuchenstreifchen

Kosak, Falschspieler (Gspr.)

koscher, rein (hebr. kâscher); einwandfrei; mir is net —: ich fühle mich unwohl

Kost, Essen, Verköstigung

kosten; des kost nix: macht keine Geldkosten

Kösten, Geldkosten

koti(ch), kotig, schmutzig; schuldig (i bin eahm wås koti)

Kotter, Arrestlokal; elende Hütte

Kotzen, grobe (Pferde-) Decke; an mit — fånga: auf einfache Art fangen; (ahd. kozza)

kotzengrob, sehr grob

krabeln o. **kraweln,** leicht kratzen (z. B. im Halse)

Krach, aufsehenerregender Zusammenbruch, Katastrophe

kråchdürr, sehr trocken; sehr mager

kracheeln, krakeelen, lärmen (zu krachen)

kråchen; rafen, lüagen usw., daß alles kråcht: ohne jede Hemmung; låß mr s —!: lassen wir es losgehn!; — geh[n]: zugrunde gehen

Kråcher, hinfälliger alter Mann; Krach

Kracher o. **Kråh[n]** o. **Krah,** Krähe

Kracherl, kohlensaures Wasser mit Fruchtsäften in einer Flasche, die beim Öffnen knallt (kracht)

krachezen, krächzen (mhd. krochzen)

Kråft; mit aller —: mit ganzer Kraft; Mz. Kräften; er håt kani Kräften mehr; d Kräften verlåssen na (ihn)

kräftinga, kräftigen
Krågen, Hals; Mz. Krägen u. Kragen; kl. Kragerl
krahn, krähen, heiser sprechen
Kråhnäugl, Krähenauge o. Brechnuß (Nux vomica), womit man Krähen, Raben u. a. vergiften kann; er kunnt mr — eingeben: er haßt mich bis zum Vergiften
kralawatschert (spr. kräul-), verkrümmt, schief, deformiert (krumm wie eine Kralle)
kralowat (spr. kräul-), stehlen (v. kräuln, s. d., mit tschech. Endung) (tsch. kralovsky = königlich)
Kråm (d) o. **Kramasch[i]**, der Kram (s. a. Kramuri)
krampeln, krempeln, Roßhaare u. dgl. mit Haken zerzupfen; einen zausen o. auszanken; auch s. v. a. stieren (s. d.)
Krampeln, die Finger; kl. Kramperln, auch kleine Häkchen (it. grampa, Kralle, Klaue)
Kråmpen, Spitzhaue; magerer Gaul o. schwächliche Person (v. mhd. krump, krumm, u. krampf)
kråmpensauer, sauer, daß es einen zusammenkrampft
Kramperl, Kralle; schwache Person; kleines Häkchen (zu Kråmpen); Fingerchen
Kramperltee, Brusttee aus Islandflechte (die gekrümmte Wimperhaare, Kramperln, hat)
Krampus, Knecht Ruprecht (Begleiter des hl. Nikolaus); Teufel (mit Hörnern und Klauen) (it. grampa, Klaue)
kråmsen, kramen, raffen
Kramuri, Kram, Gerümpel
Krånawitten, Wacholderbeere
Krånawitter, Wacholderbranntwein
Kraner, Krainer (s. Gottschewer)
Kranich, Kran (urspr. Kranich)
Kränk, Gliederzittern, Krankheit
kränken; tuan S Ihna net —: regen Sie sich nicht auf (oft höhn.)
Krånkensessel, einer, der oft krank ist
Kranl, Krönlein, Krone (100 Kranln)
Kranzl, Kränzlein
Kränzl, Tanzkränzchen
Kranzlbinder, Kunstblumenhändler
Kråpfen, in Schmalz gebackene Mehlspeise (schon ahd. krapfo, also keineswegs nach einer Frau Cäcilia Krapfen)
Kras, Kreis
Kräsel, Krause aus Gewebe o. Spitzen
Kratten (falsch: Graden), Tragkorb (s. auch Kraxen; mhd. kratte, krezze [s. Kreunzen] u. krechse); ålte —: altes Weib
Kratteltråger, einst Hausierer mit Kurzwaren; später auch Kurzwarenhändler überhaupt (v. Kratte; die Form: Gratlträger [zu Geräte] ist mißverständlich)
Krätz, Metallabfall (Gold, Silber, Blei u. ä.)
kratzeln, schlecht schreiben, kritzeln
kråtzen, davonlaufen, fliehen; ärgern (des kråtzt mi); er-

gründen (des wern mr schoⁿ —), herausbringen; auch stehlen (tsch. krásti)
Krätzen, die Hautkrankheit Scabies; die Wundkruste o. Schorf; kl. Krätzl o. Krätzerl (v. kratzen)
Krätzenkammerl, ein überheizter Raum
Krätzenthomerl, einer, der Finnen im Gesichte hat
Krätzer, Hautritz; die Lösung eines Rätsels
Krätzer, saurer Wein (der in der Kehle kratzt)
Krätzl, s. Gretzl
Kratzlerei, schlechte Schrift, Gekritzel
Kräul, Spanne (v. Kralle)
Kräuller, Kratzwunde; ein leicht Erboster; Dieb
Kräullerei, Kletterei, Dieberei
Kräullerl, kleine Kralle, auch Korallen
kräulln, klettern, kriechen, kratzen; sich erbosen (s. steigen); stehlen, ärgern (des kräullt mi)
Kräulln, Kralle, Fingernagel
krausen, kräuseln; krauste Haar: Lockenhaar
Kraut, Weißkohl, Sauerkraut; wia — und Ruabn: in Unordnung durcheinander; gehst außi aus n —: mach, daß du fortkommst
Krauterer, Sauerkräutler (va.); untüchtiger Mensch; kleiner Gewerbsmann; ålter —: altersschwacher Mann
Kräutl, Kräutlein; für des gibts ka —: da ist nicht zu helfen
Kräutler, Grünzeughändler
Kräutlwerch, allerlei Kräuter, Suppenkräuter
Krautmesser, das Seitengewehr des Artilleristen (Faschinmesser)
Krautwåsser, schlechter, saurer Wein
Kråwåt, Kroate (kr. hrvat), Serbe, Slowene, Slowak; auch Grünzeughändler; herumziehender Spielerei- o. Glaswarenhändler
Kråwåtendörfl, einige Gruppen alter kleiner Häuser in Wien, wo sich arme Leute angesiedelt hatten: jetzt verschwunden
Krawattl, Halsbinde; i wir di glei bein — håm: beim Halse nehmen, würgen; s enge —: der Strick des Henkers
Krawattltenur, schlechter Tenor mit überwiegender Kopfstimme
Krawäul, Krawall, Lärm, Streit
Krawäulkathl, streitsüchtiges Weibsbild
kraxeln, klettern, steigen, sich erbosen; (v. Tragen der Kraxe, s. d.)
Kraxen, leichtes Traggestell o. Rückenkorb, geeignet, Lasten auf Berge zu tragen; ålte —: altersschwache Dinge: Gestelle, Maschinen, sogar Personen (a Kraxen måchen: eine krankhafte Haltung); (mhd. krachse)
Kreatur (eig. Geschöpf), verächtliche Person
Krebsenaugen, von Krebsen stammende runde, kalkige Scheiben, mittels deren man Fremdkörper aus den Augen entfernt
Krebsenfångerin, (spött.) Hebamme

krebsrot, hochrot, schamrot, zorngerötet

Kreditfetzen, Schleier (ein Schleier gibt Ansehen u. Kredit)

Kreiden, Kreide; ålles auf d — nehma: auf Borg leben; weiß wiar a —: bleich

kreisten, mit Auswurf husten (v. räuspern); auch kreißen (gebären), kreischen

kremern, cremefarbig

Krempl (der), das Gerümpel, Kram, Trödel (mhd. grempen)

Kremseles, Crème céleste, Hautsalbe

Kre^n, Meerrettig (eine scharfe Würze); du bist der —: der Betrogene (s. Wurzen); si an — geben: sich ein Ansehen (Air) geben; an — reißen: sich wichtig machen, großtun; sein — dazuageben: seine Ansicht über etwas äußern; der höchste —: ein großer Schwindel, eine arge Lüge, etwas Unglaubliches (tsch. křen, Meerrettig)

Kre^{n}fleisch, gedünstetes fettes Schweinefleisch mit Essig und Kren

Kre^{n}reiben, ån zun — brauchen kinna: zu nichts Besserem

Kre^{n}reißer, Krenraspel; ein Großtuer, Protz

Krepaunl o. **Krepierl,** ein lebensschwaches Geschöpf (v. krepieren)

Krepierhålftern; der hängt scho^n ån der —: wird bald sterben

krepiern, verenden, elend sterben

Kre[u]nzen, buttenförmige Rückentrage aus Stäben (va.) (mhd. krenze, krezze o. kratte)

Kreuz; i håb a —: Mühsal, Sorge; mit an übers — sein: verfeindet sein; über wås s — måchen: es verloren geben; i håbs im —: habe Kreuzschmerzen

kreuz-, sehr; kreuzbrav, kreuzfidel, kreuzteufelswild u. ä.

kreuzdiwidomini, Fluch (eig. laus tibi Domine: Lob dir, Herr!)

Kreuzer, Kupfermünze (ursprüngl. mit aufgeprägtem Kreuz); aufn — schaun: sparsam sein

Kreuzerkomedi, ein billiges, aber auch schlechtes Volkstheaterchen, z. B. auf Mehlmarkt, Freyung

Kreuzerschupfen, ein Knabenspiel

Kreuzerstrick, ein dünner, billiger Strick

kreuzinga, kreuzigen, quälen

Kreuzköpfl, ein sehr gescheiter (iron. auch ein dummer) Mensch

kreuzsaxen, Fluchw. (saxen verhüllt das Wort Sakrament)

krexen, krächzen, ächzen, über Krankheit klagen

Krexen, häufig kranke Person (s. krexen)

kriachen, kriechen; zun Kreuz —: sich unterwerfen

Kriacher, Kriecher, Schmeichler

Kriacherl, Kriechenpflaume

Kriag (spr. Kriach), Krieg

kriagen, kriegen, bekommen, erhalten

kribbeln, kitzeln

Krim, Bezirksteil von Döbling (nach einem Gastwirt Grimm)
Kriminäul, Kriminal, Landesgericht
kriminäulisch, vors Strafgericht gehörig
Krimineser, Fluch gleich Kruzineser (s. d.)
Krippenreider, schlechtes Pferd; magerer Mann, Schwächling
Kripperl, kleine Weihnachtskrippe, Kripperlmårkt, s. Christkindlmarkt
Kripplgspiel, Krippentheater; Weihnachtskrippe; gebrechliches Zeug, Trödel
Kripplmandl, kleine Figur aus einer Krippe; Knirps, Schwächling
Krips o. **Grips** (d), Kehlkopf (s. Huasten)
krips-kraps, mit raschem Griff (v. greifen, daher auch gribs-grabs)
Krispindl, schwache, magere Person (v. Krispinus)
Kristier, Klistier, Darmeinlauf
kristiern, klistieren, quälen, strafen
kritisch, streng, übellaunig
kritisiern, nörgeln, streiten, zanken
Kritsch, Knirps, oft schreiendes Kind (v. kreischen)
krix-krax, wirr durcheinander (von Federstrichen), v. kritzeln u. kratzen
Kroikerl, eingetrocknete Augenbutter
Kro^{n}, Hure (Gspr. Krone = Frau)
Kro^{n}fleisch, Rindfleischgattung, zu Gulasch geeignet
kropfert, kropfig; si — låchen: übermäßig lachen
kropferzen, (aus dem Magen) aufstoßen
Kropftüachl, Halstuch (das zuweilen den Kropf verbergen soll)
Krös, Gekröse
Krot, Kröte, gallige Person; a schiachi —: häßliche Person; er gift si wiar a —: ärgert sich sehr
Krotenfeitl, ein schlechtes Messer (höchstens zum Krötentöten geeignet)
Krowåt (s. Kråwåt)
Kruag (spr. Kruach), Krug (mhd. kruoc); Mz. Krüag; kl. Krüagl = 1/2 Liter
Krucken, Krücke
Krückerl, Schüppchen (mit weinerlicher Miene die Unterlippe vorschieben) (v. Krug; richtiger wäre: Krüagerl)
krump, krumm (mhd. krump); s geht —: geht übel aus, geht schief; — oder gråd = gut oder schlecht (gehn)
Krumper, Fünfguldennote (5 = ungrad = krumm)
krumpharert, krummbeinig
Kruspel (spr. Kruschpl), Knorpel
Kruspelspitz, Rindfleischsorte
Kruspelwerch, Knorpelwerk, mehr Knorpel als Fleisch
krüspendürr, sehr mager
Krüstl, Wundschorf (zu Kruste)
Kruz, s. Gruz
Kruziadarl, Kruzifux, Kruzineser, Fluchworte statt Kruzifix (lat. crucifixus, der Gekreuzigte)
Kruziferas (eig. Kruziferus = Kreuzträger) u. Kruzitürken (angebl. v. Kuruzen und Türken), Fluchworte statt Kruzifix

Ksiberl, Schrift, Brief, Zettel (Gspr., v. hebr. kasiben, schreiben)
Ksiberlfelberer (spr. -fölberer), Bettelbriefschreiber (Gspr.), s. felbern
Kuah, Kuh; då muaß a — låchen: das ist äußerst lächerlich
Kuahdreck, Kuhmist
Kuahflårn, zerflossener Kuhmist (v. Flarde, flacher Kuchen)
Kuahmensch, Kuhmagd
kuahrln, nach Rindern riechen
kuahwårm, frischgemolken
Kücherl, Küchlein (Hühnchen); kleiner Kuchen; auch s. v. a. Kügerl (s. d.)
Kuchl, Küche; kl. Kucherl
Kuchlbär, robuste Köchin, Küchenmagd
Kuchldragoner, wie Kuchlbär
Kuchltrabant, wie Kuchlbär
kudern, laut lachen
kuderwellisch, kauderwelsch, unverständlich
Kuderwochen, Flitterwochen, Lachwochen
Kudlitschka, Taschenfeitel (tsch. kudlička, Messerchen); auch der Hausierer mit solchen
Kudlmudl, Kuttelmuttel, Mischmasch
Kuffer o. **Kupfer,** Koffer
kugeln, rollen; wälzen; des is zun —: das ist höchst drollig
Kügerl, kleine Kugel; drei Rindfleischsorten: dünnes, mittleres u. dickes —
Kühlian, Kälte
kuiniern, kujonieren, schurkisch behandeln, quälen
Kukeruz, Kukuruz, Mais (türk. kokoros)
kulma, kolben, wellen
Kumedi, Komödie, Täuschung
Kumerad, Kamerad
kumma, kommen; i kumm, bin —; kumm!, i kummert o. kamert (käme)
Kummadant, Kommandant
kummadiern, kommandieren
Kümmel, Kümmelschnaps
Kümmeltürk, Schnapstrinker; alter Türke
kummod, kommod, bequem; nicht arbeitsfreudig
Kumplimå^{n}, Kompliment, artiger Gruß
Kunde (d), der Kunde, die Kundin, Kundschaft, Käufer
künden, kündigen
kündinga, kündigen
künfti(ch), künftig
Küni o. **Köni(ch),** König; (mhd. künec); roter —: Menstruation
Künigl o. **Künighås,** Kaninchen (lat. cuniculus)
kunnt, könnte, s. kinna
Künsten, Künste
Kupfer, s. Kuffer
Kuppler, Geschäftsvermittler; Verschieber
Kurasch[i], Courage, Mut; an d — åkaufen: ihn einschüchtern; s. Guri
Kuraschiwåsser, Schnaps
Kurb, Korb; Mz. Körb; kl. Körbl
Kurdl, Kordula; auch einfältige Person
kurios, vertritt oft: sehr (der wird si — wundern)
Kurn, Korn, Roggen, Kornbranntwein
Kurven, Kurve, Biegung
Kurzhåls, eine Form der Meerschaumpfeife
Kurzi, eine schlechte Zigarrensorte (gemischte Ausländer)

kuschen, schweigen (bes. v. Hunde); kusch di!: lege dich! (frz. couche!)
Kuttlfleck, Rindermagen, meist als Hundefutter
kutzen, husten, speien (v. kotzen, sich erbrechen)

L

...la, ...lei (zwarerla, zweierlei)
Låacher Berg, Laaer Berg b. Wien
laar (s. lar)
Lab, Laib; kl. Labl o. Laberl; då kunnt mr jå a Laberl wern: sich vor Staunen o. Entrüstung so verwandeln
Lab, Laub
Labfrosch, Laubfrosch; ein grün Gekleideter; einer, dem kalt ist
låchen; des is zun —: ist lächerlich; daß i net låch: höre auf, daß ich darüber nicht lache; låchad, lachend
Låcher, Lache; des kost mi an —: bringt mich zum Lachen
Lack, schlechtes Bier; eine Mischung von Kornschnaps u. Rum (v. urspr. Låcken, s. d.)
Låcken, Lache, Pfütze, Tümpel (it. lacuna); schlechtes Getränk; kl. Lackerl
Låckenpåtscher, Fußsoldat
lackiern, betrunken machen (s. Lack); auch betrügen (anschmieren)
Lackl, großer o. ungeschlachter o. grober Mensch (v. Lakai)
lad, leid; tuat (is) mr —: ich bedaure
Lad, Leid
Låd, Lade; Mz. Låden, kl. Ladl u. Laderl
Lädden, Gebrechen, Todeskeim; der håt schoⁿ sei[ⁿ] —: wird nie mehr gesund (v. lädieren, verletzen); s. auch Lecken
Låden, Verkaufslokal; Mz. Läden; auch Brett, Mz. Laden; mageres Frauenzimmer; åm — liegen: aufgebahrt sein; s. a. Brotladen
Låder, Seifenwasser (engl. lother, Seifenschaum)
Lådernymphe, Wäscherin
lådna, laden; i bin glådent: ich werde bald losplatzen; der håt schwar (o. schief) glåden: hat einen Rausch
Lådstock; der geht, åls wånn er an — gschlickt hätt: er geht steif, stolz, ohne zu grüßen
Låger, Lagerbier, besseres Bier
Lagl, Lägel, Fäßchen, breiter als hoch, meist zum Fischtransport, mit Achselriemen versehen (mhd. laegel), v. liegen, Lage
Lahm, Lehm (früher Laim, mhd. leim); mit den wir i båld um an — fåhrn: unsanft verfahren
Lahm, Arbeitsunlust, Faulheit (v. Leim)
Lahmbruader, Arbeitsscheuer, Faulpelz
Lahmgruaben, Lehmgrube; ehem. Vorstadt Laimgrube, heute Teil des VI. Bezirkes Wiens
lahmi(ch), lehmig; faul
Lahmkugel, Spielkugel aus grauem Stein (s. Marbsen)

lahmlåckert, willenloser, feiger, versumpfter Mensch (v. Lehmlache, Sumpf)
Lahmlackl, ein lahmlåckerter (s. d.) Lackl (s. d.)
lahmzarn, lässig o. gar nicht arbeiten (s. Lahm u. zarn; ist wohl verdorben aus: Leim ziehen)
Lah^n^, Lehne, Berg- o. Stuhllehne; auch Lawine (abrutschender tauender Schnee)
lahna, lehnen; an — låssen: ihn im Stiche lassen; auch auftauen (mhd. lêne, Gießbach)
Lah^n^weder, Tauwetter
Lah^n^wind, warmer (Tau-) Wind
Lakritz (Süßholzsaft); Tinnef (s. d.) mit —!: eine grobe Ablehnung
lala, leer (Kinderspr.)
Lalli o. **Läulli,** wie Lahmlackl (v. lallen)
Lamatabl, Lamentabel, Gejammer
Lamatierblutzer, die Okarina (s. Blutzer)
Lamatiergådern, Harfe (s. Gådern)
lamatiern, lamentieren, wehklagen
Låmpen, Lampe; kl. Lampl o. Lamperl
Lamperie, Lambris (Wandvertäfelung, -verschalung)
Lampl, Lamm; Mz. Lampeln; kl. Lamperl; ein sanftmütiger, duldsamer Mensch; Opferlamm; Wurzen (s. d.) (mhd. lamp)
Lampldiab, Schafdieb, Montenegriner u. deren Nachbarn
lamplfrumm, lammfromm
Lamplmaut, das einstige Linienamt an der Roßauer Lände (nach dem nahen Gasthofe „Zum weißen Lamm")
Lamplschwaf, Lämmerschwanz; er zittert wiar a —: er ist feig
Lamsiader o. (besser) **Leimsiader,** langweiliger Mensch (das Leimsieden ist langweilig). Leim wird sonst nicht Lam genannt, s. aber Lahm
Länd, Schiffslände am Ufer des Donaukanals
Landene, Langholz zu Gerüsten bei Bauten (Ableit. dunkel)
Låndkårten; des schaut aus wiar a —: es zeigt lauter Flecken und Streifen, ist unrein, verkritzelt
Landl, Ländchen; s heilige —: das (klerikale) Tirol
Landler, ein langsamer Tanz im 3/4-Takt, ein ländlicher Tanz, aus dem der Walzer entstand (Lanner)
Låndpomeranschen, ungeschicktes o. sich geschmacklos kleidendes Landmädchen
Läng o. **Längs,** Länge
Långaus, ein alter Bauerntanz (va.)
Långhåls, eine Form der Meerschaumpfeife (va.)
Långi, einst die billigste, schlechteste Zigarre Österreichs
Långkrågen, Mittelfinger (va.)
långmächti(ch), sehr lang
långnåsert, langnäsig
Längs; nåch der —: der Länge nach
långweili(ch) (spr. -wäuli), langweilig

Långwied, Rückgrat, Deichsel (va.)

långzodert, langzottig, langhaarig

Lanz, Lainz (Ort)

Låpp, einfältiger, geduldiger Mensch (mhd. lappe)

Lappali o. **Lappäuli,** Lappalie, Kleinigkeit

läppern, leckend trinken (wie Katze und Hund) (v. Lippe u. lat. labrum, Lippe)

läppert, läppisch, einfältig

lar o. **laar,** leer; a la[a]rer Såck steht net: keine Wirkung ohne Ursache

Lärbam, die Lärche (ein Nadelbaum, Larix)

lärbamern, aus Lärchenholz

Larifari, leeres Geschwätz (ahd. lâri, leer, u. lat. fari, sagen)

Lårven, Larve, Gesicht, kl. Larverl

Låschen, Lappen, Strupfe; kl. Laschl u. Lascherl (frz. lâche, schlaff)

laschieren, Vorteile vorübergehen lassen

Lassani, bandförmige Nudeln (it. lasagna)

låssen; i låß, håb —; i liassert (ließe)

Last (spr. Laast), Leisten; schiacher Last: häßlicher Mensch; d — strecken: sterben; des is ålles über an —: einförmig, ohne Anpassung

Låster, lasterhafte Person; a so a —: so viel (va.)

laten, leiten, das Leitseil handhaben

Latern, Laterne; ein großes Blechziment (Bier); kl. Laternd[er]l

Lätizerl, kl. Vergnügen (lat. laetitia, Freude)

Låtsch, weichherziger, einfältiger, ungeschickter, geduldiger Mensch

Låtschen, Krummholzkiefer (deren Äste sind sehr biegsam); auch Pantoffeln, (bequeme) Schuhe

låtschert, schlaff, einfältig, ungeschickt (lat. lassus, lässig)

lätschert, weich (obd. lätschen, auftauen)

Latseil o. **Latsel,** Leitseil, Zügel

Låtten, Latte, (schmales) Brett; (spött.) Gewehr; kl. Lattl; wiar a — sein: busenlos, mager sein

Latter, Leiter (zum Steigen)

Lauben, Laube; in d — gehⁿ: sich mit wem einlassen; Brachsenart

Laudon (General Ernst Gideon Frh. v. Loudon, spr. Laudn); der populäre Name dient statt „Sakrament" in Flüchen: fix —! Himmel —!

Lauf, die laufende Ware im Kaffeehause: der Milchkaffee

Laufadi o. **Laufete** (s), Diarrhöe (haben)

laufen, eilig das Klosett aufsuchen; gehen; du laufst, er lauft, is gloffen; s Radl laufen lassen: den Dingen ihren Lauf lassen

Laufer, Läufer (der einst vor den Kutschen der Adeligen herlief); davon Schilder: zu den 3 Laufern; auch Tripper

Lauferin, eine gern herumvagierende Weibsperson (bes. Dienstmädchen)

läufi(ch) (von der Hündin), nach dem Männchen begehrend; männersüchtig
Läufl, Bein (v. Lauf [Bein] des Hasen)
Laugen, Lauge
laugna, leugnen; er laugent, hat glaugent
laulert, lau
launeln, zur Arbeit nicht gelaunt sein; die Zeit faul vertrödeln
Laus, lästiger Mensch
Lausallee, Haarscheitel von Mitte der Stirn bis zum Nacken
Lausbua (Schmähw.), Lausejunge
Lausdübl, wie Lauskerl
Lauser, wie Lauskerl; kl. Lauserl
Lausfårb, die vom Lotterleben herrührende graue Gesichtsfarbe
Laushutschen, die Schläfenlocke des polnischen Juden (Peie)
lausi(ch), lausig; mei[n] Gschäft geht —: schlecht
Lauskadett, wie Lausbua
Lauskampl, ein enggezahnter Kamm; auch wie Lauskerl
Lauskerl (Schmähw.), lausiger, verächtlicher Kerl
Lausnigl, wie Lauskerl
Laustånz, wie Lauskerl (auf dem die Läuse tanzen), Mz. -tanz
Laustöter, Daumen
Lauszupfer, Linienzeug, eine billige Droschke, bezeichnet mit LZ, was scherzw. so gedeutet wurde (va.)
laut, lustig, schneidig, keck, echt wienerisch (a lauter Bursch)
läuten; (die Sauglocken —) unsittliche Dinge sprechen; von wås — hörn (Gerüchte hören)
lautmari(ch), ruchbar, offenkundig (v. mhd. lûtmaere, Gerede; vgl. Märe, Märchen)
lawariern, laborieren, zu tun (leiden) haben
lawiern, zuwarten, zögern (lavieren, zickzack segeln)
lawinettln, auf der Kegelbahn „Lawinett" schieben
Lawur, Lavoir, Waschbecken
Lawurpappen, großer o. geschwätziger Mund
lax, lässig, schlaff
Lazzi, Narrenspossen, Witze (it. lazzo, Grimasse, Narretei)
le!, da! (beim Darreichen) (it. u. frz. là!)
Leander, Oleander
Lea[n]dl o. **Lea[n]l** o. **Learl,** Schwachkopf, willensschwache männl. Person; eig. Leonhart (Viehpatron); Schafskopf, Faulpelz
lea[n]dln o. **lea[n]ln** o. **learln,** lümmeln, herumlehnen (? v. lehnen)
Lear, einst kleinste frz. Kupfermünze (liard); i hab kan — mehr
Learl, s. Lea[n]dl
Leb o. **Lev,** Löwe (Mz. Lebe)
lebendi(ch), lebendig; der lebendiche Tod: einer, der einem Skelett ähnelt; bei den is ålles —: er ist verlaust; i bin eahm aufs Lebendiche kumma: ich habe eine empfindliche Stelle bei ihm berührt; **tot und —: wenn man von einem Verstorbenen träumt**

Leber; frisch von der — weg: ohne Bedenken (reden); dir is wås über d — (o. s Leberl) gloffen: du bist übel gelaunt; den is d — zgånga: er ist an einer Leberkrankheit gestorben; der håt a weißi —: er ist sexuell nicht zu befriedigen

Leberwurst; des is mir —: ist mir gleichgültig; der drschiaßt si mit aner —: der bringt sich nicht um

Lebn, Leben, Fröhlichkeit; mei —: mein Leben lang

Lebta o. **Lebtåch,** Lebtage; mei[n] —: immer; mei[n] — net: nie

Lebzeichen, Lebenszeichen

Lebzelten o. **Lezelten** (spr. -zöltn), Lebkuchen

lechazen, lechzen

Lecken o. **Lädden,** Gebrechen, unheilbares Übel (v. Leck, Lädierung)

Lecker, ein unreifer junger Mensch

lecks, leck, undicht, nicht wasserdicht (v. Holzgefäßen)

Lederer, Lederhändler, Gerber

ledern, schlagen (aufs Hinterleder)

ledi(ch), ledig; nur, nichts als; der is — bsoffen: stets betrunken; a ledichs Kind: das Kind einer Unverheirateten (Ledigen)

Lefzen, Lippen

Legschicht, Stellage (va.)

Lehr, Handwerksunterweisung; Ermahnung

Lehrbriaf, Lehrlingszeugnis

Lehrbua, Lehrling

Leibhusar, Floh

Leibl, Leibchen, Jacke, Spenzer, Weste

Leibltaschl, Tasche in Jacke o. Weste

Leibschåden, Leisten- o. anderer Bruch

Leibschneiden, Leibschmerzen

Leibspeis, Lieblingsspeise

Leibstückl, Lieblings-Musikstück

Leich o. **Leicht,** Leichenbegängnis; a schöni —: feierliches Begräbnis

leichen, leihen, borgen; i leich, håb gliechen; i leichert (liehe); si an z — nehma o. si an ausleichen: ihn streng verweisen o. bestrafen

Leichenfledderer, einer, der Schlafende bestiehlt (Gspr.)

leicht, vielleicht, etwa (bist leicht harb?; bist du vielleicht [etwa] böse?); leichtsinnig, leichtlebig (a leichts Bluat, a leichter Bruader, a leichts Früchtl, auf der leichten Seiten sein)

Leicht, wie Leich

Leichten, Leichtigkeit

leiden; des kånn i net —: nicht ausstehen o. dulden o. ertragen; an guat — kinna: lieb haben, ihm gut sein; mi leidts då net: ich ertrage das Hiersein nicht

leidenschäftli(ch), leidenschaftlich

leidentli(ch), leidlich

leider Gottes, leider Gott

Leier; a[n] ålti —: etwas längst Bekanntes

Leim; es geht aus n —: aus den Fugen, zerfällt; s Gsicht geht eahm aus n —: er verändert die Miene, lacht; auf n — geh[n]: sich ködern, verlocken lassen

leima, leimen; des leimt si net: stimmt, klappt nicht; der is gleimt: ist getäuscht o. betrogen
Leimgarten, s. Leimspindl
Leimsiader, s. Lamsiader
Leimspindl o. **Leimgarten,** Leimrute (zum Vogelfang), s. Garten
Leindl, Leine, langer Strick
Lei^n^fåden, Schiffsseil der Donauschiffer
Lei^n^ta, Leintuch, Bettlaken
Lei^n^wad, Leinwand (mhd. lînwât, wat = Kleid)
Leiten, Berglehne, Böschung (mhd. lîte)
Leitgeber, Leutgeb, Gastwirt (mhd. lît: Obstwein)
Lembråten, Lendbraten, Rindsniere
Lemoni, Limonie
lendlos, kreuzlahm (va.)
leni, weiche (Eier), v. lat. lenis, gelind
Leni, Lene, Magdalena, Helene, Leonore; kl. Lenerl
Lenier, Lineal; Schläge
leniern, liniieren, schlagen
Lenz, Faulheit, freie Zeit; an — håm: faul o. unbeschäftigt sein; s. lenzen
Lenz, Lorenz; kl. Lenzl o. Lenzerl
lenzen (si), faul sein, nichts zu tun haben; v. faulenzen (faul mit Nachsilben -enzen)
Lepold, Leopold
Lepolt, der Zufluchtsort beim Fangespiel (s. Våderl); s. lepolten
lepolten, ausbedingen; i lepolt mrs aus, daß ... (va.) (angebl. v. Asylrecht Leopolds des Glorreichen)
Lepschi, Liebesabenteuer (v. tsch. lepši, Besseres [als Arbeit]); sie geht auf —: sucht Liebesabenteuer
Lerchen, Lerche; kl. Lercherl
lerchenfelderisch (spr. -föl-), scharf ausgeprägt, weanerisch (s. d.)
Lerchenzüngerl, eine vorzügliche Art von Pfeifenspitzl (Mundstück der Tabakspfeife)
lerna, lernen u. lehren; i wir dr wås —: ich werde dich etwas lehren; i wir eahm scho[n] —: Drohung: ich werde ihn lehren, ihm zeigen
Les, Lese (Weinlese)
Leschak, Bengel, Lümmel (tsch. lesák, Waldbewohner)
lesen; i les, du (er) lest (liest), håb glesen, i leset (läse); blattl um und les weiter!: rede weiter!
Letfeigen, feiger, willenloser Mensch
Letizerl, kleines Freudenfest (lat. laetitia, Freude)
Letten, blauer Ton, Tegel (s. auch Lädden)
letti(ch), lehmig
Lettinger, ein feiner, früher beliebter Pfeifentabak
Letzerl, ein Stück irgend einer Näscherei als Kostprobe; ein freundschaftlicher Puff vor dem Auseinandergehen von Kindern (v. Letze, Abschied)
Letzt; auf d —: am Ende, zuletzt; z guater —: zum Abschied, am Ende, schließlich
letzting, letzthin, neulich
leuchten; heimleuchten; an ani —: ihm eine Ohrfeige versetzen

Leut (s); er (sie) is a guats —: eine gute Person; Mz. Leut (d), Leute, Verwandte, Bedienstete, Untergebene; kl. Einz. des Leutl; Mz. Leutln (gehts, Leutln, helfts mr a bissel)
Leutnåmt, Leutnant, Mz. Leutnåmten; kl. Leutnåmterl
leutscheuch o. **leutschiach,** menschenscheu, schüchtern
Lev o. **Leb,** Löwe
Leviten; i wir eahm scho[n] d — lesen: einen strengen Verweis geben
lex, s. lecks
Lezelt[en] (spr. Lezölten), Lebkuchen (s. Lebzelten)
Lezerl, s. Letzerl
liab, lieb, niedlich, freundlich; liaber; des is mr no —: (iron.) das ist mir sehr unlieb, zuwider; du bist mr no —!: das hätte ich von dir nicht erwartet!
Liab, Liebe
Liabsbriaf, Liebesbrief, (oft iron.) Mahnbrief
Liabsleut o. **Liabspåår,** Liebespaar
Liabståtscherl o. **-tatschkerl,** zärtlicher Schlag auf den Kopf
liacht, licht, hell
Liacht, Licht; an s — einhålten: die Sterbekerze halten; an a — aufstecken o. aufzünden: ihn über etwas aufklären; mir is a — aufgånga: ich habe begriffen, gesehen usw.
Liachtbratl, Handwerker-Festmahl vor Anfang der Arbeit bei künstlichem Licht
Liachteln, zerschnittene große Adern, die als weiße Ringe im Bruckfleisch (s. d.) vorkommen
Liachten, Helligkeit; Dämmerung (unter o. in der —)
Liachtmeß, Feiertag Mariä Lichtmesse (2. Febr.)
Liachtputzen, Schere für den Kerzendocht; a heilige —: Betschwester; a siebensüaße —: eine schmeichlerische Weibsperson (va.)
Liad, Lied; kl. Liadl (mhd. liet)
liaderli(ch), liederlich
liaßt o. **liassert,** s. lassen
Liebe, Geliebte (de is sei[n] —); er is gånz — und Schmårrn: er ist sehr verliebt o. freundlich
liefern, fertige Arbeit abliefern; wås der für Stückln liefert: Dinge verübt; den (o. des) wern mr —: beseitigen, entfernen, entlassen
Liegerstått, Lagerstätte, Bett
Liesel o. **Lisi,** Elise, Elisabeth; d Frau —: die Sonne
lila, fliederfarbig; mir gehts so lila: nicht sehr gut und nicht sehr schlecht (lila ist nicht blau und nicht rot)
Lina, Linie (einst Drehtor im Linienwalle); d klani —: Gumpendorfer Linie; (gånz) bei der — sein: dem Ende o. dem Elend nahe sein
Lina o. **Lini** o. **Linerl** o. **Lintscherl** o. **Lintschi,** Karoline o. Pauline
Linabauer, s. Zeiselwagen
Linawåll, Linienwall, befand sich nahe der heutigen Gürtelstraße
Linazeug[l], einspännige Lohnkutsche, die den Stand-

platz außerhalb des Linienwalles hatte und mit LZ bezeichnet war; Spötter deuteten dies als „Lauszupfer“
Linden, Linde
liniern, s. leniern
linker, der unrechte; zwa linke Füaß haben, ungeschickt gehen o. tanzen
links; der is —: ist linkshändig
Linkshandler, Linkshänder
Linksscheiber, Kegelschieber mit der Linken, meist sehr gewandt
Linsen, Linse; ein flaches Wimmerl o. Muttermal; Mz. Lins (s. Serwas); kl. Linserl, ein Ohrschräubchen o. linsenförmiges Ohrgehänge
Lipperl, Philipp; auch Halbkretin
Lippl, Rüpel, Lümmel (eig. Philipp)
Litanei, eine lange Liste, lange Rede
Liter (der), das Liter
Lixl, Felix
Loch, kleiner Wohnraum; After; Arrest; er redt immer aus an —: stets dasselbe; den Finger åm rechten — håm: das Richtige erkennen; an a — in Bauch reden: zuviel auf einen einreden; si für an vors — stellen: seine Schuld auf sich nehmen; auch eine bekannte Schauspielerkneipe hieß „Loch“
Locherl, lächerlicher Mensch; er tuat, åls wånn er der Påpst Locherl (? Leo) war: als ob er eine wichtige Person wäre; des glaubt dr der Påpst —: das glaubt niemand
Löchl, kleiner Raum; „Zum süaßen —“ hieß ein bekannter Metkeller
Locken, ein Wurfspiel der Gassenjungen
locker, nicht fest; leichtsinnig
Löffel, Ohr; dummer Junge; zu einer Arbeit den — verloren o. kan — håm: keine Lust dazu haben; der håt die Gscheitheit mit n (großen) — gessen: er tut, als ob er der Gescheiteste wäre
Löfferl, Tee- o. Kaffeelöffel
Lois o. **Loisel,** Alois; Loisi, Aloisia
Lokäul, Lokal, meist s. v. a. Gasthaus
Lora, Papageienname (v. Lori, einer Papageienart)
Lori o. **Lorl** (spr. Luri, Lurl), Eleonora, Lenore
los; es is nix —: es geht nichts vor, ist nicht lustig
Lösch (d), zerstoßene Eisenschlacke, Schutt
Löschhörndl, blechernes Horn zum Löschen der Kerzen; lange Nase
Loschi, Wohnung (frz. logis)
losen, lauschen, hören (los auf: höre zu)
lösen, (für Ware) Geld einnehmen, Losung machen
Loser, Ohr (s. losen)
losgehⁿ, anfangen; sich entladen (des Schusses); sich loslösen lassen; jiatzt is d Butten losgånga: jetzt gibt es die Fülle o. ein Kind ist zur Welt gekommen
losschraufen, losschrauben, sich einer Aufgabe entziehen

Lotteriebruader o. **-schwester,** eifrige Lottospieler
Lotterist, Lottokollektant
Lotti o. **Lottl** o. **Lotterl,** Charlotte
Lozelach, lustige Geschichten (jüd.)
Luach, Luche, Wollstaubballen, Mist (Luch = Morast)
Luader, Luder (= Aas), verlotterter, nichtswürdiger Mensch o. schlimmes Tier: Luaderskerl, Luadersmensch (Mädchen), Luaderviech (Mensch u. Tier); des is untern —: das ist vom Allerschlechtesten
lüagen, lügen; er lüagt, hat glogen; lüagert (löge u. lügnerisch)
Lüagade[r], Lügner[in] (Lügende[r])
Lucken, Lücke, Loch; kleiner Wohnraum; kl. Luckerl
luckert, löcherig, lückenhaft; er håt kan luckerten Groschn: ist ohne Geld
Ludel o. **Lutschl,** Schnuller; (spött.) Zigarre o. Tabakpfeife
ludeln, lutschen, saugen; auch mit spitzem Mund sprechen; rauchen
Luft, Atem; in d — haun: (wem) den Laufpaß geben; (Geld) verschwenden; i kunnt in d — fåhrn (vor Zorn); Mz. Lüften
luftgselcht, salzgeselcht; mager
lüfti(ch), luftig, windig, leichtsinnig, flatterhaft (a lüftigs Bürschl)
Lüftl o. **Lüfterl,** Wind
Luftzauberin, Hexe; häßliches o. bösartiges Weib
Lug, Lüge, auch unabsichtliche Unwahrheit; Mz. Lugen; wånn er nur derstickt war ån dera Lug!
Lugenbeutel o. **-schübl,** Gewohnheitslügner
Lugerei, Lügengewebe
Lumpazi, Lump (das bayr. Bazi)
Lumpenbagaschi, Lumpengesindel
Lumpendeckel, Mantel
Lumpensåmmler, der letzte Eisenbahnzug des Tages
Lumperl, leichtsinniger Mensch
Lumpl, Lunge (mhd. lumbel, Lendenfleisch, nicht Lunge)
Lumplstrudel, Strudel aus gehackter Lunge für die Suppe
Lungenbratl, Lendenbraten (s. Lumpl)
Lungl o. **Lüngerl,** Lunge, Beuschl; vgl. Lumpl
Luri, Lori o. Lowry
Lust; i håb guati — und zag n ån: ich bin fast willens, ihn anzuzeigen
lusten, gelüsten; mi håts glust
lusti(ch), lustig
lutscheln, wie ludeln
Lutscher, Lutschger o. **Lutschl,** wie Ludl
Luzl, kleines Kind (mhd. lützel, klein)

M

ma, s. mr
mächen; i måch, håb gmåcht; i måchert (machte); tun, arbeiten, verfertigen; spielen; kacken; s måcht si: es ist o. geht ziemlich gut; des måcht (o. gibt) er guat: das ist gut gesagt (auch iron.)
Måcher, die wichtigste Person, Faktotum, Leiter

Mächerlohⁿ, Arbeitslohn; (scherzh.) Trinkgeld
Mächt; mit äller —: ganzer Kraft
Madam, Hebamme (auch — Maier genannt)
Mäden, Made
Mädensäck, Faulpelz
Mäder, Marder; Hunger
Maderl, kleines Mädchen
Madern, Matrize
mädi(ch), madig, faul (arbeitsunlustig)
Madl, Mädel, Mädchen, Hausgehilfin, Geliebte; weiße —n: Ehrenjungfrauen o. ein Trieb ungarischer (weißer) Ochsen
Magatenderin, Marketenderin
Mägen, Mz. Magen, kl. Magl o. Magerl; dä ghört a — dazua: da darf man nicht empfindlich sein; den häb i in —: den verabscheue ich; mir krächt der —: ich bin sehr hungrig; des liegt mr in —: es wird mir von dieser Sache übel
Mägen, Mohn (mhd. mâgen, mâhen)
Mägenbeugl, mohngefüllte Kipfel; auch ein Stoß nach der Magengegend
Mägenfährplan, (scherzh.) Speisekarte
mäger; mägerer: magerer
magerln, ärgern, kränken (v. Magen)
Magron, Majoran (mhd. mejeron)
Mählamperl, Lämmchen, Schäfchen (Kinderspr.)
Mahm, Muhme, Tante, (alte) Frau
mahn, mähen
mähna, mahnen, gemahnen; älle Täg mähnt mi s Fiaber: belästigt mich Fieber
Mähnung, unerklärliche Ereignisse, die als — des Todes aufgefaßt werden (der Tod meldt si äⁿ)
Mahrer, Mähret
Maiblumen, der Löwenzahn (Pflanze)
Maier, s. Madam; die Quecke (Grasart)
Maigistrat, Magistrat
Maiglöckerl, Maiglöckchen (Convallaria)
Mailüftl, Frühlingsluft
Makerl, Makel, Fleckchen, Mangelhaftigkeit
Maklatur, Makulatur, Altpapier, etwas Mißlungenes
Makroni, Makkarone, Röhrennudeln (it. maccaroni)
Mali o. **Mäuli**, Amalie
mälna, malen; an wäs —: ihm nicht den Willen tun
malörn, verunglücken, mißraten (v. frz. malheur, Unglück)
Malter o. **Mäulter**, Mörtel (it. u. tsch. malta)
Maltschi o. **Mäultschi**, Amalie (kosend), s. Mali
Mama (spr. Mamaa); kl. Mamerl, Mami, Mamatschi, Mutter (frz. maman)
Mamlas, Trottel, Feigling (tsch. mamlas, Tölpel, ung. mámlász)
mana, meinen, glauben; i man, häb gmant; i manet (würde meinen)
manderniern, befehlen, kommandieren (frz. mander) (va.)
Mändl, die Mandel; Rachenmandel

Mandl, Männchen, Figürchen, Bildchen, 1/4 Schock = 15 Stück; aufgestellte Garben; der Hakenteil der Hafte, die Patrize des Druckknopfes; das Taschenmesser; kl. Manderl; wia s — bein Sterz: ratlos (dastehen); Manderln måchen: Umstände machen, zu widerstehen suchen (v. Hasen: Männchen machen)
Mandlbogen, Bilderbogen; auch eine Mehlspeise aus Oblaten
Mandl- o. **Manderlstehauf,** Stehaufmännchen (Figürchen, das sich, umgelegt, selbst aufrichtet)
mandschari, essen (it. mangiare)
Mangerl o. **Mankerl,** geringer Fehler, Makel, kleines Stückchen (it. manco)
månicherla, mancherlei
månichs, manches
månichsmål, manchmal
Manier, Umgangsform, Takt, Handlungsweise
manierli(ch), artig, wohlerzogen
manipuliern, (in schädlicher Absicht) hantieren
mankeln, geheim verabreden, handeln
Mankerl, s. Mangerl
Manklerei, Machenschaft, Ränkeschmieden
Månmån o. **Momo,** Kinderschrecker, schwarzer Mann, Teufel (v. Mann)
Månnn (spr. Mån), i bin mr — (Manns) gnua; åber —!: aber, was denkst du denn!; kl. Mandl, Manderl, Månnerl, Månni; Mz. Månna o. Männer
Månna- o. **Månnerleut,** Mannsleute
Manöver, Umschweife, Umstände, Weiterungen (måch kani —!)
Manschetten, Handfesseln; Angst, Furcht (haben)
Mantinell (spr. -nöll), die Billardeinfassung (Bande) (v. it. mattonella)
mantschen, manschen, mengen, (im Essen) umstochern
Manung, Meinung
Marandanna! Maria und Anna!
Marandjosef! Maria und Josef!
marazeln, stets kränkeln (wohl v. marode o. mörös)
mårb, mürbe
Marblstan, Marmorstein
Marbsen o. **Marwasen,** Spielkugel aus Marmor; gscherti —: Kopf ohne o. mit sehr kurzen Haaren
Mariandl, Marianne; achtseitiger Spielkreisel mit 1—7 Punkten u. einem Bild (Venus = Mariandl)
Marianka, böhm. Mädchen (v. tsch. Marjanka, Maria)
Mariederl, Mariechen
Mariedl, Marie; Brieftasche, Geld
Marillen (spr. Marülln), Aprikosen
Maritscherl, Mariechen
Mårk (oft f. Markt); das Mark
Marker, Markersdorfer Wein; eine Vortäuschung, Spiegelfechterei, Schwindel, Lüge (v. markieren)
marod o. **marodi,** etwas krank
Maroni, die eßbaren Kastanien (it. marrone)
marsch!, geh!

Ma[r]schansker, Meißner Apfel (tsch. mišenske jablko)
marschdrahstdi, fort mit dir (s. drahn)
Ma[r]schierpulver, Gift
Marthl, Martha
Martinigåns, Martinsgans, fette Gans, dummes Weib
Marwesen, s. Marbsen
Marx, Markus; in St. —: auf dem Viehmarkt u. in den Schlachthäusern
Marzi, März
Marzihaserl, junger Hase
Marzikåder, verliebter Kater o. Mensch
Marzveigerl, Märzveilchen
Mas (d), das Mais, Auwald (geht auf got. usmajtan, fällen, zurück)
Masch, Maische
Maschandmod[erin], Putzmacherin, Modistin (frz. marchande des modes)
Maschansker, s. Marschansker
Maschekseiten, die andere Seite (ung. másek, andere)
Maschen, Masche, Schleife, Schlinge, Krawatte, kl. Masch[er]l; auch eine schwierige Stellung der Billardballen
Måschenmårkt (urspr.) Am Aschenmarkt, dann umgedeutet in Naschmarkt u. Obstmarkt
maschiern, marschieren; sterben
Maschinführer, Lokomotivführer; Maschinnahterin, Maschinennäherin usw.
Maschkeradi, Maskerade, Verkleidung
Maschkibuschki, überladener Putz (v. Maschen u. Buschen)
Masel, Glück (jüd.), Geld (Gspr.)
Masematten, Schwierigkeiten (in der Gspr. Diebsgeschäfte)
Masen, Meise (Vogel), a kecki —: vorlauter Schnabel
Masenpfeiferl, Lockpfeifchen zum Meisenfang
Måsern, Linien im Holze; Narbe; Fleck; die Rötelkrankheit
Måß (d o. s), das Maß; der Schneider nimmt d (s) —
Massa, Masse, große Zahl, vieles; du håst a — glernt (it. massa); Gemisch
maßeln, meißeln
massiv, fest, nicht hohl, derb; grob, brutal; — wern: einen gröblich angreifen
Maßl, Meißel; auch oft für Masel (s. d.); Hohlmaß (a klans — Mehl); s. mitter
Master, Meister
Masterstuck, Meisterstück, Probearbeit
Materi, Eiter (lat. materia)
materisiern, eitern
Matriäul, Material
Matrik, Matrikel
matsch, matt, müde, krank
Måtschker, übles Gemenge, Brei, Tabaksaft (in der Pfeife); Wirrwarr, Fehler, Unsinn, Unbrauchbares; Zigarrenstücke (zum Kauen) (tsch. mačka, Soße)
måtschkern, tabakkauen
Måtschkertegl, (spött.) unreine Tabakpfeife
Matter, Marter, auch große Menge (a — Geld)
Matterei, Marterei, schwere Arbeit
mattern, martern

Matthiasl, Matthias (der letzte Apostel), der Letzte, Mindeste
Matthiaslgalerie, die letzte Galerie im Theater (s. Juchee)
Mattyrer, Märtyrer
Mätz, Matthias; Kater; Star; Stubenvogel
Matzelsdurf, Matzleinsdorf (im 5. Bezirke)
Mätzfätz, entschlußloser, feiger, oft auch nur fader Mensch
Mauer, Mz. Mäuer(n); d — mächen: bei einer Untat Hilfe leisten durch Wachestehn
Mauerschütt, Mauerschutt
Maukerl, etwas ganz Kleines
maukes, tot
Mäul, Mz. Mäuler, Maul, Mund; a — mächen: eine ärgerliche Miene machen; s — reißen, schwätzen, aufschneiden; s — hälten: schweigen; an s — verbiaten: ihn schweigen heißen; s — stopfen: zum Schweigen bringen; a — häm o. si s — zreißen: schimpfen, schreien; si s — äwischen kinna: verzichten müssen, wo andere bekommen haben; s — dreschen: viel o. lügnerisch reden
Mäulbir, Maulbeere
Mäulesel, Maulesel, Eselbastard
Mäuli, Mali, Amalie
Mäulkurb, Maulkorb; (scherzh.) um den Kopf gebundenes Tuch, das Essen und Reden hindert
Mäulmächer o. **-drescher,** Maulheld (s. Mäul)
Mäulreißer, Aufschneider (s. Mäul)
Mäulter, Mörtel (s. Malter)
maunkerzen, miauen, mucksen
Maunkerzer, Klageton; er mächt kan — mehr: er schweigt o. ist tot
Maurächen, Morchel (eine Pilzart)
Maurerklavier, die Ziehharmonika
Maus; näß wiar a taufti —: triefnaß; mäch kani Mäus: mache keine Umstände o. Schwierigkeiten; auch s. v. a. Mauserl (s. d.)
mauscheln, jüdeln; flüstern
Mauschl, (armer) Jude (v. Moische = Moses)
Mauschlerei, Gejüdel, Geflüster
Mausdreckerl, Mäusekot; etwas Winziges; auch kleine Person
Mäusel, Mäuslein; eine empfindliche Stelle am Ellbogen; magers u. fetts —: zwei Sorten Rindfleisch (Mäusel = Muskel, lat. muscula, Mäuschen)
mauseln, nach Mäusen riechen
mausen, stehlen; auch mausern
Mauserl, Mäuschen; niedliches Mädchen (a liabs —)
Mausi, wie Mauserl
mausi(ch), mausig, vordringlich
Mausköpfl, Sohlennagel mit halbkugeligem Kopf
Maut; scherzh. Trinkgeld
Maxl, Maximilian, Max
Maxlerei, Schlingenlegerei, Wilddiebstahl (s. Maxn)
Maxn, Fangschlinge (mhd. mahse); Geld (bayr. Geld trug das Bildnis des Königs Max)

Medäulli, Medaille
Medium, einer, der sich eines andern Willen unterwirft; auch s. v. a. Wurzen (s. d.); auch s. v. a. Mädchen (v. Mädi)
Meerschåm, Mierschåm o. Mierfam, Meerschaum (Mineral); Meerschåmerni: Pfeife, aus Meerschaum geschnitzt
megerzen, meckern, eine meckernde Art zu reden
Megerzer, Meckerlaut
Mehl (spr. Möhl); Geld
Mehlberl (spr. Möhl-), Mehlbeere, Weißdornbeere
Mehlgruabn, ehemal. Gasthof auf dem Neuen Markt (einst Mehlmarkt)
Mehlhund (spr. Möhl-), der Soor, Mundkrankheit der Säuglinge; auch Mehlklumpen im Brot
Mehlmesser o. **Melber** (spr. Möhl-), Mehlverschleißer
Mehlpåtzen (spr. Möhl-), (verächtl.) Mehlspeisen
Mehlsåck (spr. Möhl-), dicker, plumper Mensch
Mehlstauber (spr. Möhl-), Soldat des Regiments Heß mit graublauen, wie mit Mehl bestäubten Aufschlägen
Mehltagl (spr. Möhl-), Mehlkleister
Mehlwurmhäfen (spr. Möhl-), Mehlwürmertopf; (scherzh.) Zylinderhut
mehr; net oft —: nicht mehr oft; nix von den Geld — segn: nichts mehr von dem Gelde sehen; selten —: selten noch
mehras, mehr (mir wårn unser —)
mei[n], mein; mein: meinen o. meinem; meini: meine meini Brüader; o mei[n]!: o mein Gott!; nå mei[n]!: na, mein Gott!
meinichi, meinige; s—Gschäft: mein Geschäft; der Meinichi: mein Gatte, Geliebter; d Meinichi, meine Gattin, Geliebte
meintswegen, meinetwegen; umschrieben: vo[n] mir aus
Meiße, Menge, Kram, Plunder; auch Geld (d gånze —) (jüd.)
Melber (spr. Mölber), Mehlmesser
melbi(ch) (spr. möl-), mehlig, mehlicht
melchen (spr. möl-), melken; i melch, håb gmolchen
Melchåmper (spr. Mölch-), Melkzuber (s. Mülliåmper)
Melcher (spr. Möl-), Melchior; auch Melker
Meloni, Melone (spr. Mö-)
memmeln, kauen, nagen; mit zahnlosem Munde essen
Menasch, Menage; Speiseraum, Speise; Einsatz für Schüsseln
menaschiern, menagieren, speisen; mäßigen
Mensch (s), Mz. Menscher, (verächtl.) jüngeres Weibsbild; Magd; Dirne; Kåmmermensch hieß einst die Zofe bei Hofe
Mensch (der); i fråg an Menschen: sage mir einer
Menscherl, (kosend) kleines Mädchen
menschernarrisch, weibersüchtig
menschli(ch), menschlich
messen; i meß, håb gmessen; er meßt n von oben bis

unten: blickt ihn herausfordernd o. verächtlich an
Met; gegorenes Honigwasser; übertriebenes Lob
Metåll (spr. Metäul), in engerem Sinne die Bronze
Methäfen o. **Metscherm,** Mettopf; an s — aufsetzen: mit Lob und Schmeichelei überschütten
Methäusel, Metschenke (va.)
Metten, Christmesse (lat. matutina); a lustige —: heiteres Gelage; a bsoffeni —: Gruppe Betrunkener; des wår a —: Auftritt, Hetze, Streit
Metzen; oft scherzh. für Mäzen, Gönner
mi, mich
miachteln, müffeln; miachtlad, müffelnd (nach Schimmel riechend)
Miader, Mieder
Mias, Moos
Michäli, Michaelstag, der 29. Sept., einst Miettermin
Micherl o. **Michel,** Michael; a gråder Michel o. Michel glåttweg o. glåtter Michel: aufrichtiger, oft auch grober Mensch
Mier, Meer
Mierfadl, Meerschweinchen (s. Fadl)
Miersam o. **Mierscham,** Meerschaum
Mierwunder, eine große Merkwürdigkeit (Meerwunder)
mies, übel, schlecht; a miese Gschicht: eine üble Sache
Mies, wie Mias
Miez o. **Miezi** o. **Miezerl** o. **Miezikatzi** o. **Miezimaunzi,** Katze
Miezerl o. **Mizzi,** Marie
Milli, Emilie, Ludmilla
Milli (spr. Mülli), Milch
Milliåmper (spr. Mülli-), Milchzuber; kl. Milliamperl
Millimadl (spr. Mülli-), Milchmädchen, Milchausträgerin
Millimåⁿⁿ (spr. Mülli-), Milchmeier
Millipritschlerin (spr. Mülli-), Milchhändlerin o. -fälscherin
Millirahmstrudl (spr. Mülli-), Rahmstrudel (beliebte Mehlspeise)
Milliweib (spr. Mülli-) o. **Millifrau,** Milchhändlerin; reitade Milliweiber, (scherzh.) eine lächerliche Reiterei
Millizeuch (spr. Mülli-), weibl. Brüste (s. Zeuch)
Milur, Mylord (Hundename)
Minerl o. **Mini,** Hermine, Wilhelmine
Minklmankl, geheime Machenschaften
Minnerl, Minni, Minna (Minerl)
mir, mir; wir (tsch. my, ung. mi), s. mr
mirken, merken
Mirks, Merks, Gedächtnis, Verständnis, Denkzeichen (v. merken)
Mirl, Mirzl, Marie, Bauernmädchen
Mirl, Märchen (v. Mär); schlechtes Pferd (v. Mähre)
mischen, das Gemüt erregen, aufmischen; den wir i s —: dem werde ich einen Verweis geben, die Wahrheit sagen
Mischko (eig. ung. Miska, Michael); Rufname des Schankburschen o. Hausknechts in Gastwirtschaften

Mischkot, Mischmasch, Wirrwarr
Mischkulanz, Mischung, Durcheinander (it. mescolanza)
Mischperl, Mispel
Mischpoche, Familie, Verwandtschaft, Sippe (jüd.)
Mist, alles Schlechte und Wertlose (de Zwetschken san a —); Häufiges (der håt Geld wia —); des is net auf dein — gwåchsen: das ist nicht von dir
Mistbånkert, schlimmes Kind
Mistbauer, der Kehrichtsammler
Mistbua, schlimmer Junge
Mistbutten u. **Mistdösen,** Kehrichtbehälter o. unreinliche Personen
Mistelbåcher, Schmähw.: Wachmann (eig. s. v. a. Bauer)
Mistfink, wie Dreckfink
Mistgrüaberl hieß eine bekannte alte Weinstube
Mistgruabn, Düngergrube
Mistgstätten, Kehrichtablagerungsplatz; Schmähwort für eine gehaßte Person
misti(ch), mistig, elend, miserabel
Mistkråtzerl, Huhn
Mistladen, Bretter des Mistwagens; zsåmmhålten wia d — (iron.)
Mistmensch (s), Schmähwort für ein gehaßtes Mädchen
Mistsau, Schmähwort, wie Mistviech
Misttrücherl, Kehrichttruhe
Mistviech, Schmähwort für Mensch und Tier
mita[ra]nånd[er], miteinander
mitderfen, mitgehen dürfen
Mitfresser, Mitesser
mitgeh^{n} (lassen), stehlen
mitlaufen, teilnehmen
mitmåchen, erleiden, erleben, mittun
mitnehma, mit in den Kauf nehmen; de Krånkheit håt mi recht mitgnumma: heragebracht; an —: ihn bestehlen, betrügen, schädigen
mitsåm, miteinander
mitsamt, mit, gemeinsam mit
Mitt o. **Mitten,** Mitte
Mittel, Stellenvermittlung der Zünfte (Rufhaus); Mz. die Mitteln, Geld; Mittel måchen, vermitteln, einschreiten
mitten, inmitten, in der Mitte; der Stecken wår — å: in der Mitte abgebrochen
mitter, mittelmäßig, mittlerer Größe o. Art; aner aus n —n Maßl: von mittlerer Größe o. Stärke o. Länge o. Art; a —s Stückl: aus der Mitte
mitzåppeln, mitlaufen
mitzaxeln, mitgehn o. -laufen; mitziehen
Mitzi o. **Mizzi,** Marie, s. a. Miezi
Möbel; a ålts —: Sache o. Person, die schon lange im Dienste (Gebrauche) steht; a saubers —: (iron.) eine nette (üble) Person
moc (moz), viel (tsch.)
moderiern, mäßigen
Modi, Mode; Ordnung; Brauch; i wir glei — måchen: Ordnung schaffen; des is då net —: nicht der Brauch
mogeln, betrügen (bes. im Spiel), Gspr. (v. hebr. mohel, Beschneider)

mögen; i måg, mir —; i möcht, du möchst, er möcht, mir möchten, es möchts, sie möchten (möchten vertritt oft sollen: Se möchten [sollen] glei kumma)
Moll, Mull (ein weicher Kleiderstoff), v. lat. mollis, weich
mollert, mollig, rundlich, angenehm weich (s. Moll)
Moment; den —: soeben, sofort
Momo, s. Månⁿmånⁿ
Monat (s); aufs —: im nächsten Monat
Monatszimmer, (scherzh.) geräumige (viersitzige) Kutsche
Mon[d]scheiⁿ, Mond, Glatze; nacktes Gesäß
Moneten, Geld
Monta o. **Montåch,** Montag
Montur, Uniform; Kleidung; Schale; Erdäpfel in der —: ungeschälte gekochte o. Bratkartoffeln (Pellkartoffeln)
Mopperl, Möpschen; Automobil
mopsen, langweilen
Möring, Senkgrube, Kloake (mlat. maragium, Morast)
Mörscher, Mörser
Most, Traubensaft; Wein aus Äpfeln u. Birnen
mosteln, Trauben zerstoßen (maischen); nach Most riechen
mostlert, wie Traubenmaische aussehend
Mostschädl, Spitzname des Oberösterreichers, dessen Haustrunk Obstwein (Most) ist
mr, mir; man; wir (s. ma u. mir)
müad, müde
Muada o. **Muatter,** Mutter (mhd. muoter); Mz. Müatter; (d o. s) Muatterl, Mütterchen, Greisin; Ruf: — Pintsch!, verhüllt Mutter Gottes!
Müadigkeit (spr. -dich- o. -di-), Müdigkeit
Müah, Mühe
müahsåm, mühsam; es geht mr —: ich bringe mich mühsam fort
müahseli(ch) (spr. -söli), mühselig; — gnua: recht mühselig
Muaß (dr), das Muß; der Ausziehtermin; der — is går a großer Herr!
müassen, müssen; i muaß, håb —; i müassert (müßte); da müaß o. müassen mr; oft statt sollen: des müassen S net tuan (sollten Sie nicht tun)
Muat, Mut
muati(ch), mutig
..müati(ch), ..mütig
muatmåßen, mutmaßen
Muatter, s. Muada
Muattergottes, die hl. Maria; Marienbild; Mz. Muattergottesen
muatternåckert, nackt wie neugeboren, splitternackt
muatwilli(ch) (spr. -wülli), mutwillig
Mucken, Mücke, Tücken, Launen; an auf der — håm: ihm gram sein (v. Mücke o. Fliege des Gewehrvisiers)
Mucki, Johann v. Nepomuk
mucksen o. **muxen,** mit Worten auflehnen (mhd. mucken, ahd. muccazzen, daher auch wienerisch mugazen)

Muckser, Laut (als Lebens- o. Willenszeichen)
mudeln, knittern (v. vermodeln o. hudeln)
mudllind, weich (von Stoffen); Mudl = Katze
mudlsauber, sehr hübsch (v. Mudl, Katze)
Muff, nicht umgänglicher, mürrischer Mensch, Maulhänger
muffi(ch), verschlossen, verstockt (s. Muff); müffi (v. müffeln, nach Schimmel riechen)
Mufti, (scherzh.) statt Muff (s. d.)
mugazen, s. mucksen
Mugl, großer Brocken (bergmännisch; mhd. mugen, mächtig)
Mugltrum, großes Stück
Muhkuahrl, Kuh (Kinderspr.)
Mühl, Mühle; Spielbrett zum Mühlespiel; Mund; bei den geht d —: er ist ein Schwätzer
Mühlfåhrn, das Mühlespiel
Muhr, Mohr, Neger; kl. Muhrl
Muhrengaudi, großes Vergnügen
Muhrenhetz, wie Muhrengaudi
Muki o. **Mukerl,** wie Mucki
Muli, Maultier (it. mulo); Dummkopf
Mülli (s. Milli)
müllna, müllern, mahlen; prügeln (daß es staubt)
Müllner, Müller (mhd. müllner)
Mundsemmel, Semmel wie die Kaisersemmel, aber größer u. schwärzer
Mundstuck, Mundstück v. Blaseinstrumenten; Mund; kl. Mundstückl, geschwätziger o. böser Mund
munter, wach, heiter, lebhaft
Murd, Mord; verstärkendes Wort; auf — und Brånd: in heftiger Weise
murdionisch, mörderisch; sehr groß, ungeheuer
Murdsbagasch, arges Gesindel
Murdskerl, großer o. tüchtiger Mensch
Murdsstuck, großes Stück
Murdstrum, wie Murdsstuck
Murdsweib, großes o. tüchtiges Weib
Murdviech, äußerst dummer o. roher Mensch
Mures, Mores, Sitten, Anstand (an — lerna)
murgen o. **muring,** morgen
Murgl, weiblicher Muff (s. d.), mürrische Person (v. murren)
muring, morgen; jå, —!: (höhn.) keineswegs, niemals
Muritåt, Mordtat; (übertreibend) Untat; unglaubliches Geschehnis; Lüge
Muritz, Moritz; (scherzh.) Mores, gute Sitten; i **wir** dr scho[n] — (o. Mures) lerna
murksen, ungeschickt arbeiten (s. amurksen)
Murkser, Pfuscher
Murrer, Verweis, Beschwerde, Auflehnung; an — schlågen, schelten, lärmen; (scherzh.) Musik, s. Burgmurrer
murrn, streiten, verweisen, sich auflehnen, empören
mursch, morsch
Musch, Straßendirne

Muschkalatur, Muskulatur
Muschkel, Muskel
Musi, Musik; Syphilis (Pauken); (bei Kindern:) Mundharmonika
Musikant; då liegt a — begråben, sagt man, wenn man wo stolpert
Musjee (früher oft Mussi), junger Mann, Kommis (v. frz. monsieur, Herr)
Muster, (iron.) Person, die nicht musterhaft lebt; Stoffmuster; nåch den sein —: auf seine Art; kl. Musterl
mustern, besichtigen (bes. kritisch); Ordnung machen; verweisen, wegjagen
Musterung, Nachschau; då wir i — måchen: die Ordnung wiederherstellen
Mutsch, Daumenbreite als Maß im Kugelspiel
Mutz o. **Mutzerl** o. **Mutzi,** Liebling
Mutzerl, so viel man mit den Fingern faßt (a — Eibischtee)

N

n, ihn; den u. dem (als Geschlechtswort); denn (håstn a Geld?); (s. in u. na)
na (das a kurz), ihn
nå! nun!, nu!; nå na!: nun nein! o. (iron.) selbstverständlich!
Nåbel (Schmähw.), ein Mensch ohne Bedeutung u. Wert (eig. Katzennåbl, s. d.)
Nåben, Radnabe
nåchad o. **nåhend,** nahe; nåchader, näher
nåch[ar]anånd[er], nacheinander
Nåchber, Nachbar; Anredewort an Unbekannte (Herr —, håm S a Feuer?)
nåchbeten, nachsprechen (mit tadelndem Sinn)
nåchdem (nach betont), nachher, dann
Nächen o. **Nächert,** Nähe
nächer, wie nåchdem
nächer o. **nächerter,** näher
Nåchfråg, Nachfrage, Erkundigung (dånk der —: ich danke für Ihre Erkundigung nach meinem Befinden); Bedarf an Ware
nåchgeben, sich fügen; i gib eahm nix nåch: stehe nicht hinter ihm zurück
nåchgeh^n, verfolgen; nicht aus dem Sinn gehn (der Tram geht mr nåch)
nåchi, nach; i bin eahm nåchi o. nåch: ich bin ihm nachgegangen o. -gelaufen; nahe
nåchlåssen, ablassen (vom Preise); nachgeben
nåchmåchen, nachahmen
nåchpåperln, nachsprechen (wie ein Papagei) (eig. nachbabbeln, babbeln = schwatzen)
Nåchschaun, Nachsehen (i håb s —)
nåchschlågen, die Adresse suchen (lassen); nachgeraten (du schlågst dein Våtern nåch)
nåchsteigen, nachgehen (bes. Mädchen)
nåchstudiern, nachdenken, nachsinnen
Nåchstund, Privatunterrichtsstunde nach den Schulstunden
Nåcht, auf d —: abends; guadi —!: unerhört!

nåchtauchen, nachschieben, nachrennen
Nåchtküni, Nachtkönig (spött.), Kanalräumer
nåchtrågen, (einem eine Übeltat) nicht vergessen o. verzeihen; nåchtrågerisch: rachsüchtig
nåchträgli(ch), nachträglich, später
Nåchtvogl, Nachtschwärmer, s. Drahrer
nåckad, nackt; (bildl.) arm (ohne Habe)
Nåckapåtscherl, ein nacktes Kindlein
Nådelloch, Öhr
Nåderer, Angeber, Denunziant, Geheimpolizist (v. einnahn, s. d.)
nådern, verraten, anzeigen
nafezen, nickend einschlafen (mhd. napfezen), s. tunken
Nag, Neige, Bodensatz, Rest; kl. Nagl, ein Häufchen (Restchen) Obst
någeln, koitieren
Nagl, Nelke (Nelke v. Nägelke, Nägelein); Gewürznagl; Naglstock, Nelkenstock, kl. Nagerl (s. Nag)
Någl, Nagel; Tabakpfeife; kl. Nag[er]l; Mz. Nägeln; a feiner —: Schlaukopf; er håt an —: einen Rausch; wås åm — henken: es aufgeben; net wås schwårz untern — is: gar nichts
någlneuch, ganz neu
Någlwurzen, am Nagelgrunde gerissene Haut (Neidnagel)
nåhend, nahe (s. nåchad)
nahn, nähen
Nahnådel, Nähnadel
Nahpolster, Nadelkissen
Nahterei, Näherei
Nahterin, Näherin

Nåm, Name; Mz. Nam; an ålli Nam (d. h. Schimpfnamen) geben (zurufen)
nameln, beschimpfen (üble Namen geben)
Nåmittåch, Nachmittag
nämli(ch), nämlich; der nämlichi; derselbe
na[n], nein; — de Freud!: ich kann meine Freude nicht ausdrücken!
Nandl, Anna (v. frz. Nanon); —, Nanni o. Nannerl, ungeschickte Person (jiatzt steht er o. si då wiar a —: ratlos)
Napolion, Napoleon, auch ein Kartenspiel
Nårr; an für an — hålten: ihn zum besten halten; der schaut an —n gleich: ist verrückt gekleidet; a lieber —: eine liebenswürdige Person, (iron.) das Gegenteil; Nårrn- verstärkt
Nårrendädl, wie Nårrntaddl
narrisch, närrisch, auch sehr (— verliabt); vergrößernd (a — Glück, a —er Weg)
Nårrnfreud, große Freude
Nårrnglück, großes Glück
Nårrntaddl, Narr (s. Taddädl)
Nårrnturn, Narrenturm, Irrenanstalt; mehrfacher Narr
Nårrnweg, ein langer Weg
nås, naß
Naschiwaschi, ein Hasardspiel
Nåschkåtz, genäschige Person
Nåsen, Nase; eine naseweise Person; dummer Junge (Rotznåsen); a guati — håm: vieles erraten; a långi — måchen: höhnend die Nase mit der gespreizten Hand verlängern; an wås unter d — reiben: ihm die

Wahrheit sagen; a — måchen: eine unzufriedene Miene machen; in d — rauken o. geh^{n}: unangenehm empfinden; auch Brachsenart
Nåsenfuader, Schnupftabak
Nåsenlång; ålli —: mit kurzen Unterbrechungen; jeden Augenblick
Nåsenlöcher; freundlichi —: freundliche Mienen (machen); aufgstellti o. böhmischi —: Stülpnase; —, in de s einiregent: wie vorige
Nåsenpäuli, Mensch mit großer o. langer Nase
Nåsenpopl, vertrockneter Nasenschleim
Nåsenquetscher, Sarg; Zwikker
Nåsenstiefel, Nasenstüber
Nåsentröpfl, Wassertropfen an der Nase
Nåsenwarmer, eine kurze Tabakpfeife
..nåsert, ..näsig
Nässen, Nässe
naträul, natural, natürlich; brav, gut; a —er Kerl: ein aufrichtiger, braver Mensch
Natur, Beschaffenheit des Leibes o. Geistes; Eigenart; er håt a guati —: er verträgt vieles; er is a leichti —: er ist leichtsinnig; er is a hårti —: er ist streng; d — razen: masturbieren
natürli(ch), natürlich
Naufahrt, Fahrt flußaufwärts
Naunscherl, eine Suppeneinlage aus Mehl: hohle, in Fett gebackene Kügelchen (båcheni Irbsen: gebackene Erbsen); einem wählerischen Esser verspricht man höhnend „gfüllte“ Naunscherln, die nicht herstellbar sind
Nazi o. Nazl, Ignaz; bumsti Nazl! (Ruf bei einem Fall o. Sturz), wie pardauz! sixt es, —?: siehst du wohl?
neamd, niemand
Nebel, Rausch
Nebelreißen, Nebelrieseln o. Nieseln
nebenst, nebst
neber o. neben; — mir o. meiner
Nechl, große Haube (va.)
nehma, nehmen; i nimm, håb gnumma; nehmert o. nahmert (nähme); wia mr s nimmt: wie man es auffaßt; woher nehma und net stehln (stöhln)?: woher soll ich mir das beschaffen?; an (guat) —: ihn hänseln o. ausbeuten o. betrügen; s. Fliech, hopp, schårf
Neid, bedeutet sowohl Neid als Geiz
neidi(ch), neidig o. geizig; der is z —, daß er si wås vergunnert: er gönnt sich vor Geiz nichts
Neidkrågen, Neidhammel, Geizhals
Neidnågl, wie Naglwurzen
nenee, schön (Kinderspr.)
nenna, nennen; i nenn, håb gnennt, nennert (nennte)
Nerfling, Brachsenart (Fisch)
Nest, unbedeutende Ortschaft, Dorf; Bett; nestförmige Frisur; der scheißt si ins

—: verunglimpft seine eigene Sache
Nesthäkerl, Lieblingskind; Nesthäkchen
Nestscheißerl, wie Nesthäkerl
net, nicht; steht öfter auch sinnlos, z. B. wås du net sågst o. glaubst
Netsch, kleinste Münze; wås tuar i mit de påår —: mit dem wenigen Geld (in d. Gspr. Netscher = Kreuzer)
Netscherln, Reibteig (geriebenes Gerstl)
netta, netto, nicht mehr als, genau gezählt, wirklich (es is — so; i håb — 40 Kranln)
Netti o. **Nettl,** Anna (v. frz. Ninette)
neuch, neu; auf ålt und —: rücksichtslos
Neuchikeit o. **Neui[ch]keit,** Neuigkeit
Neuchs o. **Neugs,** Neues
Neududlau, Spottname für: Bauerndorf; oft auch s. v. w. nirgendwo
Neugierd, Neugier[de]
neugieri(ch), neugierig
Neugstift, Neustift (ehemalige Vorstadt, dann das Dorf Neustift im 18. Bez.)
neuli(ch) (spr. näuli), neulich
Neumodi-, nach der neuesten Mode gemacht, z. B. —hosen; wohl auch für: lächerlich
Neusunntåchskind, Sonntagskind, Glückskind
neuträul, neutral
nia, nie; nia net: niemals (pleonastisch)
niader, niedrig (s. nieder)
Niadern, Niederung (Gegensatz: Höh o. Höchen)
niazen o. **niasten,** niesen
Niaster, ein Niesen
Niaten, Niete (Nagel zum Nieten)
niatnågelneuch o. **niatneuch,** ganz neu
Nichtl, Nichte
nieder (nach unten, s. niader), aner von Hoch und Niader o. Nieder: vom Regiment Hoch- und Deutschmeister (s. d.)
niederbegeln, niederschreien, einschüchtern, ausschalten, zum Schweigen bringen
niedergehⁿ, herabkommen, schlecht o. krank werden
niederhaun, niederschlagen o. -werfen; schlafengehen
niederlegen, schlafengehen; zahlen; ah, då legst di nieder!: Ausruf des Staunens
niedermåchen, kacken
niederscheiben, wie niederbegeln
niederschern, wie niederbegeln
niederstran, umwerfen, zu Boden schleudern; auch wie niederbegeln
Niefel, schwärender Finger (Fingerwurm)
niefeln, schmerzen; auch s. v. w. kiefeln, nagen
Niern o. **Nierndl,** Niere
nieseln, fein regnen (Nebelgeriesel)
Nigl, (kleiner) Nikolaus; ein eigenwilliges Kind, Fratz, Knirps; in Saunigl s. v. a. Igel (v. Schweinigl)
Nigowitz, Knirps (v. Nigl); Figur in „Bauer als Millionär"
Nikerl o. **Niki,** Nikolaus, (s. auch Nigl)
Niklsburg, Nikolsburg

Niklo, der hl. Nikolaus, der Kinderbeschenker (v. it. Nicolò)
Nimbas, Nimbus, Ansehen (der — is bein Teufl)
Ninerl, Nini, Nina, Anna (frz. Ninon)
Nipf, Nase (it. niffolo, Rüssel); s. v. a. Pips (s. d.); n — henken låssen: traurig sein; an in — nehma: den Übermut vertreiben (eig. den Pips kurieren)
nipfezen, wie nafezen
Nipfezer, Schläfchen (im Sitzen)
nirgenst, nirgends
Nischen, Nische
Nisi, Ausnahme, Einschränkung (lat. nisi, wenn nicht); s håt ålles sei[n] Nisi: es gibt überall ein Aber
nissi(ch) o. **nißti(ch),** mit Lauseiern besetzt
Niß o. **Nist,** Nisse (Lauseier)
nix, nichts; des haßt —: hat keinen Wert, ist nicht gutzuheißen; die Zeit is vergånga, wia —: sehr schnell vergangen; für nix und wieder nix: ohne Zweck o. Erfolg, nutzlos; des is gånga wia —: leicht o. schnell gegangen; er håts nix glaubt (nicht geglaubt)
Nix, eine Augensalbe; davon Wortspiel: nix is guat für d Augn
Nixerl, Kleinigkeit; unbedeutende Person
Nixnutz, Taugenichts
nixnutzi(ch), unnütz, schlecht
noamål o. **nuamål,** nochmals; no- o. nuamål, noch einmal
nobel o. **nobli(ch)** o. **noblicht,** vornehm, freigebig
nobelspritzen, schriftdeutsch sprechen, geschraubt sprechen
Noblichkeit o. **Noblität,** Vornehmheit, Freigebigkeit
noblitätisch, wie nobel
Nocken, gekochter kleiner Mehlkloß; dumme o. ungeschickte Weibsperson; kl. Nockerl (v. it. gnocco)
nolteln, faul arbeiten; noltel net so um: sei fleißiger (lat. nolo, ich will nicht)
no[n] o. **nu,** noch
not, nötig; des håb i net —
Not, Drang zum Stuhlgang
Noten, Note; nåch der —: nach allen Regeln der Kunst
nöten, nötigen, zwingen (mhd. noeten)
Notian, Hungerleider, Habenichts, Knauser
noti(ch), notig, arm; a noticher Kerl; de notinga Menscher
nöti(ch), nötig
nötinga, nötigen
nötingsfålls, nötigenfalls
Notnägl, Ersatz im Notfalle
Notveidl, wie Notian (v. Veit)
notwendi(ch), notwendig, nötig
nu, noch (s. no[n])
nüacht, nüchtern (leeren Magens, nicht betrunken)
Nuat, Nut, Fuge (mhd. nuot)
Nudel, Teigfaden; dünne Teigwalze (frz. nouilles); auch Penis
Nudeldrucker, Geizhals, Filz, Knauser
Nudelwålcher, Walze zur Herstellung des Nudelteiges; kleiner, dicker Mensch (v. wälgern, walzen)
Nullerl, Null; ein Nichts

Nullerlfåhrn, ein Anschreibspiel
Numero, Nummer; des is a —: das will was sagen; Koitus; der —: Verkäufer von Erfrischungen im Theater o. Konzertsaal
nur; — glei: nicht weniger als
Nursch, Napf, Trog; kl. Nürsch(er)l: Napf für Vogelfutter; Nürschl auch Bett (mhd. nuosch)
Nusch, Messer (tsch. nůž)
Nuß; Schlag auf den Kopf, Puff, Prügel; kleine Kaffee-, sog. Mokkaschale; Person (a fadi o. wechi —: ein langweiliger, prüder o. unansehnlicher Mensch; a schiachi —: eine häßliche Person
Nußbeugl, Kipfel mit süßer Nußfülle
nussen, puffen, schlagen, Kopfnüsse versetzen
nutschen, saugen; wie ein Ferkel essen
Nutscherl o. **Nutschifadl** o. **-farl,** Ferkel; unsauberes Kind
nutz, nütze
nutzen, nützen; es nutzt (di o. dr) nix: es nützt (hilft) dir nicht

O

ob; nå und —!: gewiß!, jawohl!
Obåcht, Acht (geben)
obåchtpassen, achtgeben
obenaus (sein), überheblich sein
Obenaus, einer, der hoch hinaus will o. leicht zornig wird
ober, oberhalb; über
Ober, Zahlkellner
Oberi (der), Gott
Oberhöh, Polizeidirektion (Gspr.)
Oberlandler, oberösterreichischer Tanz
Oberliachten, Fenster über der Tür, Oberlichte
Obers, Milchsahne o. Schmetten
Öberste (der), Höchste, Chef
Oberstüberl, Dachstübchen; Hirnschale
Oblåten, Oblate
obmet o. **obmat,** oben
obmetdrauf, obendrauf, überdies
Obrichkeit, Obrigkeit
obs d, ob du; — d hergehst!: komm her!
Öbstler(in), Obstverkäufer(in)
Ochs (spr. Ox), Ochse, Dummkopf
Ochsenaugen, Spiegelei; rundes Fenster
Ochsenbergl, der ansteigende Teil der heutigen Berggasse
Ochsenmühl, Rundpromenade (einst auf der Burgbastei)
Ochsenschlepp, Rindfleischsorte
Ochsenstånd, (spött.) die oberste Galerie im Theater
Ochsenzend, eig. Ochsenzain, getrocknete Rindsrute als Prügelinstrument (mhd. zein)
öd, öde, fad
Odakling, Ottakring (16. Bez.)
Odåm, Odem, Atem
Odern, Otter (Schlange)
Ofen; då muaß ma jå glei n — zsåmmhaun! ruft mancher einem unerwarteten Besucher entgegen
Ofenhocker, einer, der fast nie ausgeht

Ofenkåter, eine Mehlspeise (auch Thomerl genannt)
Ofenröhrn, Ofenrohr; Bratrohr; (spött.) Zylinderhut; häßliches Weib
Ofenschwirz, Ofenschwärze (Graphit)
Öferl, Öfchen
öffendli(ch), öffentlich
Öften, oftes Vorkommen
öftersten, öftesten
O-Füaß, Säbelbeine
oha!, Schreckensruf bei Gefahr; jiatzt is s —: jetzt ist es zu Ende
öha! veranlaßt das Pferd zum Stillstehen
Ohagåssen, Sackgasse
ohni, ohne (meist mit dem Wemfall, aber auch: ohni meiner, deiner usw.); des is net —: ist nicht ohne Bedeutung o. Wert
ohnidem, ohnedies
Ohnidem; Herr von — (mit der ståglernen Westi, der an Stecken gschlickt håt): ein aufgeblasener Mann, der niemand grüßt
Ohnmåcht, Ohnmacht
Ohr (zu sprechen Uhr, was aber geschrieben Verwechslung ergeben würde); des geht mr bei an Ohrn eini, bein åndern außi: ich beachte das nicht; des wir i mr hinter d Ohrn schreiben: werde ich mir gut merken; bis über d Ohrn drinstecken: viel Schulden haben; der håts faustdick hinter die Ohrn: er ist klüger, verschlagener, als man denkt
Ohrghäng, Ohrgehänge; Ohrfeige
Ohrhöhln, Ohrhöhle; Ohrwurm
Ohrlapperl, Ohrläppchen; Ohrenwärmer an Mützen (va.)
Ohrringl, Ohrring
Ohrschliaferl, Ohrwurm
Ohrwangl, Rindfleischsorte; Ohrfeige; auch Ohrmuschel
Ohrwaschl, Ohrmuschel; i nimm di bei Håår und —: ich werde dir den Kopf schütteln
oi!, o je! (v. o Jesus)
Ölerer, Öler, Ölmacher, Ölhändler (va.)
Ölfunsen, Öllampe
öli(ch), ölig
ooob!, Kutscherruf, s. v. a. Obacht!
Örtl (spr. Ertl), Ahle
ös (s. es)
Ösen, Öse
Osterfleck, Osterfladen, tellerförmiges Weißgebäck
Östreich, Österreich
Ovalerl o. **Owäulerl,** ovales Tellerchen
Ox (s. Ochs)

P

pa o. **papa** (gehn), fortgehen (v. Papa, Vater) (Gspr.)
Påår; a — Brennhaßi: ein Paar heiße Würstchen; gib eahm a —: gib ihm einige Ohrfeigen
Paarl, Pärchen; oft auch für Påår
påårweis, paarweise
Pablatschen o. **Pawlatschen,** Bretterbühne, Estrade, Tribüne, auch „Brettl“ genannt (v. tsch. pavlač, offener Hausgang)

Pācht (der u. d)
packeln, mogeln, beim Spiel betrügen; eine üble Tat verabreden; an —: einen ohrfeigen
pācken, ergreifen, festhalten, zur Verantwortung ziehen
Pācker, Verpacker; Ergreifer, Lasten- u. Möbelauflader; Schaffner bei Lastzügen
Packerl, Päckchen
Packl, Päckchen, Paket; Ohrfeige (it. pacca, Backenstreich, Hieb); Spannweite zwischen Daumen und Zeigefinger (Maß im Knabenspiel)
Packlträcher, Bahngepäckträger; (scherzh.) paketebeladener Sommerfrischler
paff, erstaunt, verdutzt, verblüfft, erschrocken (wie nach einem Schuß); (vielleicht v. lat. pavidus, schüchtern)
paffen, Tabak rauchen
Pafnuzi, verblüfft schauender Dummkopf (v. paff u. Pafnutius)
pagare, zahlen (it. pagare)
Pagatl (der), Pagatkarte im Tarockspiel
pägern, zahlen (v. it. pagare); auch sterben (er geht —); quälen
Palatschinken, Pfannkuchen (ung. pálácsintá)
pali, s. päuli
Pālmbuschen, Sträußchen blühender Weidenzweige (Ersatz für Palmenblätter)
Pālmen, Palme
Pālmesel, geschmückter Esel (das Reittier Christi); übermäßig geputzter Mensch
Pālmkatzl, die Blüte der Weiden (Weidenkätzchen)
Pamperl, kindisches Zeug, Unsinn, Lüge (v. it. bambola, Puppe)
Panadel, Brotsuppe (frz. panade)
paniern, in Semmelbrösel hüllen (v. lat. panis, Brot)
Pantomie, Pantomime, Gestenspiel
Pāntsch, schlechtes flüssiges Gemisch, Fälschung; Handlung, durch die ein Wirrsal o. Streit entsteht
pāntschen, planschen (in Wasser plätschern); Flüssigkeiten fälschend vermischen
Pantscherl, geheime o. Liebesbeziehungen, lichtscheue Geschäfte
Papa, Vater; (kos.) Papatscherl o. Papatschi, Väterchen
Pāperl, Papagei
paperlapa!, papperlapapp! Geschwätz! (v. babbeln)
pāperlgreaⁿ, grün wie ein Papagei, hellgrün
pāpierern, papieren (aus Papier)
pāpierln, narren, necken, foppen (tsch. popirati, leugnen)
Pāpler, Schmetterling, Tagfalter (lat. papilio)
Pāpp, Kleister; Brei; Flausen (mäch kan —: mach dich nicht patzig) (mhd. pap, it. pappa, Brei)
pāppen, kleistern, kleben; pāpp eahm ani: gib ihm eine Ohrfeige
Pappen, Mund, Maul, böse o. betrübte Miene, Gesicht; gib eahm ani in d —: gib ihm eine Ohrfeige

Påpperdeckl, Pappendeckel, Pappe
Papperl, Kinderbrei; Speise (bes. gute)
papperln, essen, speisen, hinnehmen (s. fressen)
påppert, pappig, patzig
Påpphengst, Schuhmacher
påppi(ch), pappig, pappartig, breiig
Påpplöffel, Flausenmacher
Påppscherm, Kleisterschüssel; alter Hut; ungeschickte o. dumme Person
Paprika, roter (spanischer) Pfeffer (ung.)
Paprika-Jancsi, Ungar (Magyar), Jancsi = Hans
Par, Statur; er is in deiner —: von deiner Statur (lat. par, gleich)
Paradeis, Paradies; — o. Paradeiser: Paradiesapfel o. Tomate
Paradeisgartel, Kaffeegarten auf der ehemaligen Löwelbastei
Paradeissoß, Tomatensoße
Paradi, Parade, Prunk; Truppenschau
Paragraphenreider, Jurist
Paraplügstell, Regenschirmgestell; sehr magerer Mensch
Parecken, Perücke
Pareckenhansl, alter Geck (va.)
Parier, Wette (frz. pari)
pariern, wetten, gehorchen (lat. parere, gehorchen; frz. parier, wetten); abwehren
Parierstock, Barrierestock (v. parieren, abwehren)
parlewuderln, französisch sprechen (v. frz. parlez-vous, sprechen Sie)
Partei, Wohnungsmieter, Mietpartei
Partie, Heirat; Ausflug; Arbeitergruppe; Warenmenge
Partiewår, minderwertige Schleuderware
Pa[r]tiken, Partite, Schelmenstreich, Streit, Ränke (it. partita, Partei)
Pa[r]tikenmacher, Ränkeschmied
Parucken, wie Parecken
Påsch, Würfelwurf, nach dem alle Würfel gleich viele Punkte zeigen
påschen, händeklatschen; schmuggeln (s. åpåschen)
Påscher, Leute, die Musik mit Händeklatschen begleiten; Schmuggler
Paschi, Page, Stallknecht (frz. page, Edelknabe)
Paspol, Passepoil
Paß; auf der — (seiⁿ): auf der Lauer
Påß, Reisedokument, Schuldenzettel; ålles åm — nehma: alle Bedürfnisse auf Borg nehmen; Laufpaß, Entlassung
passabli(ch), passabel, leidlich
passen, warten, lauern; richtig beschaffen sein; gefallen; nicht spielen; des paßt, wia der Kuah d Gattihosen: es paßt durchaus nicht
påssen o. **possen** o. **bossen,** Nüsse vom Baume schlagen (ernten) (mhd. bozen)
passiern, durch ein Sieb pressen; es passiert: es geht an; geschehen (es is nix passiert)
Passion, Leidenschaft; Lust, Liebhaberei; dir zuaschaun, is a —: ist eine Lust

Pasteten, Pastete; Bescherung (a schöne —: eine nette Bescherung)
patent, vorzüglich
Patentmadl, treffliches Mädchen
Patentwatschen, eine kräftige Ohrfeige
Patentwecken, ein mürber Wecken
Patiken, s. Partiken
Patroll, Patrouille, Wache (nach der alten Militärpolizeiwache rief man: Patroll!)
Patron, Gönner; (iron.) Gesell, Kerl; Gewehrladung; Schablone des Zimmermalers
patronieren, mit der Schablone bemalen
patsch!, Ausruf bei einem Fall (bes. ins Nasse)
Påtsch, ungeschickter Mensch (ung. bocs, Bärenjunges)
Påtschåchta, wie Påtsch
påtschen, Hände zusammenschlagen
Patschen, dicker Bauch, Wanst; Patsche (Schmutzlache)
Påtschen, plumpe Hausschuhe; um des gehts zua wiar in Summer um d —: keiner verlangt danach
Påtscherl, ein (unbehilfliches, aber herziges) Kindlein o. Mädchen; Schühlein
Patscherl, Händchen
påtschert, ungeschickt, täppisch
patschert, dickwanstig
Påtschhanderl, Patschhändchen, Kinderhändchen
påtschnåß, naß wie ein ins Wasser Gefallener
patzeln, mit Brei spielen; klecksen; mit Hausmitteln heilen wollen; ein Spiel der Kinder mit den Fingern
påtzen, klecksen (påtz eahm ani: gib ihm eine Ohrfeige); stümpern; quacksalbern
Påtzen, ein weicher Klumpen (Brei, Kot, Lehm u. dgl.); Knospe (s. Potzen); Klecks; Fehler, Unsinn, dummer Streich; ein Schlag über die flache Hand (Schulstrafe); a — Rausch: ein starker Rausch
Påtzenferl, Stock des Lehrers (lat. ferula)
Påtzen- o. **Påtzenhäusel,** aus Lehmziegeln gebautes Häuschen
Påtzenjanker, sich patzig machender Dummkopf (s. Janker)
Påtzenlippl, wie Påtzenjanker (s. Lippl)
Påtzenruabentonl, wie Påtzenjanker; auch Vegetarier
Påtzenwerfen, ein Wurfspiel der Knaben mit einem Stück Blei o. ähnlichem
Påtzer, Stümper, Pfuscher
påtzert, patzig, aufgeblasen, stolz
påtzi(ch), breiig, auch wie påtzert
påtzwach, breiweich; mitleidig
Pauken, Pauke (Kesseltrommel); Bubone (Geschwür)
päuli o. **pali,** pfutsch, fort, weg (? lat. vale!)
Päuli, Paulchen
Paurl, Zwerg, Knirps (lat. pauxillus, der Winzige)
Pawlatschen, s. Pablatschen
Peberl, Kotkügelchen, s. Pemmerl
Pech, Harz (— åm Arsch håm: nicht vom Wirts-

tische loskommen); Unglück
pecken, picken (mit dem Schnabel hacken; Eischalen einschlagen); zahlen (v. it. pagare)
Pecker, Schnabelhieb
pedant, pedantisch, äußerst ordnungsliebend
peininga, peinigen
Peitscherlbua, einst ein Wiener Halbnarr; später Zuhälter (s. Treiber)
Pelz (spr. Pölz); an — måchen: sich krank zeigen (Vögel sträuben die Federn); si a Laus in — setzen: sich einen Quäler auf den Hals laden
pelzen (spr. pölzen), pfropfen, Gewächse veredeln (mhd. belzen)
Pemmerl o. **Bemmerl,** Kotkügelchen (v. frz. pomme, Apfel)
pemmern o. **pempern,** klopfen, pochen, hämmern
Pemsel o. **Pemstl,** Pinsel; bornierter Mensch (mhd. pensel)
Penise, Geld (tsch. penize)
penzen, s. benzen
Pepi o. **Peppi** o. **Beppi,** Josef, Josefa (it. Beppo, Beppina; ein Elefant in Schönbrunn hieß so)
per; — Gspaß: aus Spaß; — Butz und Stingl: ohne Überrest
perhaps, wie überhaps
Perl; Perle; Person von seltenen Eigenschaften
Perpadikl, Perpendikel, Pendel
per se, durch sich selbst; des versteht si — —: das ist selbstverständlich
Pest; stinken wia d —: arg stinken
Peter; schwårzer —: scherzhaftes Kartenspiel; wem der Pickbub verbleibt, ist der schwarze — und wird verspottet; kl. Peterl; geh zun — Zapfl: mach dich fort
Petersdurf, Perchtoldsdorf
Petersel (spr. söl), Petersilie (tsch. petržel)
Petite, Streich, Intrige (v. Partite, Parteizwist, it. partita); Mz. Petites (s. Pa[r]tiken)
Petrolium, Petroleum
petschiern, siegeln; petschiert sein: am Ende (ruiniert) sein; (it. peciare)
Petschierstöckl, Siegelstock, Petschaft; das Denkmal Zelinkas im Stadtpark (spött.)
Petschierwåchs, Siegellack (va.)
Pfadler, Pfaidler, Wäscheerzeuger (v. Pfaid, Hemd)
Pfåff, Pfaffe, Priester
Pfåffenschnitzl, Gänsebrust
Pfånn, Pfanne; kl. Pfandl
Pfånnaflicker, wie Rastlbinder
Pfanzl, Nudeln aus Eierkuchenteig
Pfårr, Pfarre
Pfeffer; — und Sålz: schwarz und weiß gesprenkelt
pfeffern, schießen; pfeffert: scharf, obszön; teuer
pfehl mi!, ich empfehle mich! (spr. pföhl)
Pfeifen, Tabakpfeife
pfeifen; i pfeif, håb pfiffen; auf wås —: auf etwas verzichten; jiatzt pfeift er ånderscht: jetzt spricht er anders; an wås —: einem

etwas nicht gewähren; åm letzten Loch —: bald zugrunde gehen
Pfeifendeckel, Offiziersbursche
Pfeifenröhrl, Rohr der Tabakpfeife
Pfeifenstierer, Pfeifenstocher
Pfening, Pfennig
Pfeningfuzer, Knauser
Pferdter, Pferde (Kinderspr.)
Pferscher, Pfirsich (mhd. pfersich); a Gsicht wiar a nåckerter —: ein bartloses Gesicht
Pfiff, Kniff, List; ½ Seitel o. ⅛ Liter (Wein)
Pfifferling, Pfefferpilz; etwas nahezu Wertloses (für des gib i kan —)
pfiffi(ch), pfiffig, schlau
Pflam o. **Flam,** Flaum
pflami(ch) o. **flami(ch),** flaumig
Pflånz, Spiegelfechterei, Schwindel, Lüge, Großtuerei (måch kan —); Mz. Pflanz o. Pflänze; aus —: zum Schein
pflanzen, foppen, narren, anlügen
Pflånzen, Pflanze, Tunichtgut
Pflanzer, Großtuer
Pflånzmajor o. **-reißer** o. **-ritter,** Großtuer, Lügner, Schwindler
Pflåster; der håt a — kriagt: eine Entschädigung für Unbill; der fliagt aufs —: wird entlassen; i håb meiⁿ —: ich bin übel weggekommen
Pflåsterer, Steinsetzer
Pflåsterschmierer, Arzt, Apotheker, Sanitätssoldat
pflåtscherte Pappen, breites Gesicht
Pflech, Pflege
Pfluach, Pflug
Pfluachradeln, Brille
pfludern o. (besser) **fludern,** wie ummafliagn (s. d.) (v. flutteren, flattern)
Pfludern, Haferschlehe (Obstart)
pfluschen o. **fluschen,** aufflammen
Pfluscher o. **Pflutscher,** ein Aufflammen (rasch u. kurz)
pfnausen, schnaufen
pfnotten, trotzen, schmollen
Pfnottwinkel, Trotz- o. Schmollwinkel
pfnurren o. **pfnurrezen,** fauchen
Pfnutschen, (unförmige) Nase (v. pfnausen)
Pfosten, Bohle, starkes Brett; dicke Zigarre (auch Pfosterl)
Pfostl, Dickwanst
Pfründner, ein von der Gemeinde versorgter Armer; auch Stümper, Pfuscher
pfüat o. **pfürt,** behüte; — di Gott (God): behüte dich Gott! Ausdruck des Abscheus (håt der ausgschaut, — di Gott!: er hat übel, abscheulich ausgesehn)
pfügerzen, unterdrücktes Lachen, das losplatzen will
pfutsch o. **futsch,** weg, entflohen, verloren (v. it. fuggire, fliehen)
phantasiern, im Fieber irrereden; reden nach Einbildungen; — ohni Liacht (ohne Sterbekerze): Unsinn schwatzen
picken, kleben (v. lat. pix, Pech, Harz); pickad, klebrig
Pickerl, gummierter Reklamezettel
picksüaß, honigsüß (Honig ist klebrig: pickt); — Hölzl,

Pickelflöte (v. it. piccolo, klein, u. süß klingend)
Pik, Zorn, Spitze (v. frz. pique, Spieß, Groll); an — auf wem håm: ihm zürnen; von Pik auf diena: von unterster Stufe (Spießträger), von der Pike an dienen
pikfein, besonders fein (vgl. frz. piquant, scharf, reizend)
Pilln (spr. Pülln), Pille; (scherzh.) Schuasterlabl (s. d.)
Pils (spr. Püls), Pilsner Bier
Pilsling (spr. Püls-), Pilz
Pimperl-, Zwerghaftes (v. it. pimmeo, Pygmäe, Zwergmensch)
Pimperlgschäft, kleines Geschäft mit kleinen Umsätzen
Pimperltheater, Puppentheater, kleines, schlechtes Theater
Pinågeln, ein Kartenspiel (wohl v. binocle, Zweiaugenglas, Brille)
Pinål, Pennal (Federbüchse)
Pini, Philippine
Pintsch, Pinscher; Hut (bes. die langhaarigen Zylinder der Altwiener); Schimpfw. Hund; a gfehlter —: schlechter Hund, Köter; auch Schmähw.
Pipipappi, Essen, Kost
Pipler, Trinker, Säufer (v. lat. bibere, trinken, daher wohl richtiger Bibler)
Pipp[e]n, Faßpipe; Gelbschnabel (it. pippio, Schnäbelchen); Nase (s. Rotzpippen)
Pitschen, Blechkanne (tsch. pici, Trinkgeschirr)
Pitschigogerl, weibl. Scham (v. it. pizzicare, prickeln, kitzeln)
pitzeln, s. bitzeln
Piwo, Bier (tsch. pivo)
Plåch, Plage
Plåchen, Plache, Plane, Wagendecke (v. blähen o. tsch. plachta)
Plafon, Plafond, Zimmerdecke
Planet, Zettel mit Prophezeiungen u. Lottonummern, deren Verkauf ein verhüllter Bettel ist
Plånken, Planke
Plarama, Geplärr (v. frz. pleurement, kläglich); auch (spött.) Parlament
plärren, weinen, schreien (mhd. blêren)
Plätschelln o. Plätschern, etwas Großes (wohl zu Plätschen) (s. d.)
Plätschen, großes Pflanzenblatt (v. Salat, Kohl usw.); eine mäßig große Fläche v. Nässe, Schmutz u. ä.; im Kartenspiel: sehr gute Karten (er håt d Hånd voll —) (lat. placenta)
Plåtten, Platte; Glatze; Gaunerbande
Plätten, großes, breites Flußboot mit plattem Boden
Plattl, Scheitelperücke
Plåtz, Dienstplatz; wås — håt: so viel als möglich
Plätzer, Dummkopf (? v. blöd)
Platzl, Plätzchen, kleines Ämtchen; der Stiegenabsatz
Plaudern o. Plaudertåschen, Schwätzerin, Ausplauderin
Plausch, Unterredung, Geträtsche

plauschen, reden, schwätzen, lügen; plausch net, Pepi!: schwätze (o. lüge) nicht!
Plauschen, Schwätzerin, Lügnerin
Plauscher, Schwätzer, Lügner
Plauscherei, Geschwätz, Lüge, Klatsch
Plauscherl, kleine freundschaftliche Unterredung; ein geschwätziger o. lügnerischer Mensch
Plauschmirl, wie Tråtschmirl (Mirl = Marie)
Plauzen (eig. Lunge, poln. pluca), Federbett; kl. Pläuzerl
plazen, weinen, schreien (v. plärezen o. tsch. on plače, er weint)
Plazer, einer, der oft weint; Schreier; Schrei
Plazerei, Weinerei, Geschrei
pledern, flattern, schlagen, entstäuben; prügeln (an in Hintern auspledern)
plempern, saufen
Plempl, Gesöffe, schlechtes Getränk
Plesch, Schläge, Prügel (mhd. plasche)
pleschen, schlagen; prügeln
Plescher, wie Plesch
plodern, pludern, zu weit sein (von Kleidern), bauschen (mhd. blodern, bladern)
Ploni, Apollonia
plötzli(ch), plötzlich; (scherzhaft) schnell
Plumpsåck (eig. Sack, enthaltend ein Bleistück [plumbum] als Prügelinstrument), jetzt ein Tüchlein, in das man einen Knopf gemacht zum selben Zweck, doch nur im Kinderspiel: — verstecken
plumpsen, fallen (v. plump, ungeschickt)
Plumpser, (schwerer) Fall (Sturz)
Pluzer o. **Blutzer** (s. d.)
Podigra, Podagra, Fußgicht
Pofel, Schlechtes, Schund (verwandt: Pöbel, mhd. povel v. lat. populus, Volk)
pofeln, sich drängend gehen (v. Pöbel)
Pofesen, Pavesen (eig. Schild aus Pavia), zwei Semmelschnitten, zwischen die man Kalbshirn o. Pflaumenmus tut, Mehlspeise
Pofesenkammerl, Gehirnhöhle, Schädel (s. Pofesen)
Pogatscherl, kleine Kuchen aus Fettgrieben (ung. pogácsá)
Poferl o. **Indian,** Truthuhn (ung. pujka)
Poferlfras, bebender Zorn (s. Poferl u. Fras)
Polak, Pole; a Kerl wiar a —: ein derber, kräftiger Mensch
Polakei, Polen
polakiern, betrügen (va.)
Polakl, gemästetes kastriertes Huhn (frz. poularde)
Poldi, Polderl, Poldl, Leopold(ine)
Polier, Obergehilfe bei Maurern (eig. „Sprecher", v. frz. parleur, it. parlatore)
Poli[quetsch], Polizeimann
polisch, polnisch; polische Eh, ungesetzliche Ehe (der orthodoxen Juden); Konkubinat; — banken, ein Kartenspiel
Politeß, Artigkeit, Feinheit (frz.)

politiern, Möbel mit Schellacklösung glänzend machen (v. Politur)
Politik, List, Berechnung
politisch, klug, listig, verschlagen
Politur, Schellacklösung; der damit bewirkte Glanz des Holzes (v. polieren); Schliff (Manieren) einer Person
Polster (der), Mz. Pölster
Polsterltånz, volkstümlicher Reigentanz, bei dem ein Kissen u. das Küssen eine Rolle spielen
Polsterzipf, eine Art Mehlspeise (s. Zipf)
pölzen, schenken
Pomad o. **Pomadi** o. **Pumadi,** Haarsalbe; des is mir —: das ist mir gleichgültig
pomäuli, langsam, gleichgültig (tsch. pomali, langsam)
Pomeranschen, Pomeranze, Orange (s. Låndpomeranschen) (ml. pomarancia)
Pompfüneberer, Bediensteter der Entreprise des pompes funèbres, einer Leichenbestattungsunternehmung
Pompöse, weibl. Scham, Verschleierung v. Pumperl, s. pumpen
Pontius; von — zu Pilatus (richtig: von Herodes zu Pilatus) gehⁿ: vergebliche Gänge tun
Popel, Popanz
Popo o. **Pops,** Gesäß (Kinderspr.) (v. lat. podex)
Pores, Poren
Post, Nachricht; då gehts jå wiar auf der —: da arbeitet man rasch
Postårwat, dringliche Arbeit
Postenträger, Zwischenträger
Postroß; bildl. einer, der viel Arbeit bei wenig Ruhe hat
Postur, Statur (verwechselt mit Positur)
Potizen, kleiner Strudel
Potschåmper, Nachttopf (frz. pot de chambre)
potschkai troschku, warte ein bißchen (tsch.)
Potzen o. **Påtzen,** Knospe; Butzen (Kerngehäuse v. Apfel o. Birne), mhd. butze
Pötzlsdurf, Pötzleinsdorf
power, arm, armselig
powidaln o. **powidäuln,** tschechisch sprechen (v. tsch. on povidal, er erzählt)
Powidl, Pflaumenmus, Lequar (tsch. povidlí); des is mir —: das ist mir gleichgültig (vgl. Pomad)
Powidlpappen, ein tschechisches Gesicht
Präambulum, wie Angehn (s. d.)
Prack, Schlachtbrücke; auf der — seiⁿ: dem Tode nahe sein
pracken, schlagen, ausklopfen
Pracker, Schlag; Schläger, Teppichklopfer; Gitarre
pråntschen, plätschern, planschen (selten)
Präsenten, Mz. zu Präsent, Geschenk
Pråter, die weltberühmte große Au von Wien (benannt nach dem „Prado" von Madrid)
Pråterfåhrt, Fahrt durch die Hauptallee des Praters am 1. Mai (seit Jahren eingestellt)

Pråterscheiber, Kegelschieber im Prater, gewandt, aber ohne Skrupel
Pråterschlåmpen, verkommene Mädchen, die im Prater Abenteuern nachgehn
Pråtzen, Pfote, Tatze, (große) Hand; kl. Pratzl, Rindfleischsorte (minder), o. Pratzerl; Pratzerlgeben: Pfotengeben
Pråtzenkopf, eine Form der Meerschaumpfeife
Pråtzenschuaster, Handschuhmacher
Prax, Praxis, Gewohnheit
Pre, Vorzug; er mächt si a — draus: er ist stolz auf etwas
prebeln, keifen
Predi(ch), Predigt, Verweis
predinga, predigen, ermahnen, verweisen
pregeln, keifen
Preis, Mz. Preis; net um an — der Welt: um keinen Preis der Welt
prellen, durch Stoß verletzen, verstauchen, betrügen; Preller, Stoß
pressant, eilig; i håbs heunt —: ich bin sehr beschäftigt
pressiern, drängen; tan S net so —
Preßwurst, Schwartenmagen (Schweinemagen, mit Schwarten, Speck u. Sülze gefüllt)
Pretschern, wie Plätschelln
Primsen o. Brimsen, s. Brimsenkas
Prinz, oft für Söhnchen (wås mächt Ihner —?)
Pris, Prise
pritsch, fort, pfutsch (tsch. pryč)
pritscheln, plätschern, planschen; regnen; Wasser in die Milch gießen
Pritschen, Schlafbank, hartes Lager (tsch. bryčka); weibliche Scham (? ung. picsa)
Prob, Probe
Professer, Professor
Prominzen, Zuckerplätzchen mit Pfefferminzgeschmack
prophezeichen, prophezeien, voraussagen
Propstl, dicker Mensch (v. Probst)
protzmäuln, trotzig, widersprechen; protzen
Prügelkråpfen, eine Mehlspeise; (scherzh.) Prügel (Schläge)
Prügelsuppen, Prügel (Schläge)
pudeln, plagen, mühen
Pudl, Pudelhund; schlecht behandelte, geplagte Dienstperson (s. Budl)
Pudlhauben, Pelzmütze
Pudlscherer, Mann, der Hunde schert u. wäscht; (spött.) Barbier
Puff o. Puffer, Stoß; Schicksalsschlag; Polsterstockerl; auch Borg, Pump; er lebt auf Puff: vom Schuldenmachen
Pülcher (eig. Pilger), Vagabund, Strolch
Puls (der u. d), Pulsschlag
Pult, Volkssänger-Estrade (Fachausdruck), das Brettl, die Pawlatschen
Pulver, (zuweilen) Geld; Pulverl, Gift
Pulverjud, (spött.) Artillerist
pulvern, prügeln; in den Ofen werfen (s. verpulvern, hinpulvern)
Pump, Borg

pumpen, borgen
Pumperer, das Geräusch eines Falles o. Schlages; es håt an — gmåcht
Pumperl, weibl. Genitale
pumperlgsund, vollkommen gesund
pumpern, pochen, dröhnen
Pumpernickel, Lebkuchen, Honigbrot
punktelt o. **pünktelt,** punktiert
pünktli(ch), pünktlich, gewiß, wirklich
Puppen, Puppe; Pupperl, süßes Mädel, Geliebte, leichte Person; (lat. puppa)
Pupperlhutschen, Hintersitz auf dem Motorrad
Puri, Porree (Lauch); den hängt der — aus: seine Hose ist bedenklich zerrissen
Purz o. **Butz,** Butzen (Kernhaus des Apfels); ålles bei (mit) — und Stingl vertilgen: ohne Rest aufessen (s. Potzen u. Purzl); Knirps
purzeln, stürzen
Purzion, Portion; a — Hamur: eine Dosis Humor
Purzl, Knirps (mhd. butze), s. Purz
Purzla[n]**,** Porzellan
purzlanern, porzellanen, zerbrechlich; a —e Hosen: eine weiße Hose
Purzla[n]**fuhr,** ziellose, langsame Fahrt der Lohnkutsche mit einem Liebespaare
Purzlbam, Purzelbaum (von: den Bürzel bäumen)
Putz, ein Soldat, der dem Unteroffizier das Putzen besorgt; per Putz: zum Scheine
putzen, verweisen, auszanken; stehlen; reinmachen; fortweisen (putz di!)
Putzer, Verweis; Reiniger
Putzgredl, putzsüchtiges Frauenzimmer
putzweg!, Hundehetzruf: jag ihn weg!
Putzweib, Scheuerfrau
Pyramideln, ein Billardspiel mit 15 Ballen

Q

Quack, Quatsch, Gewäsch (v. quaken); Plunder (v. Quark)
Quadratschädl, hartköpfiger Mensch, Dickkopf
Quagfreiter, Ersatzmann des Gefreiten
quantiverdrahti, verkehrt, ungeschickt; ålles — måchen (va.)
quargeln, schwätzen (v. quaken)
Quargl, kleine Quarkkäschen; Plunder
Quarglritter, armer Aufschneider; Verkäufer im Käseladen
Quargltandler, Greißler
Quart, Gesindel (angebl. v. guardia, Polizeiwache)
quasi, gleichsam; so —, åls wånn er mei[n] Freund war
Quåsten, Quaste; kl. Quastl
Quatier, Quartier, Wohnung
Quatierfrau, Zimmervermieterin
Quåtsch, Geschwätz
Quatsch, schmelzender Schnee, flüssiger Straßenschmutz (s. Gwascht)
Quatschweder, Tauwetter
Quecksilber, ruhelose Person
Quelln (spr. Quölln), Quelle, kl. Quellerl

quer, mir geht ålles —: mir gelingt nichts
quetschen, (Worte) herauspressen; knausern; zögern
Quetschen, Klemme; Hanfmühle; kleine Druckerei, schlechte Druckpresse; knauserige Person; Mund
Quietscher, quietschender Schrei
quietschern, quietschen
quikerzen, knarren (der Räder o. Angeln)
Quintl, Quentchen (1/4 Lot) (mhd. quinti); i kunnt n quintlweis in der Luft zreißen: ich bin wütend über ihn

R

Råb, Rabe; stehlen wiar a —
Råbenbratl (spr. Råmbradl), scherzh. Schmähwort, etwa wie Nichtsnutz (eig. einer, der zu hängen wäre)
Råbenviech (spr. Råm-), Schmähw. wie: elender Kerl
Råbisch o. **Råwisch,** das Kerbholz (tsch.)
rach (spr. raach), gelenksteif (wohl v. rauh)
rachen, reichen (fast nur in: Zuaracher, s. d.)
Råchen, Mundhöhle; Groll, Zorn; der håt an — auf mi: ist mir übel gesinnt (v. Rache)
Rackerei, Arbeitsplage
Rackerer, einer, der sich o. andere mit Arbeit schwer plagt
rackern, schwer arbeiten, schinden
radeln, radfahren; starkes Schnüren des Mieders
Radetzky; des is —: das ist längst bekannt, ist nichts Neues (so bekannt, wie der Tod des —)
Radi, Rettich (ahd. ratih); Verweis, Flausen; måch kan —: blähe dich nicht auf
Radibua (eig. Bube, der Rettiche verkauft); Strolch; —, riach zu den Ban: Strolch, nimm dich in acht vor dieser Faust
Radierer, Radiergummi
Radl, Rädchen; s — laufen låssen: die Dinge gehen lassen; a — z viel håm: verrückt sein; auch Wurstscheibchen; Fahrrad
Radler, Radfahrer
Radlführer, Rädelsführer
Raf, Reifen
Rafdråch, Reifendrache; er schiaßt dåher o. geht auf an los wiar a — (beim Absturze)
rafen, raufen
raffiniert, durchtrieben, abgefeimt
Rafler, wie Rafdråch o. Drachter
Rafmesser, Schnitzmesser mit zwei Handhaben
Råhm (d), der Rahmen
Rahm (der), Schmetten (die oberste Schicht von stehender Sahne) (tsch. rám, mhd. roum)
Raketen, Rakete; er fåhrt auf wiar a —: er braust auf; er fåhrt um wiar a —: er ist sehr eilig
rama, räumen; —tama (rama tan mr): wir räumen; —turi (rama tuar i): ich räume
Råmanåster, unsaubere Person, auch scherzhaft (mhd. râm, Schmutz, Ruß)

Råmft, Ranft, Rand; kl. Ramftl, kreisförmige Spur eines unsauberen Geschirrs, Stückchen (Brot)
Råmmel, Speise- o. Schmutzkruste; unreinliche Person; a schwårzer —: ein schwarzhaariges schönes Mädchen
Råmmelkåter, Schürzenjäger (s. remmeln)
Råmmelnåsen, schmutzige Nase, auch Schmähwort, s. Råmanåster
Ramme[r]l, vertrockneter Nasenschleim
Rampasch, schlechter Wein (? ung.)
Råmsåmper[l], eig. unreiner (Schmieråmper) o. sonst nicht tadelloser, z. B. nur unruhiger Mensch (s. Amper)
Råmsch, Menge (von billiger Ware); im — kaufen: ohne einzelnes zu prüfen
råmschen, zusammenraffen (v. it. rammassare, sammeln)
Råmschen, ein Kartenspiel
Ramsteck, Rumpsteak (Lendenbraten)
Raⁿ, Rain, Acker- o. Waldrand; Häuserl åm — hießen einige Gasthäuser
Rånd o. **Anrånd,** Anlauf; in an Rånd: in einem Anlauf (er nimmt si an —), eig. Anrann, v. rennen
randeln, rändern
Randiwu, Stelldichein, Zusammenkunft (frz. rendezvous)
Randl, wie Ramftl; auch Weilchen
råndweis, in Zwischenräumen, anfallsweise
Raneder, Renette (Apfelart), tsch. ranetka
Rånft, s. Rampft
rankeln, wie haklziagen
rånzen, die Glieder dehnen, faul sein
Rånzen, Wanst (mhd. rans)
rånzi(ch), ranzig (s. raß)
rapite-kapite, überstürzt, über Hals und Kopf
Rappel, Irrwahn, Verrücktheit
rappeln, sich verrückt gebärden; rapplert, verrückt
Raps, Irrwahn, Wut (lat. raptus, Wut)
rapsen, raffen, hamstern
rar, selten, brav; auch ironisch angewendet
Ras, Reise
räsaniern, räsonieren, murren, schimpfen, Ärger äußern
Rasch, Wut, Zorn (frz. rage)
rasen, reisen, fortgehn, flüchten, rennen, sterben, s. grast
raß, ranzig (mhd. raeze, it. razzente, tsch. zaráži)
Raß, Rasse, Gattung, Art; Gesindel; üble Sippschaft (frz. race, Zuchtart)
Rastl, Messerbank; Eisen- o. Drahtgestell zum Absetzen des Bügeleisens
Rastlbinder o. **Raßlbinder,** Drahtbinder, Wanderhändler mit Mausefallen u. dgl. (meist armer Slowak)
råthåbn, entbehren (des kånn i —), s. gråten
Ratschen, Holzrassel; Klatschbase; redseliger Mund
Ratschenbua, Junge, der vor Ostern mit Ratschen in den Häusern die schweigenden Kirchenglocken ersetzt, um eine Spende zu erhalten

ratschna, die Ratschen handhaben; schwätzen; mit unangenehmer Stimme reden
Ratsel, Rätsel
Råtz (der), die Ratte, kleiner Junge; i schlåf wiar a —: sehr gut o. fest, wie der Iltis (Ratz) im Winterschlafe
Råtzenkopf, eine Form der Tabakpfeife
Råtzenschwafl, dünner Zopf
Råtzenstadl, Häusergruppe im 6. Bez., wo einst ein Bäcker F. Ratz einen Stadl hatte; später umgedeutet in Rattenstädtchen
Raub; i kumm nur auf an —: auf einen Augenblick (um dir Zeit zu rauben)
Rauber, Räuber; der is mehr — als Diab: ein betrügerischer Gewerbsmann; Schmähw. wie Lump; pilzartiges Gebilde am Kerzendocht; syphil. Geschwür
rauberln; da rauberlts: man spürt Betrug
raubern, betrügen, den Preis überhalten
Raubersbua, Schmähw. f. schlimme Buben
Raubersgschicht, eine unwahrscheinliche Erzählung; Lüge
rauch, rauh (mhd. ruch)
Rauden, Räude; auch Wundschorf; kl. Räuderl
raudi(ch), räudig, ruppig, verächtlich
Raudichs und Waudichs, Gutes und Böses
Rauhwaschl, widerwärtiger Mensch
räukeln, nach Rauch riechen
rauken, rauchen; des raukt mr in d Nåsen: das wurmt, ärgert mich
Rauken, Rauch, das Tabakrauchen
Raukerl, Zigarre o. Zigarette
rauna, zuflüstern, mitteilen, verraten; auch sehen, merken, vermuten, ahnen (mhd. runen, geheimnisvoll flüstern)
Raunken, Ranke, etwas Dünnes; kl. Raunkerl, schwache, magere, kleine Person (eig. Zaunraunkerl)
raunzen, sich beklagen, Unzufriedenheit äußern
Raunzen, Weib, das stets klagt und weint
Raunzer, Mann, der alles schlecht findet
Raunzerl, weinerliches Kind
Raupfångkiehrer, Rauchfangkehrer, Schornsteinfeger (einem solchen zu begegnen, bedeutet Gutes)
räuspeln, räuspern
räuspendürr, trocken, daß es raschelt; sehr mager
Rauwutzl o. **Rawutzl,** Butzenmann, der schwarze Mann (Teufel) (mhd. butze, Poltergeist; mlt. babutzicarius); Rauhbutze
Raz, Raize (griech.-orthodoxer Serbe in Ungarn)
razen, reizen
Ream, Riemen
Reanken o. **Rånken,** Runke (dickes Brotstück)
reäul, real
Reäulschul, Realschule
Rebach o. **Rewach,** Gewinn, Nutzen (jüd.)
rebelln (spr. rebölln o. rewölln), rebellieren, auflehnen, lärmen

rebeln, abbeeren der Trauben in Sieben (v. reiben o. Rebe)
Rebhendl, Rebhuhn; ungarisch —: Sülze
Rebschnur, dünner Hanfstrick o. dicker Spagat
rechen, den Rechen handhaben; manche sagen falsch: rechna (s. d.)
Rechensta^n, Griffel aus Schiefer o. Tuffstein
Rechentåfel, Schiefertafel o. schwarze Papptafel; auch die Schultafel
rechna, rechnen; i rechen, du rechenst, er rechent, mir rechnan, es rechents, se rechnan; grechent; oft für: denken, vermuten, vertrauen
recht; vertritt oft: sehr, ziemlich (— a schöner Tåch), richtig, am richtigen Ort, gut, wahr; — groß; jiatzt geht d Uhr —: jetzt kanns schlimm werden; es is scho[n] —: ist schon gut; wånn ma s — nimmt: wenn man es richtig auffaßt; a rechter (wahrer) Esel; a recht a guater Freund; då glei rechter Hånd: gleich hier rechts
rechtfirtinga, rechtfertigen
recken, strecken; Brechreiz haben (es reckt mi)
Red, Rede; går ka —: davon kann nicht die Rede sein; mir håts d — verschlågen: ich fand keine Worte
Redhaus, Mund
Redrat, Retirade, Abort
Refolter, Revolte, Auflauf, Tumult (selten)
Refurm, Reform
Regad, Achtung, Respekt
regadiern, regardieren, beachten (v. frz. regarder, ansehen)
Regament, Regiment
Regerl, Regine
Reglama^n, Reglement
Reglatter, Regulator
regna, regnen; si (= es) regent; i kumm, und wånns Schuasterbuam regent: ich komme auf jeden Fall; wånns net regent, so tröpfelts do: es trägt immer etwas
Regration, Rekreation, Erholung, Vergnügen
reiben, scheuern; im Bogen fahren; geben, reichen, langen (reib eahm ani: gib ihm eine Ohrfeige; reib mr n umma: lange [reiche] ihn mir herüber); bewegen, ändern (då rührt und reibt si nix); sagen (reib eahms nur guat eini: sage es ihm eindringlich); zu verstehn geben (reib eahms nur unter d Nåsen o. eini); den kånn mr höchstens zun Kre^{n}reiben brauchen: er ist zu wenigem zu brauchen
Reiben, Bogen, Kurve
Reiber, Drehriegel
reiden, reiten, koitieren
Reider, Reiter
Reim, Obstreif (z. B. auf Pflaumen)
rein, unbewölkt, klar, offenbar, wahrhaftig (mr könnt — glauben: wahrhaftig glauben; des is do —: das ist doch klar, offenbar usw.)
Rei^n, Pfanne, Kasserolle; kl. Reindl (s. a. Golaschreindl) (mhd. rein, Rand, Rain)
Reindlbinder, Pfannenflicker (s. Rastlbinder)

Reisel, Kalbskaldaunen
reißen, s. v. a. beuteln (s. d.); ins Geld —: viel kosten; der reißt si wås: erwirbt viel; der Kellner håt di grissen: betrogen; de Wår geht reißad: wird viel u. gern gekauft; mi håts schon grissen: ich war versucht; reiß di net drum: bemühe dich nicht um das; wiar aus n Gsicht grissen: ganz ähnlich sein; mi reißt s in Arm: ich habe Rheumatismus
Reißen (s), Gicht, Rheumatismus; an in der — håm: ihn beim Kopfe (den Haaren, Ohren) nehmen
Reißer, Vielverdiener, Wucherer
reißerisch, wucherisch; v. Musik u. Gesang: hinreißend
Reißteufel, Person, die viel Kleider zerreißt (abnützt)
Reit (d); der Wågen nimmt a —: macht eine Biegung (Kurve)
reiten; auf an —: ihm aufsässig sein, ihn schikanieren
reitern, mit der Reiter sieben; Wortspiel; wånns d es net glauben (klauben) willst, kånnst es —: es ist mir gleich, ob du es glaubst
Reitern (Reuter), weitmaschiges Sieb
Reitersålbn, Läusesalbe v. Reiter (Name)
Reitschul, ein großer Raum (Zimmer)
rekummadiern, rekommandieren, empfehlen; Brief einschreiben
Relli, Aurelia
Remasuri, Tumult, Krakeel, lärmende Unterhaltung (wie Hetz, Gaudi) (v. it. rammassare, sammeln, häufen)
remmeln, begatten der Hasen, Katzen u. dgl. (mhd. u. Jägerspr. rammeln)
Remont, Remonte, ungebärdiges junges Pferd; unlenksame junge Person
Remontär, Remontoiruhr
renna, rennen, schnell gehn, viel gehn; Diarrhöe haben; flüchten
Renner, heftiger Stoß
rentiern, lohnen
repatierli(ch), reputierlich, anständig, ansehnlich
repatiern, repetieren, wiederholen
Reprama[n], Verweis, Dämpfer (frz. reprimande)
Repratur, Reparatur, Ausbesserung
Requem, Requiem, musikalische Totenfeier
rern, schreien, weinen (mhd. rêren, Schreien des Brunfthirsches)
resch (rösch), an der Oberfläche hart (— gebacken o. gebraten); bildl. rauh, schneidig; zäh (v. Fleisch); säuerlich (v. Wein) (mhd. roesche, rauh)
Reschen o. **Reschigkeit,** Rauheit, Schärfe
Reschkonto, Riskonto, Lottoschein
Reschpekt, Respekt, Hochachtung; Furcht
Resel, Resi, Reserl, Theresia
reskiern, riskieren, wagen
Rest, Überbleibsel, Ende; jiatzt is s —: jetzt ist es zu Ende
Restenverkauf, Handel mit billigen Stoffresten (Resteln)

Reutern, s. Reitern
Rewach o. **Rebach,** Gewinn (hebr. rewach)
Reweckerl, Verdrehung v. Verreckerl (s. d.)
Rewell (spr. -wöll), Reveille, Weckruf o. -musik; Lärm; Revolte
Reweller (spr. -wöller), Rebell; Lärmer
rewellisch (spr. -wöl-), rebellisch, aufgeregt
rewelln (spr. -wölln) o. rewolten, lärmen, auflehnen
Rezipiß, Rezepisse, Rückschein
Rhematische (s), der Rheumatismus
riachen, riechen, stinken; erraten, vermuten (des håb i scho[n] grochen); s. auch schmecken
Riad, Riede, Geländeteil (z. B. Weinriede); die Hälfte eines geschlachteten Tieres
Riadeckl u. **Riadhüfel,** Rindfleischsorten (falsch: Rührdeckel)
Riadichs (Richtiges) **und Raudichs:** Gutes und Schlechtes (va.)
ribbeln, reiben; i håb eahms unter d Nåsen gribbelt: habe ihm die Wahrheit gesagt
Ribbler, Rüffel, Verweis
Ribisel o. **Riwisel,** Johannisbeere (lat. ribes, tsch. ryvíz); —n auf der Nåsen: starke Nasenröte
Richerl, Richi, Richard
richten, herrichten, vorbereiten, ordnen, ausbessern; glaubst, i richt des net?: ich sei das nicht imstande?
Richten (d), Richtung (va.)
richti(ch), richtig, wirklich; bei dir is s net recht —: ist es nicht, wie es sein soll, du scheinst verrückt; d Richtinga: die Richtigen
Richtichkeit, Richtigkeit; es is in der —: in Ordnung; des håt sei[n] —: es ist wahr
Rid, Ritt, wie Bot (s. d.), Botenritt
Ridikül, Handbeutel (v. frz. reticule, Netz; der Witz machte daraus —: etwas Lächerliches)
Rieb, Fläche des zu scheuernden Zimmerbodens, die auf einmal bearbeitet werden kann (v. reiben)
Riebeisen, Reibeisen; a Haut wiar a —: eine rauhe Haut
Riegl, Riegel; Hügel, Erhöhung, Beule, Strieme; großes Stück (a — Brot); den wir i an — vurschiaben: das werde ich verhindern
riegln, rühren (s. aufriegeln)
rieglsåm, regsam, rührig, rüstig
Ries, der Riese
Riesel, Frieselausschlag
Rieselschoder o. **-schotter,** Flußschotter (rundliche Steinchen)
Riesen, die (Holz-) Riese (Holzrutsche in Bergwäldern)
Riesen.., beliebtes Vergrößerungswort: Riesengfrett, -knödel, -pech usw.
rifri(ch), rauh (a rifrichi Haut), v. Riefe o. Reif (mhd. rîfe)
Rikerl, Riki, Friederike
Rindl, Rindchen, kleines Brotstückchen

Rindsbratl, Rinderbraten
Rindskåmm, Rindfleischsorte
Rindviech, Rindvieh; Dummkopf
Ring, die Ringstraße
ringa, ringen
Ringaringareia, Ringeltanz, Ringelreigen
Ringlgspiel (spr. -gspül), Ringelspiel, Karussell
Ringlo o. **Ringlotten,** Frühpflaume (frz. reineclaude)
rinna, rinnen, leck sein (des Faßl rinnt); is (o. håt) grunna (geronnen)
Rinna, Rinne, Dachrinne
rinnaugert, triefäugig
Rinnsäul, Rinnsal, Rinnstein, Gosse
Rippen, Rippe, magerer Mensch; bei den kånn mr ålli — zählen: er ist sehr abgemagert; stöß eahm wås in d —: bestich ihn (va.)
ripplert, rippig
Ripplerts, Rippenfleisch
rips-raps, auf einen Griff; schnell
Riß, Schopfbeutler; Ruck; Gewinn; innerlicher Schmerz (mir håts an — geben); an — måchen: viel gewinnen
Rißbeudler, Schopfbeutler
Ritscher, Mengspeise (Erbsen, Gerstel, Fisolen u. dgl.) (v. rutschen, mhd. rütschen)
Ritscherpappen, Mund mit hängender Unterlippe (vorgerutschter Lippe)
Ritter; damischer — o. Rittmaster, verrückter o. zerstreuter Mensch; årme —: Pavesen (s. Posesen) ohne Füllung
Robisch, wie Råwisch
roch, roh, unzubereitet
Rock; kl. Röckl, Röckerl (für Männer, Knaben), Rockerl (für Mädchen)
rod, rot; a Roder o. a Rodi; Rodschädlerter: rothaariger Mensch; s rode Büachl: der „Hans Jörgel von Gumpoldskirchen" (s. d.); roder Ginginging: (spött.) Rotkopf
rodeln, Luftblasengeräusch in den Gedärmen, in der Luftröhre o. im Pfeifenrohre; schlittenfahren (it. rotolare, wälzen)
Rodkröpfl, Rotkehlchen
Rodl, eine Kinderschelle (Spielzeug); Schlitten; Lastkarre
Rodmantler, die Seressaner o. Grenzer, die 1849 unter Jellacich nach Wien kamen
Rodschwanzl, Rotschwänzchen
rogeln, lockern
rogl o. **roglert** o. **rogli(ch),** beweglich, locker, flaumig, wacklig (mhd. rogel)
Röhrbrunn, Auslauf der Wasserleitung (s. Bassena)
Röhrlsålåt, Zichoriensalat
röhrn, s. rern
Röhrn, Röhre, Rohr; Bratrohr; Luftröhre u. Kehle; starke Stimme; Schmähwort für alte Weiber, alte Dirnen
Röhrwåsser, Wasser aus der Wasserleitung zum Unterschiede v. Brunnen- und Regenwasser (va.)
Roll, Wäschemangel o. -rolle (sie geht auf d —)
Rolletten, Rollvorhang, Rouleau

Roman; derzähl mr kan —: belüge mich nicht
Rosel, Roserl, Rosi, Rosa, Rosine (s. Sali)
Rosen, Rose (Mz. Rosen u. Rosna); Brause der Gießkanne; Blumenkohl (Rosenkohl); des wird dir kani — bringa: du wirst Schaden davon haben
Röserl, Röslein
Roserl, Rosa, Röschen
Roß; Mz. Rösser o. die Roß; (Pferd ist nicht volkstümlich); kl. Rößl u. Rösserl; — o. — Gottes: Dummkopf (— Gottes bedeutet Esel, das Reittier Jesu); —steigert: Roßårwat (schwere Arbeit), -geduld, -glück, -tur (Tour): große Leistung
Roßbradl, Rostbraten
Roßknödl, Pferdekot (Pferdeäpfel)
Roßkopf, Kaulquappe (Froschlarve)
Roßkur, Kur mit starken Mitteln
Roßmist, Pferdemist; (scherzhaft) Verstand (s. Rosumisch)
Roßnatur, kräftige Konstitution
rösten; gröst, geröstet; Gröste: geröstete Kartoffeln (Erdäpfelschmårrn)
Röster, Zwetschkenröster, gedünstete Pflaumen, Pflaumenmus (verschieden v. Powidl)
Rosumisch (scherzh. Roßmist), Verständnis, Verstand (v. tsch. rozumiš?, verstehst du?)
rot, s. rod
Rotz, Nasenschleim; dient zur Bildung einiger Schmähwörter: Rotzapatheken, -bua, -dösen, -glocken, -löffel, -nåsen, -pippen u. Rotzer: alle s. v. a. dummer, frecher Junge
rotzen, heftig weinen
Rotzfetzen, Taschentuch
rowaten, roboten, schwer arbeiten (v. tsch. robot, Arbeit)
Ruaben, Rübe, Mz. Ruaben u. Ruabna; kl. Rüaberl; auch unschöne Nase; gelbe Ruaben: Möhre, Karotte; wia Kraut und —: ungeordnet
Ruach o. **Ruachl,** einer, der nie genug bekommt
ruacheln, aus Habgier viel arbeiten (mhd. ruochen, begehren)
Ruader, Ruder
Ruaf, Ruf; die Reihenfolge der Lottonummern; der Elfer is åm ersten — kumma: die erste der 5 Ziehungsnummern ist 11
ruafen, rufen; ruaf eahm: rufe nach ihm; ruaf na: rufe ihn; gruaft, gerufen
Ruafhaus, Innungshaus, aus dem die Gesellen zu den Meistern gerufen wurden (va.)
Ruah, Ruhe; gib an (!) —: gib Ruhe, halte Frieden; auch: låß mi mit (!) —: laß mich in Ruhe; er gibt ka(n) —: er gibt keine Ruhe
Rüapl, Rüpel, grober Geselle (v. Ruprecht)
Ruaß, Ruß; verächtliche Weibsperson, Dirne
Rüaßl, Rüssel, Nase
Ruaten, Rute, bes. Strafrute; kl. Rüatl, Zweig, Gerte;

Rüatlbesen, Rutenbesen (mhd. ruote, Gerte)
rucken, rücken
Rucken, Rücken
Rucker, ein Ruck; kl. Ruckerl
Ruckhålt, Rückhalt, Stütze
Rucksåck, Rückenbeutel der Älpler u. Bergsteiger (auch „Schnerfer" genannt)
ruckwärti(ch) o. **ruckwärtsi(ch),** hinten
ruckwärts, rückwärts, zurück, hinten
Rudi, Rudl, Rudolf
Rüffler, Rüffel, Verweis
rührn, rühren, befleißen; unterstehn; du rühr di!: untersteh dich!; jå, då muaß ma si —: man muß etwas unternehmen; da rührt si nix u. reibt si nix: es bleibt, wie es war
Rummel, Aufstand, Auflauf, Kundenandrang, Tumult
Rummelsuppen o. **Rumpelsuppen,** ein arger Verweis (va.)
Rumpel o. **Wåschmaschin,** Vorrichtung aus gewelltem Blech zur Wäschereinigung
Rumpelkåsten, schlechtes Klavier, schlechte Maschine
rumpeln, Wäsche auf der Rumpel reinigen; das dabei erzeugte o. durch ein Abrutschen entstehende Geräusch; stürzen (er rumpelt bei der Tür eina)
Rumpler, Sturz, Fall mit Geräusch
Rumpumpl o. **Rungunkl,** (altes) Weib
rund; des is mr z —: das ist mir unbegreiflich o. zu bunt
Rundell (spr. -döll), Rondell, rundes Beet
Rundó, Rondeau, ein runder Platz
rundumadum, rundherum; umher
Rungunkl, wie Rumpumpl (? Runenkunkel)
Runier (d), der Ruin; auf der — sein: vom Untergang bedroht sein
runiern, ruinieren, verderben
runkert, dick (v. Runke, dickes Stück, s. Reanken; vgl. auch Runkelrübe)
rupfen, entfedern, betrügen, bestehlen, berauben
ruschli(ch), fahrig
Ruß, der Russe; die russische Faßsardine; eine Art Schabe (Blatta germanica)
rutschen, gleiten, fahren; auf an —: ihm sehr gewogen, in ihn verliebt sein (s. fliagen)
Rutschen, schiefe Fläche zum Abrutschen; Kohlenrutsche; der is auf der —: es geht abwärts mit ihm
Rutscher, Ausflug, Fahrt
Rutschipeter, einer, der nicht stillsitzen kann

S

s, es o. das (gibs = gib es; gib s = gib das); s, sie; S, Sie
sa, es (vor si = sich); då håt sa si (es sich) ghobn: hat es sich ausgeglichen u. ist geordnet
saan, säen
Sååt, Saat
Sabel, Säbel (mhd. sabel); (va.:) Rausch
sabeln, laufen, rennen
Sabin, Sabine
sablati, s. saplati

Sabler, Heuschrecke
Såch o. **Sächen,** Sache, Eigentum; kl. Sacherl; seine sieben Sächen: all seine Habe; er hat sei[n] Sacherl beinånd: er ist wohlhabend; då gibts ållerhånd Sacherln: allerlei Nebenumstände
sachen, harnen
sachwårm, lauwarm (wie Harn), ekelhaft warm (bes. v. Bier)
Såck; a larer — steht net: ohne Mittel kann man nichts sein; d Kåtz in — kaufen: etwas unbesehen hinnehmen; an in — håm: ihn wozu verhalten können; an in (den) — geben: ihm kündigen, ihn entlassen (ihm den Bettelsack umhängen); Kleidertasche: den steck i in —: dem bin ich überlegen
sackeln, sacken (s. aus- o. einsackeln)
Sackl, Säckchen; Sakko (kurzer Männerrock)
Säckl, s. Söckl
Sådlicher, Sattliger (das linke Pferd im Zweigespann)
sådln, satteln
sads o. **seids** (s. sein)
Saf, Seife
Safenlåder, Seifenwasser
Safensiader, Seifenmacher o. Händler mit Seife u. Kerzen; mir geht a (gånzer) — auf: mir geht ein helles Licht (von vielen Kerzen) auf, mir wird etwas klar
Saferling, Geifer (lat. saliva)
safern, den Speichel fließen lassen
safinga, seifen; in eine üble Lage versetzen
Såft; in — geh[n], in Zorn geraten (Saft = Geifer); Würstl in —: in Gulaschsoß; Mz. Säften; schlechte Säften håm: schlechtes Blut haben; kan — und ka[n] Kråft håm: minderwertig sein
såfti(ch), saftig; zotenhaft, schlüpfrig
Saftl, gesüßte, flüssige Heilmittel für Kinder
Såg (spr. Såch), Säge
sageln, mit der Laubsäge sägen
sågen; i såg (spr. såch), håb gsågt, i sågert; net zun o. zan —: unsagbar
sågfeilen, Sägen schärfen, schnarchen
Sågfeiler, Mann, der umherzieht u. Sägen schärft (va.)
Sagl, kleine Säge, Laubsäge
Sågscharten o. **-schatten,** Sägespäne
Saibling, Salmling (Forellenart)
sakerlot, sakerment, sakrawolt, Fluchworte statt Sakrament
sakerment[i]ern, fluchen
sakradi (betone -di), Fluchw. (frz. sacre Dieu, heiliger Gott)
Salamutschi, Salami- und Käsehausierer (seine Rufe: Salamini, då bin i! Salami, duri [dürre], duri Käso!)
Salari, Salair, Gehalt (lat. salarium)
Sålåterin, Köchin, die Salate u. kalte Speisen bereitet

Sålben, Salbe; mit ålli — gschmiert sei^{n}: jede List kennen, durchtrieben sein
sålbna o. **sålma,** salben; prügeln
Salettl, Gartenhäuschen (it. saletta)
Sali (spr. Säuli), Rosalia
Saliter, Salpeter (tsch. saliter)
Sålmersdurf, Salmannsdorf
Sålz; an aus n — haun: prügeln (vgl. sålzen u. haun)
Sålzåmt; klågen S mi, åber bein —! (ein Hohn)
sålzen, prügeln; gsålzt: geprügelt; gsålzen sei^{n}: sehr teuer im Preise sein
Sålzer, Hiebe
Sålzfleck, salzbestreutes flaches, schüsselförmiges Weißbrot (va.)
Sålzküfl, Salzkübel (v. Kufe) (va.)
Sålzstangl, stabförmiges, gewickeltes, mit Salz bestreutes Weißgebäck
Sam, Saum; Mz. Sam
sama, säumen
sammer (san mr), sind wir
Såmmet, Samt
Såmmetbandln, (spött.) der Schmutz unter den Fingernägeln
Sampröl, Sanspareil (Schnupftabaksorte)
san, sind, seien (s. sein)
Sånd und Sta^{n}, Harnsteingebilde in der Blase
såndi(ch), sandig
Sanitäterer, Soldat der Sanitätstruppe
Sant Max, Sankt Marx (Markus), Ort am Ende des Rennwegs, daselbst die städt. Schlachthäuser
saperlot, sapradibix, saprament, saprawolt (eini), wie sakerlot usw.
Saperlot, Taugenichts, Schlingel
saplati, zahlen (tsch. zaplatiti, bezahlen)
Saplati, Geld
Sårchnågl, die Virginierzigarre (v. Sarg)
Saten, Saite
Satling, Saitling, dünner Darm zur Wurst- u. Saitenerzeugung
sätteln, s. sådeln
Såtz, Bodensatz; Sprung
satzen, in langen Sätzen rennen
Sau, Schwein; Tintenklecks; unreinlicher o. unsittlicher Mensch; Billardpoint, der nur einem Zufall zugeschrieben werden kann; — håm: Glück haben; wiar a —: unreinlich o. dick; geh^{n}, wia die — brunzt: im Zickzack
Sauårwat, widerliche o. zuviel Arbeit
Saubär, Eber (aus Saueber entstanden)
Saubartl, unreinl. Mensch (s. Bartl)
sauber, hübsch, rein; oft ironisch angewendet: übel; — laufts: es geht gut; Steigerung oft: säuberer, säuberste
Saublådern, Schweinsblase
Sauböhm, wie Saubüttelböhm
Saubrigkeit, Sauberkeit, Schönheit (bei Frauenzimmern)
Saubua, schlimmer Bube
Saubüttelböhm, Schmähwort für Tschechen

saudumm, sehr dumm
Saufuader, Schweinefutter, schlechtes Essen
Säufüadern, Schweinefüttern; mir håm Såchen zun —: im Überfluß
Sauglocken; der tuat gern — läuten: er redet Zoten u. Schlüpfrigkeiten
Sauglück, großes (unverdientes) Glück
Saugoschen, grobes Mundwerk
saugrob, überaus grob
Saugsäuf, übles Getränk
Sauhaufen, aus dem Marschtakt geratene Truppe
Sauhund, Verstärkung des Schimpfes „Hund"
Saukerl, wie Sauhund; unflätiger Mensch
Saukräutler, eig. Sauerkräutler, Händler mit Sauerkraut
Säuln, Säule
Sauluader, arges Luder
Saumensch, Schmähwort für schlimmes Mädchen
Saunest, kleine, elende Ortschaft; schlechtes Bett
Saunigl, Schweinigel o. Igel; unflätiger Mensch (v. Sau u. Igel)
Saupåntsch, widerliches Gemenge
Saupartie, Billardpartie (Glückspartie, Verläuferpartie)
Sauståll, ein schmutziger Raum
Sautånz, festliches Schweineschlachten
Sautråmpel, Schmähwort für schlampige Mägde
Sautreiber, Schweinetreiber, rüpelhafter Kerl
Sauweder, übles Wetter
Sauwirt, ein grober Gastwirt (urspr. ein solcher Wirt in Hetzendorf, der wegen seiner Grobheit viele Gäste hatte)
Saverladi, Zervelatwurst (eig. Gehirnwurst)
Schab, Schaub (Bund Stroh) (mhd. schoup u. schap); dann (Gspr.) Gewinn (sein — machen)
Schåb, Motte, bes. Kleidermotte
Schäben (d), Räude
Schåbenkräutl, Steinklee (Melilotus)
Schabes, Sabbat (jüd. Schabbes)
Schabesdeckel, Hut (s. Schabes)
schåbi(ch), schabenzerfressen
schäbi(ch), schäbig, räudig, schmutzig, geizig
Schäbian, Schmutzian
Schabracken; ålti —: altes Weib (türk. tschaprak, Pferdedecke); auch wie Runier
Schabsel, wie Mauschel, Jude (v. Schabbes, Sabbat)
Schächerl (meist falsch: Tschecherl), Kneipe, schlechte Kaffeeschenke (in der Gspr. heißt der Wirt Schächer)
schächern, zechen, essen
Schåchtel; ålti —: altes Weib
schåchteln, schleifen mit Schachtelhalm (Equisetum)
Schachterl, Schächtelchen; der is wiar aus an —: sorgfältig frisiert u. gekleidet
Schåchtlerin, Schleiferin (s. schåchteln)
Schack, Jacques (Jakob); auch Plunder
Schackett o. **Schackettl,** Rock mit Schößen

Schackl o. **Schackerl,** Jakob (frz. Jacques)

schåd, schade; — ums Schmålz: schade um den Aufwand für etwas

Schåd, Schaden; war a schlechter —, der net zu wås nutz war: auch ein Unglück hat oft gute Seiten

Schad, Scheide

Schaden, der Schaiden o. Wels (Fisch)

schädinga, schädigen

Schadl, Scheitel; die Haare über Ohr u. Schläfe, die geölt und nach vorn gestrichen (fürigspritzt) wurden (s. Sechser); die Teilung des Kopfhaares

Schädl, Kopf; a dicker —: eigensinniger Mensch; a hårter —: Kopf, in den nichts hineinzubringen ist; si n — aufsetzen: starrsinnig bleiben; ålles åm — haun: vergeuden; der — ghört sei^{n}: er ist eigensinnig

..schädlert, ..köpfig (dick-, rotschädlert usw.)

schädli(ch), schädlich (selten: ..köpfig)

Schadwåsser, Scheidewasser (Salpetersäure)

Schadweg o. **Gschad,** Scheideweg

Schåfblådern, die Windpocken (Varizellen)

Schåfbråten, Schopfbraten, eine Art Schweinebraten

schåffen, befehlen; kaufen (v. anschaffen); wås — S?: was befehlen o. wünschen Sie?; i håb mr a Gwånd gschåfft: gekauft

Schafferl, kleines Schaff

Schaffl, Schaff; der is (sitzt) åm —: es geht ihm übel

Schåfhålder, Schäfer

Schåfhaxlbålwierer, (spött.) Barbier

Schäler, Schale (Haut); auch Kleidung (a neuchi —)

Schåln, Schale (Tasse)

Schalu, Jalousie

Scham, Schaum (meist aber: Fam, s. d.)

schåma, schämen

Schåmel o. **Schamerl,** Schemel

schameriern, scharmieren, liebäugeln

Schampaninger, Champagner (va.)

Schampian, Champignon

Schampus, Champagner

schåmster, gehorsamster; — Diener! o. — Deckel! (s. Pfeifendeckel)

Schåmster (s. schåmster); sein — måchen: respektvoll grüßen

Scha^{n} o. **Schani,** Jean, Hans, Johann; Kellner o. Kellnerjunge; i måch dir kan Schani (Bummerl, Lakai); n — beudeln: den Leibstuhl entleeren (Gspr.)

Scha^{n}, Genre, Art, Gattung; der håt an eigenen —: er ist von besonderer Art; des is a —!: das ist vortrefflich!

Schånd, Schande; auch Scham (der håt jå ka[n] —: er schämt sich nicht)

Schandarm o. **Schandarn,** auch **Standarn,** Gendarm

Schåndbånk, in der alten Schule die Strafbank (eine Seitenbank, Art Pranger) (va.)

schåndbår, schändlich

schåndenhålber, um sich nicht schämen zu müssen, nicht aus edlerem Antrieb

Schåndgoschen, wie Saugoschen
Schanettl, Jeannette, Johanna
Schanier, Scharnier (Deckelband); des Kastl geht aus der —: geht aus den Fugen, bricht zusammen
schanzeln, kegelschieben um den Einsatz (v. frz. chance)
schånzen, tüchtig arbeiten (v. Schanzarbeit)
Schånzen, Schanze
Schanzl, ein ehemal. Obstmarkt am Donaukanal (an Stelle einer alten kleinen Schanze)
Schånzzeuch, Werkzeug, Eßbesteck
schappiern, davonlaufen (s. åfåhrn) (frz. échapper)
Schar, Schere
schårf, schneidig; ätzend; schuldig; des bin i no —: bin ich noch schuldig; des håb i —: das ist mir verhaßt; der håts — auf mi (auf wås): hat es auf mich (etwas) abgesehen, ist mir feind, aber auch: er verlangt nach mir (nach etwas); an — nehma: ins Gebet nehmen, ein Begehren stellen, auch ausbeuten; des is a Schårfer: ein Strenger, Gefährlicher
Schärfen, Schärfe, Ausschlag
Scharl o. **Schadl,** Schote (v. Schotl)
scharmeriern, wie schameriern
schårrezen, knirschen, scharfes Scharrgeräusch machen (der Gabel auf dem Teller)
Scharschleifer, Scheren- u. Messerschleifer
Scharteken, Scharteke (altes Buch); altes Weib
Schårten, Scharte
Scharten o. **Schatten,** Hobel- o. Sägespäne; kl. Schartl (wås auf a Schartl: ein weniges)
Schaß, Furz; ein Nichts; jå an —: grobes Nein; a harber —: ein Geck, Protz
schasseln, fortlisten (frz. chasser, jagen)
schassen, verjagen, beseitigen
Schaßtrummel, dickes Weib (Schmähw.)
Schato, Chaudeau, Soße aus Wein, Eiern u. Zucker
Schatulln, wie Schachtel
schatzen, schätzen
Schåtzl o. **Schåtzerl,** Schätzchen, hübsches Mädchen
Schauer, Schüttelfrost; Hagelwetter
schauern, frösteln; hageln
Schaufel, zu langer Fingernagel
schaun, schauen, blicken, achten, trachten, staunen, sich wundern, gehen; i schau, håb gschaut, i schauert; schauad (schauend); ah, då schau her!: sieh einmal!; då schaur i jå!: ich staune; auf an —: sich um einen sorgen; schaun mr eini: gehen (oder blicken) wir hinein; i schau aufs Verdiena: ich trachte nach Verdienst; då schaut nix außa: das lohnt sich nicht; wås schaust denn?: mach, daß du fortkommst!
schea^n^geln, schielen, schauen; schea^n^glad: schielend
Schea[r]nken, Scharrnägel für Touristenschuhe (v. scharren, scherrn)
Scheckerl, Hundename v. engl. Jack (spr. dschäk); auch scheckiger Hund

Scheckl, Peitsche mit mehreren Geißeln (v. engl. Jack: Hans)
Scheibbandl, Achselband des Karrenziehers
scheiben, schieben (der Kegelkugel); i håb gschoben (schlecht: gschiebn); håst wieder wås gschoben?: hast du wieder einen Streich verübt o. Unsinn geredet?
Scheibtruchen, Truhenkarre mit einem Rad; an mit der — über d Nåsen fåhrn: einem etwas handgreiflich beweisen
Schei^n^, Schein, Schimmer
scheina, scheinen; mir scheint o. scheints; mir håts gschiena
Schei^n^geld, das Papiergeld der Wiener Währung, ein zuletzt entwertetes Geld
Schei^n^kreuzer, ein Kreuzer der Wiener Währung; kan — wert: keinen Heller wert
Scheiß mit Reis!: s. v. a. larifari! o. Unsinn! Das ist mir ganz gleichgültig
Scheißångst, große Angst
Scheißdreck, menschlicher Kot; alles Verachtete; Knirps
Scheißdreckhulaner, Knirps, Schwächling
scheißen, die Leibesnotdurft verrichten; furzen; an wås —: einem etwas verweigern o. vorenthalten; si net — um wås: sich nicht scheren (kümmern) um etwas; auf wås —: auf etwas verzichten, es verachten; si åm Kopf — låssen: alles hinnehmen; si ins Nest —: seine eigene Sache verschlechtern; — S Ihna net ån: regen Sie sich nicht auf; an auf d Stången —: eines Mannes Liebe abweisen
Scheißer, Schwächling; Feigling
Scheißerl, kleine u. schwache Wesen (Kind, Hündchen usw.)
scheißfreundli(ch), überfreundlich
Scheißgåssen, Sackgasse; in der — sein: in üble Lage geraten sein
Scheißhäusl, Abtritt; elende Hütte
Scheißkerl, wie Scheißer
Scheitl, Scheit u. Scheitchen
schelch (spr. schölch), schief, scheel (mhd. schel u. schelch)
schelweankert (spr. schöl-), schiefwinklig, verschoben
scheniäul, genial
Schenie, Genie, Genietruppe
Schenierer, Scham, Scheu, Bedenken (v. frz. gêne, Zwang)
scheniern, genieren, belästigen, hindern, schämen (i schenier mi net); na, —!: ich lasse mich nicht hindern
scheppern, klappern
Scheppern, Schmähw. für ein Weib, bes. ein mageres (dessen Knochen klappern)
Scherberl, Nachttopf
scheriern, girieren (sich als wer ausgeben)
Scherm, Scherbe, Topf, Nachttopf, etwas Wertloses o. Untaugliches (z. B. eine schlechte Uhr o. dgl.); der sitzt åm —: er kann nichts tun; er håt in (den) —

auf: ist in schlimmer Lage; des ghört åm —: es ist wertlos
Schermaus, Maulwurf (mhd. scher)
Schermtånz, (spött.) Offiziersbursche
schern (etwas o. sich um etwas) scheren; i scher; i håb mi net gschert; sie håm di gschert (geschoren)
scher[r]n, scharren; schaben; (mhd. scherren); scher[r] mrs!: leck mich...! (s. zåmscher[r]n u. niederscher[r]n)
Scherzl, Anschnitt oder Rest eines Brotlaibes; schwarzes o. weißes —: zwei Sorten Rindfleisch; (mhd. scherze, abgeschnittenes Stück)
Schestak, der Sechser (6 kr. K. M., 10 kr. ö. W.), tsch. šesták; auch Schestakl
schetzkojedno, alleseins (tsch.)
scheuch, scheu; er is so —: schüchtern (s. schiach)
scheuchen, scheuen; jagen
schiaben, schieben; laufen, rennen; wuchern (schiab drs [in den Hintern]: behalte dirs); — (in die Tasche): stehlen; schiab i denn net eh å^{n}?: tu ich nicht das Meine? (s. auch Schiaber)
Schiaber, Handelswucherer
schiaberisch, schiebend (tanzen); flott, keck
schiach, zornig, wild, häßlich, greulich; a schiachs Roß: ein scheuendes Pferd (mhd. schiech, häßlich, schlecht)
Schiach (der), das Grausen; mi geht der — å^{n}: mich ergreift Grausen
schiaßen, schießen; (eilig) laufen (s. umschiaßen); im Lichte bleichen (der Stoff is gschossen); vorschießen, borgen; es is zun Schiaßen: es ist höchst lustig (Lust wurde oft durch Schüsse ausgedrückt)
Schiaßer, schnelle Pferde (Jucker)
Schiaßprügl, Gewehr
Schiaßstått, Schießstätte
Schick; er håt kan — dazua: keine Eignung, Geschicklichkeit
schicken, senden; dareinfinden
Schickse o. **Schicksel,** Mädchen (bes. jüdisches); (die Juden nennen die christl. Mädchen schickzah)
Schiedunter, Unterschied (scherzh.)
schief (o. falsch) gwickelt, übel gelaunt
Schieferl, Spänchen; ein schief Gewachsener
schiefern, schilfern, absplittern
Schiefern o. **Speil,** Holzsplitter (mhd. schiever)
schiefri(ch), übel gelaunt, rauh, grob, reizbar
Schienan, Schiene
Schienbanl, ein röhrenförmiges Backwerk
schier, vermutlich, wahrscheinlich (des wird — anderscht sein)
Schiffonär (der), die Chiffonnière, der Kleiderkasten
Schiftl, schief abgeteiltes Backwerk
Schildl (spr. Schüldl), Schildchen, Aufschriftzettel, Etikette
Schilee (spr. Schülee), Gilet, Weste, den (o. der) håts åm —: er ist brustkrank

Schileewestileibl, Weste; —= taschl, Westentasche
Schilling (spr. Schüll=), Menge v. 30 Stück (z. B. Kraut); Kaufsumme; Prügel; jetzt östr. Währungseinheit
Schimmel, Vorlage zur Herstellung von Akten (v. lat. simile, ähnlich); vgl. Amtsschimmel; Greis (weißhaarig)
schimpeln, schimmeln
Schimpl, Schimmel (Fäulnispilz)
schimplad o. **schimpli(ch),** schimmelnd, schimmlig (ahd. scimbalag, schimmelbedeckt)
schinakeln, kahnfahren; gehen
Schinakl, Kahn (ung. csonak); (scherzh.) große Schuhe
Schindel; es san —n åm Dåch: es gibt hier unberufene Zuhörer
schinden (eig. die Haut abziehen), einen o. sich mit Arbeit plagen; d Laus um n Bålg —: andere ausnützen
Schinder, Abdecker, Wasenmeister; ein Leutepeiniger; ein schwieriger Gebirgssteig
Schindluader, Tier, das dem Schinder verfallen ist; — treiben: üble Scherze machen, seine Überlegenheit mißbrauchen
Schindmihrn, Schindmähre, schlechtes Pferd
Schio(n), Chignon, (meist falscher) Nackenzopf
schips, schief, verschoben (v. schieben)
Schipsel, ein Hundename (engl. gipsy, Zigeuner); kleiner Hund
Schirpen, (selten) Schuppen (v. schürfen)
Schiß, kleine Kotfleckchen v. Insekten; Furcht, Angst
Schke, Groschen (Sg. = Silbergroschen)
Schlacken, wie Schlapfen
Schladriwakönigin, aufgeblasene weibliche Person (va.)
Schladriwux, eine Art Studentengetränk (va.)
Schlåf (der), die Schläfe, Mz. die Schläfen; Schlaf=, Bett= o. Zimmergenosse; n — austrågen: bei einem Besuche nicht Platz nehmen; fållt mr net in — ein: ich denke nicht einmal im Traume daran; das tu ich nicht
schlåfen; i schlåf, du schlåfst, i håb gschlåfen, schlåfad (schlafend); i schlåfert (schliefe)
schlafern, schläfern (mhd. slâfern)
Schlåfhauben, Schlafmütze, Langschläfer, energieloser Mensch
Schlåfråtz, wer gern viel schläft
schlafri(ch), schläfrig
Schlåfrock; Apfel in —: eine Mehlspeise
Schlåg (spr. Schlåch), Schlagfluß, Hieb; Mz. Schläg (Schläch); mi trifft der —!: ich bin entsetzt!; des is zun Schlågtreffen: ist entsetzlich; aner von ålten —: der noch der guten alten Zeit angehört; a guater —: gute Rasse;

Kaffee mit —: Schlagsahne

Schlågbrucken wurde einst die heutige Schwedenbrücke genannt; die Rinderschlachtstätte

Schlågeisel, Fangeisen für Sperlinge, Mäuse usw.

schlågen, töten der Rinder u. Pferde mit dem Beil; a gschlågene Stund: eine volle Stunde; wissen, wås s gschlågen håt: über etwas im klaren sein; in mir schlågt ålles: ich bin sehr aufgeregt

Schlåger, eine Leistung, die Aufsehen macht, einschlägt (Lied, Stück, Musik)

Schlåggårn, Netz zum Vogelfang

Schlagl, Schlagfluß

schlahn, stehlen (Gspr.) (? v. schlau)

Schlamassel o. **Schlamastik,** Unglück (v. jüd. schlaumasel); i bin in aner Schlamastik: Patsche

Schlåmmbeißer, Schlammpeizger (tsch. piskor), ein Fisch

schlåmpåmpen, schlemmen (mhd. slamp, Gelage)

schlåmpen, nachlässig gehn, schlarfen

Schlåmpen, Fetzen, (verächtl.) Schleppe; nachlässiges, sittenloses, verächtliches Frauenzimmer; Dirne

Schlåmperei, Nachlässigkeit

Schlamperl, sittenloses Mädchen

schlåmpert, nachlässig, schlapp (mhd. slump, schlumpig); —i Augen måchen: trunken blicken

Schlåmpertatsch, nachlässiger Mensch (v. Tåtsch, s. d.)

Schlången, Schlange

schlankeln, schlenkern, baumeln

Schlankl, Schlingel, Schelm

schlapfen, schlarfen; wie schlampen

Schlapfen (eig. Schlarpfen), auch Schlacken, Pantoffel (v. schlarfen, schleppend gehn); auch s. v. a. Goschen u. Schlåmpen (übles Weibsbild)

Schlapfenpromenad, der abendliche Spaziergang der Dienstboten mit dem Liebhaber

Schlappschuach, wie Schlapfen

Schlapramentståch, Tag des Geldmangels vor der Löhnung (v. it. sciopramento, Müßiggang)

Schlasing, Schlesien

Schlasinger, Schlesier, Leinwandhausierer (va.)

schlasisch, schlesisch

schlauch, schlau

Schlaucherl, Schlaumeier, Schlaukopf

schlaudermaßi(ch), katzenjämmerlich; unwohl

Schlecher (der), Schlehe

schlecht; mir is —: ich fühle mich unwohl; der is in Teufl z —!; net —!: nicht übel!

schlechtmåchen, verleumden, anschwärzen

schlecken, lecken (mhd. slecken); de håt nix z —: es geht ihr nicht gut; a schleckader Rüssel: ein Leckermaul; geschleckt, bartlos

Schlecker, Zunge; Lecker; Speichellecker

Schleckerbartl, Hohnruf wie: etsch, etsch! mit der Geste des Rübenschabens (wohl: leck dir den Bart!)
Schleckerl, leckere Speise; dann wie Schlecker
schledern, eine Flüssigkeit schütteln o. verspritzen; trinken (s. schludern)
Schlegl, Schlagholz, Keule, Kalbs-, Schafs-, Schweinskeule
schleichen, (sich) entfernen, drücken, wegschleichen (— S Jhna: gehen Sie)
Schleicher, lautloser Furz
schleifen, schlittschuhlaufen; tschinnern, mit den Schuhsohlen übers Eis gleiten; a gschliffene Goschen: eine scharfe Zunge
Schleifen, kurze, schmale Eisbahn der Gassenjugend
Schleifschuach, Schlittschuh
schleima, schleimen; (sich) ärgern; wie giften
Schleißen, wie Schlampen (v. schleißig)
schleißi(ch), zerschlissen, zerlumpt, abgeschabt, abgetragen; a schleißicher Kerl: ein schäbiger Kerl
Schlendrian, Nachlässigkeit, Leichtfertigkeit
Schlenkriad, Rindfleischsorte
schlenzen, umherschlendern, statt zu arbeiten
Schlepp o. **Ochsenschlepp** (der), mindergute Rindfleischsorte v. Schwanz; Schleppkahn
Schlepp[en], Schleppe
Schlepper, der Gaunern Opfer herbeibringt; auch Schleppkahn
Schleppsåck, ein lästiger Begleiter
schleudern, ohne Sorgfalt arbeiten; unter dem Werte (zu Schleuderpreisen) verkaufen
schliafen, schlüpfen, kriechen (ahd. sliofan); an in Arsch —: ihm widerlich schmeicheln
Schliafer, Schmeichler (s. schliafen), Speichellecker; eine Art Frauenjacke o. -mantel; eine Art Galoschen
Schliaferl, widerlicher Schmeichler, Liebediener
Schliafhansl, Mauergerste; wie Schliaferl
schliaßen, schließen, in Fesseln legen
Schliaßen, Schließe; Handfesseln
schliaßli(ch), schließlich (gewöhnlich aber: schließli)
Schliberer, Taschendieb (Gspr. Sliberer)
schlichten, Holz zu einem Stoß formen; schichten; ordnen
Schlickåwi, Schnaps (v. Slibowitz)
schlicken, schlucken; verschlingen; des schlick (friß) i net: lasse ich mir nicht gefallen
schließli, s. schliaßli(ch)
Schligowitz, Slibowitz, Zwetschkenbranntwein (zu schlicken)
Schlittasch, Schlitten
Schlitten (spr. Schlidn), sittenloses Frauenzimmer
Schlittenroß; aufgeputzt wiar a —: zu auffallend geputzt
schlitzi(ch), schlüpfrig, v. Nässe glatt (tsch. sliz, Schleim)
Schlitzkråwåt (eig. Kroate m. Latzhose), scherzw. Mädchen
Schlosserbuam, mit Teig umhüllte, aus Fett gebackene Dörrpflaumen

Schlowak, Slowake
schluckazen, schluchzen
schludern, schlottern; saufen
Schluf, Schlupfwinkel, heimlicher Zusammenkunftsort
Schlüffel, grober, roher Mensch
schlumpern, schlottern (eines Kleides)
schlumpre, (scherzh.) schlummere (sanft)!
Schlung, Schlund, Kehlkopf (v. schlingen)
Schlupf, wie Schluf; dann Schluck; kl. Schlupferl o. Schlüpferl, Schlückchen
Schlupfen, Schleife, Masche
schmafu, schmählich, verächtlich (v. frz. je m'en foute [fiche]; sich nichts draus machen)
Schmäh, Rede, Gefasel, Lüge
schmålmåchen, betteln (Gspr.)
Schmålranftler, Hut mit schmaler Krempe (gilt als schneidig wienerisch)
Schmålz, geschmolzenes Fett (Schmeer); Strafe, Hiebe (der håt sei[n] — kriagt); schåd ums —: schade um Mühe u. Kosten; alles vergebens
Schmålzbruader, einer, der einer Arbeit o. Pflicht ausweicht (si davon åschmålzt)
schmålzen, prügeln; gschmålzen: teuer
Schmålzgsell (spr. -gsöll), wie Schmålzbruader
schmålzi(ch), si — (o. fett) måchen: sich womit patzig machen
Schmålzhäfen, Fettopf; (spött.) Zylinderhut
Schmalzl, wie Schmäulzl
Schmankerl, Mehlspeise aus flüssigem Eierteig
Schmarokes, Schmarotzer (selten)
Schmårrn, mit Fett geschmorte Speisen (Kartoffeln, Grieß, Semmeln usw.); der steirische Sterz; Plunder; (v. schmoren)
Schmarunkes, Not, Mangel (leiden)
Schmåtz, Kuß (v. schmatzen)
schmäulerln, zärtlich sein, kosen (v. schmollieren), flirten
schmäulzeln, schmeicheln
Schmäulzl, Schmeichler, Liebling
Schmauswaberl nannte man eine Frau, die die Überbleibsel von der Hoftafel billig verkaufte; sie hatte später Nachahmerinnen
Schmeckader, ein bukettreicher (duftender) Wein (s. schmekken); es gibt auch schmekkadi Weimber (Trauben)
schmecken; dies Wort bedeutete einst riechen, daher: schmecks, wånnst a Nåsen håst, o. schmecks, Kropferter: rieche es, errate es; er kånn mi net —: er kann mich nicht riechen, nicht leiden; wohin —: die Nase wohin stecken
Schmecker, Nase (vgl. Schlekker)
Schmeckserl, s. v. w. Sechserl (scherzh.)
schmeißen, werfen, schleudern; si —: stolz sein o. gehn
Schmeißer, wie Umschmeißer o. Drahrer; sein — hålten: seinen Stolz zur Schau tragen
Schmelz (spr. Schmölz), Platz, wo übelriechende Stoffe geschmolzen wur-

den; zuletzt ein großes Exerzierfeld im Westen Wiens

schmelzen (spr. schmölzn), kacken

Schmiedl; liaber zun Schmied gehn åls zun —: sich gleich an die richtige Stelle wenden

Schmiedten, Schmiede

Schmier, Schmiere; weicher Straßenkot; Patsche (in der — sein); Bestechungsgeld; in den Stich gegebene gute Karten

Schmieralien (spr. -räulien), Schmiermittel; Bestechungsgelder

Schmieråmper, unreinlicher Mensch, Schmutzfink

Schmierasch, schriftliches Geschmiere; Salbe

Schmierer, Wüstling, Schürzenjäger

Schmierfink, Schmutzfink, schlechter Schreiber (in Form o. Inhalt), Sudler

schmieri(ch), schmutzig; geizig

Schmierkas, weicher Käse, Streichkäse (s. Kle^n^kas)

schmiern, schmieren; des geht wia gschmiert: das geht sehr leicht o. gut; bestechen (wer schmiert, der fåhrt: ein Trinkgeld hilft immer); an ani —: einem eine Ohrfeige geben; gute Karten zugeben; an Mädchen schmiegen

Schmiertegel, Salbentiegel; schmutzige Tabakspfeife

Schmiesel, Vorhemd (frz. chemisette)

Schmirgel, Korundpulver; auch ranziges Fett

schmirgeln, mit Korund polieren; nach schlechtem Fett riechen (von Schmer, Schmalz)

Schmiß, Hinauswurf; Spur eines Peitschenhiebes; Narbe einer Mensurwunde

schmissi(ch), wegwerfend, abweisend

Schmitz, Peitschenfranse, Peitschenschlag

schmitzen, mit der Peitsche schlagen

Schmolln, Krume, das Weiche vom Brot (lat. mollis, weich)

Schmonzes, leeres Gerede

schmudeln, kosen, anschmiegen

Schmudl, liederliche Weibsperson

schmugen, schmiegen, (zueinander) rücken

schmusen, schwätzen

schmutzen; weiße Klader — leicht: sind bald beschmutzt; schmunzeln (mhd. smutzen)

Schmutzian, schmutziger (d. h. filziger) Mensch

Schnåbel, keckes Kind; vorlauter Mund

schnabeln, essen, sich aneignen

schnäbeln, die Bewegung des Mundes beim Fische, der aus dem Wasser kommt; eine saure Miene machen (der wird —, wånn er des hört)

schnab[u]liern, essen, aufzehren

Schnacksen o. **Schnaxen,** Schnickschnack, Schnurren; måch kani —: sei ernsthaft

Schnåderbüchsen, Plappermaul

Schnåderer, Schwätzer, Ausplauderer

Schnådergans, Schwätzerin

Schnådergoschen, Plappermaul
Schnåderhüpfl, Singspruch (der Alpenbewohner)
schnådern, schnattern, schwätzen, ausplaudern
Schnådern, (geschwätziger) Mund (hålt dei[n] —); eine Schwätzerin, Ausplauderin
Schnagerl o. **Schnackerl,** der Schlucken; als Bestimmungswort s. v. a. klein, lächerlich
Schnagerlbahn, Kleinbahn
Schnagerlfras, Schluckfraisen
Schnagerlgschäft, Geschäft mit wenig Umsatz
Schnagerlmadam, vornehm tuende ärmliche Frau
Schnålln, Schnalle, Türklinke; Dirne
Schnållndrucker, Bettler, diebischer Wohnungseinschleicher (Gspr.)
schnålzen, mit der Peitsche knallen o. mit ihr schlagen
Schnålzer, Schnalzlaut (der Zunge, der Finger o. der Peitsche); Peitschenhieb; der håt in — versamt: er ist schon mehr als 40 Jahre alt, aber noch nicht gescheit (klug) geworden
schnåppen, ergreifen, assentieren, verhaften, stehlen
Schnåpper, Modegeck, Mädchenjäger; rascher Biß o. Griff; Diebstahl; der Ton des Einschnappens; ein luftschnappender Atemzug
schnåpperisch, geckenhaft, keck
Schnapperl, einschnappender Teil einer Maschine (Uhr); der Ton, wenn dieser einschnappt; kurzer Atemzug; auch s. v. w. Schnålzer (er håts — versamt)
schnåppern, zittern, beben (vor Angst o. Kälte); Zähneklappern
Schnåppsåck, Brotsack, Beutesack; auch s. v. a. Schnipfer
Schnåps, Branntwein (v. schnappen)
schnapseln, (heimlich) Branntwein trinken
schnåpsen, das Kartenspiel „66", (Schnapsen) spielen; abtun (mir san gschnåpst: abgetan, haben unser Teil)
schnårrezen, schnarren
Schnas, wie Schnacksen, Unsinn
schnateln, (Bäume) beschneiden; in kleine Stücke schneiden
schnaufen, schwer atmen; gschnaufte Knauschen: protzige, mit allem unzufriedene Frau
Schnauferl, kleiner Kraftwagen
schnaufezen, schnaufen
Schnaufezer, heftiger Atemzug
Schnau[n]zbårt, wie Schnau[n]zer
schnau[n]zen, schnauzen, s. anschnau[n]zen
Schnau[n]zer, Schnurrbart
Schnau[n]zl, Schnauzer (Hund); Schnurrbart
Schnauzl, wie Schnau^{n}zl
Schnäuzl, Topfschnabel
Schnaxen, s. Schnacksen
schnazeln, schnitzeln; gschnazelt, beschnitten
Schneck (der), die Schnecke; a liaber —: ein hübsches, liebes Kind o. Mädchen o. Bursch; jå, Schnecken!: eine höhn. Ablehnung (soll

heißen: jå, Schnecken håts gregnet!)
Schneckabartl, wie Schleckabartl (aber falsch)
schneckeln o. **schneckerln,** zu Locken gestalten; gschnecklert: lockig
Schneckensaftl, ein Hustenmittel
Schneckerl, kl. Schneck (s. d.); kleine Locke
Schneebålln, eine Mehlspeise
schneebållna, mit wirklichen Schneeballen werfen
schneeblüatlweiß, schneeweiß
Schneebrunzer, kindische Person; kleiner Junge; ålter —: altersschwacher Mann (scherzh.)
schneiben, schneien; gschneibt, schlecht: gschnieben (mhd. snûsen)
Schneid, Schneide; Schärfe; Mut; der Wein håt a —: er ist sauer
schneiden, sägen; Trad —: Getreide mähen; du wirst di —: dir schaden, dich täuschen; mi schneidts: ich habe Bauchschmerzen; an —: ihn absichtlich übersehen, nicht kennen
Schneider, magerer Mann; — wern: leer ausgehen
Schneidergas, (höhn.) Schneider
Schneiderkurasch, Feigheit, Weglaufen
Schneider-meck-meck! Verspottung d. Schneiders
schnellen (spr. schnölln), stehlen, betrügen (mir håm s wås gschnellt; mi håm s gschnellt)
Schneller (spr. Schnöller), Stoß
Schnellfeuerhoserl, hinten offenes Kinderhöschen
Schnellschuß (spr. Schnöll-) o. **Poståarwat,** dringende Arbeit
Schnellsiader (spr. Schnöll-), Spirituskochervorrichtung; auch ein Schnellkursus; kl. Lokomotive
schneuzen; schneuzen S Ihna: Sie sind mir zu jung
Schneuzgarten, Taschentuch (Garten = Gerte)
Schneuztüachl, Taschentuch; Hemdende, das kleinen Jungen aus der Knöpfelhose hängt
Schnickl, Abschwächung v. Kerl; Kauz
Schnicksen, wie Schnacksen; (— und Schnacksen machen)
schnipfen, Abschwächung v. stehlen
Schnipfer, Schelm
Schnirkl, Schnörkel
Schnitt, die Ernte; sein — mächen: guten Gewinn erzielen; a — Bier: ½ Seitl (jetzt ¼ Liter)
Schnittl o. **Schnittling,** Schnittlauch; Kopfhaar; — auf ålli Suppen, wer jedem zu Gefallen spricht u. handelt
Schnittlingfest, Frühlingsfest (va.)
Schnitz, Prügel, Hiebe
schnitzen, schlagen
Schnitzer, Schnitzmesser; Fehler
Schnitzl o. **Schnitzerl,** Schnitte v. Kalbs- o. Schweinsschlegel, gebraten o. paniert gebacken (Wiener —)
Schnitzmächer (besser Schnicksen- o. Schnacksenmächer), Flausenmacher, Aufschneider
Schnixen (s. Schnicksen)

schnofeln, schnüffeln; durch die Nase reden
Schnoferl, gerümpfte Nase, verdrießliche Miene, Mäulchen
Schnoferlritter, ein verdrossener Mensch
Schnofler, Schnüffler, Spion; ein durch die Nase Redender
schnoflert, schnüffelnd
schnopfen, schnupfen
Schnopftåbåk, Schnupftabak
Schnopftüachl, Taschentuch (Schnupftuch)
Schnorrer, Armer, Bettler (mhd. snurraere)
Schnoz, Fettwulst am Körper, bes. im Genick
Schnur, Schwiegertochter (va.); nåch der — gehⁿ: in Ordnung vor sich gehn; über d — haun: die üblichen Grenzen überschreiten; durch die Schnur: eine Reihe durch
Schnürl, Schnürchen; an åm — håm: ihn regieren, lenken
schnürln, stark regnen
Schnürlregen, starker Regen (wie in Schnüren)
schnürn, beim Zechezahlen betrügen
Schnürream, Schnürriemen, Schuhband
Schnurscheiben, eine Art des Kegelschiebens
sche, s. scho[ⁿ]
Schober (Heu- o. Stroh-), Haufe (v. schieben)
Schöberl, Backwerk als Suppeneinlage
schock, viel (ung. sok)
Schoder, Schotter; (scherzh.) Geld
schofel o. **schofli(ch),** armselig, schäbig (hebr. schôfel)
Schokazen, katholische Serben
Schokoladi, Schokolade
scho[ⁿ], schon
schöⁿ; so —!: das ist nicht übel!; — vertritt oft sehr: i bitt —: ich bitte sehr; — dumm; auch iron.: du bist — brav: bist ja nicht brav; an — (freundlich) grüaßen låssen; s schöne Handerl: das rechte Händchen
Schönheitsgrüaberl, Grübchen in Kinn o. Wange
Schopf, Kopfhaar, bes. der Teil über der Stirnmitte
Schopfbeudler, das Zerren am Kopfhaar (als Mißhandlung)
Schopfer o. **Schöpfer,** Schöpflöffel
Schopferl, kl. Schopf
Schöpferl, kl. Schöpflöffel
schoppen, mästen (der Gänse)
Schöps, Hammel; Dummkopf (mhd. schöpez)
Schorsch o. **Schursch,** Georg (v. engl. George); kl. Schorschl, Schurschl u. Schurl (s. d.)
Schoß (d), Frauenrock (Mz. Schoßen) u. der Schoß
Schra, Schrei
schrageln, schniegeln (selten)
Schrågen, Bockgestell; mageres Weib
Schråmmen, Hautwunde; Narbe
Schrånken (der), die Schranke
Schråpp, kleines Kind
schraufen, schrauben; si —: sich losschrauben, losmachen

Schraufen (der), Schraube; verrücktes (verdrehtes) Weib; bei den is a — locker: er ist etwas verrückt
Schräuferl, Schräubchen; Zigarrenstummel (als Kautabak); Ohrschraube (einst oft an Männerohren)
Schraufstock, Schraubstock
Schraz, wie Schråpp (v. Schrat, Zwerg)
schreams, schräge, schief
Schreams, Schräge (nach der —)
Schreckenberger, falsche erschreckende Mitteilung o. Drohung
Schreibzeuch (der), das Schreibzeug
schrein, i håb gschriern; mit an —: ihn laut verweisen o. schimpfen; d schreiade Fras, Schreifraisen; — wiar a Nåchtwåchter: sehr laut schreien
Schrenz, Abschnitzel, Abfall (von Würsten u. dgl.), mhd. schranz, Zerschnittenes (s. Åschredeln)
Schriat, Schritt; auch der Punkt, wo sich die Hosenbeine vereinigen
Schrick, Sprung (in Glas, Porzellan) (va.)
Schrocken, Schreck[en]
Schrot (der), Getreide o. Bleischrot
Schröt, wie Schrot
Schrotbeudl, hängende Frauenbrust (scherzh.)
schrumm, Ton der gezupften Saite, Schlußton
schrumpeln, schrumpfen
Schuach, Schuh; kl. Schuacherl (mhd. schuoch)
Schuachwix, Schuhwichse; (scherzh.) des is so klår wia —: ganz klar
Schuaster, Schuster; Stümper, Streikbrecher, Lohnverderber; der Schnellkäfer (Elater)
Schuasteråneis, Stümper
Schuasterbankl, Dreibein des Schusters; sein Werktisch; auch vorstehende Unterlippe
Schuasterbåß, grober Baß
Schuasterbleaml, die Küchenschelle (Pulsatilla)
Schuasterbua, Schusterlehrling
Schuasterdråht, gepichter Faden zum Ledernähen
Schuasterkirzen, kleine Unschlittkerze
Schuasterkneip, Ledermesser; auch Spottname des Schusters
Schuasterkråpfen, wie Schuasterlabl
Schuasterkugl, wassergefüllte Glaskugel (als eine Art Lichtsammellinse)
Schuasterlabl, schwarzes Laibchen, die Semmel des Schusterbuben
schuastern, Schuhe machen; stümpern; koitieren
Schuasternagl, Schusternelke, eine Enzianart
Schuasterpålmen, die Pflanze Aspidistria elatior
Schuasterpåpp, Lederkleister; ausschaun wia —: unappetitlich
Schuastersunntåch: weiß Gott wann
Schuastertåler, die einstige 4-Kreuzer-Kupfermünze
Schuastervogel, Truthenne, der Braten am Liachtbratelsonntag (s. Liachtbratel)

Schuasterzweck, Nagel ohne Kopf aus Holz o. Eisen; auch Spottname des Schusters (mhd. zwec)
Schub, polizeiliche Abschiebung; Leute, die gruppenweise wo eingelassen werden
schübeln, schopfbeuteln
Schuber, Schiebfenster, Schalter; Riegel
Schüberl, kleine Menge (was man mit den Fingern faßt); Büschelchen, Schöpfchen
schubito, schnell, rasch (it. subito)
Schubkårrn (der), Schiebkarre
Schübl, größere Menge; viel; Büschel, Schopf; Kopfhaar (v. schieben)
Schublåd, Schieblade
Schublådkåsten, breiter Kasten mit Schiebladen; Volksbezeichnung eines Hauses auf der Freyung
schubs o. **schups,** mit einem Schub o. Wurf
Schubs o. **Schups** o. **Schubser, Schupser,** ein Stoß o. Wurf
schubsen o. **schupsen,** schieben, stoßen, werfen
Schuftian, Schuft
Schul, Schule
schuldi(ch), schuldig
Schulerbua, Schuljunge, Schüler
schulstürzen, die Schule schwänzen (v. störzen, müßiggehn)
schultern, auf die Achsel nehmen; jemand heben, um ihn hinauszuwerfen
schummeln, listig veranlassen zu gehn (v. schieben, schubeln)
Schund (eig. Abfall), Ausschuß, schlechte Ware
schundhååri(ch), haarlos, abgeschabt
schundi(ch), abgenutzt, schäbig; filzig (geizig)
Schundian, Filz, Geizhals, Schmutzian
Schunken (der o. d), Schinken; Schenkel (tsch. šunka)
Schunkenba[n]**,** Schinkenknochen mit erheblichen Fleischresten
Schunkenfleckerln, Nudelteigfleckchen mit gehacktem Schinkenfleisch
Schunkengsicht, rundes, fettes Gesicht
schupfen; werfen; d Achsel —: mit der Achsel zucken; schleudern
Schupfen, Schuppen, Schutzbau aus Brettern (mhd. schopf)
Schupfer, Stoß; Hinauswurf
schups, s. schubs; Schups, s. Schubs usw.
Schur; an wås zun — tuan: einen Possen spielen (v. scheren)
Schürer, Hetzer, Agitator
Schurimuri, Mischmasch; Weinlimonade
Schurl, wie Schurschl; auch Strolch; roher, gemeiner Kerl (s. Pülcher); Schurl mit der Blechhauben (Helm): eig. der hl. Ritter Georg; auch Feuerwehr- o. Sicherheitswachmann
Schurnäul, Journal
Schursch o. **Schorsch** o. **Schurschl,** Georg (frz. Georges)
Schurz (der), Männerschürze
Schürzen, Frauenschürze
Schurzfell (spr. -föll), Lederschürze
Schuß, Vorschuß, Anleihe; Zehnkreuzermünze (Mz. Schuß); schlechte Points im

Billardspiel; das erste u. letzte Bier im Fasse; im — seiⁿ: im Eifer, in der Eile; mit an — Rum: mit einem Zusatz (Guß) von Rum; an — håm: etwas verrückt sein

Schußbartl o. **Schusserl,** auch Schuß, übereilt handelnder, fahriger Mensch

Schüssel; auf d — kriagn: zum Vorwurf bekommen (s. auch Suppen)

Schüsserl, Schüsselchen

Schüsserlgreißler, ein Mensch, der alles glaubt

schusse[r]ln, kopflos u. übereilt tätig sein

schußlert, übereilt, übereifrig, fahrig

Schütt, Schutt; Sandbank

Schüttel, Teil des Ufers am Donaukanal

schütten, heftig regnen

schütter, spärlich verteilt

schutzen, ein Kind auf den Armen schaukeln

Schwåb, Deutscher, Schwabe (mhd. swâb, lat. suevus); dann die Küchenschabe (Periplanata, mhd. swarbe)

schwabbern, schweppern (Zittern u. Verspritzen einer getragenen Flüssigkeit), schlappern

schwabeln, schwäbeln; plaudern, schwatzen

schwaben, schwemmen, spülen, schweifen

Schwåbenstückl, einfältige Handlung

schwaberzen, wie schwabbern

schwabisch, schwäbisch, deutsch

Schwabisch, Rindsbraten auf schwäbische Art; amål — mit Nockerln: eine höhn. Ablehnung wie: ja, Schnecken!

schwåch; — åm (im) Glauben seiⁿ: keine strammen Beine haben (schwanken); oft — seiⁿ: betrunken; åber —!: ich glaub s nicht; s schwäche Zimmer: das der Schwerkranken (im Spital)

Schwächen, Schwäche, Vorliebe, Fehler

Schwacherin, Schwägerin; Sennin (Schwaigerin)

schwådern, schwatzen (lat. suadere, reden)

Schwaf, Schweif, Schwanz; Penis; n — eiⁿziagn: klein beigeben

schwafeln, schweifwedeln; sich unterwürfig zeigen; schwätzen

Schwaich, Schwaig, Almwirtschaft (ahd. sweige)

Schwålben, Schwalbe; kl. Schwalberl

Schwålbenschwaf, der Schwalbenschwanz (Papilio Machaon); die Frackschöße

schwameln, taumeln, schwankend gehen (mhd. sweimen)

Schwåmm; — drüber!: reden wir nichts mehr davon!

Schwåmma, Schwamm (Pilz); Rausch (v. schwameln)

Schwåmmathomerl, ein Säufer

Schwammerl, Pilz; håst narrische (giftige) —n gessen?: bist du verrückt?; sitzen und —n feilhålten: nichts tun, müßig sein; gelinder Rausch

Schwammerling, Pilz

schwåmmerzen, im Rausch (Schwåmma) reden
schwåmmi(ch), schwammig, aufgequollen, aufgedunsen
Schwånahåls, in schlankem Bogen geschnittene Tabakspfeife aus Meerschaum o. solche Zigarrenspitze (Schwånahalsel, spr. -häulsel)
Schwånz, Schmähw. f. einen verachteten Mann; Penis
Schwånzausreißen; des is zun —: sehr ärgerlich, zum Verzweifeln
schwanzeln, schwänzeln (s. schwafeln)
schwanzen, ärgern (s. zsåmmschwanzen)
Schwanzer, Zorn, Ärger
Schwanzl, Schwänzchen; auch gute Rindfleischart (gschnattes —) (s. Hüferschwanzl)
schwar, schwer, schwierig
Schwarer, ein Schwerer, Reicher; Schwerverbrecher
Schwarfuhrwerk, Lastfuhrwerk
Schwårm, wer o. was, wofür man schwärmt (mei[n] — is a Künstler)
Schwarn, Schwere
Schwårten, Schwarte, Haut (an haun, daß eahm d — krâcht: tüchtig prügeln); Abfall beim Brettersägen
Schwartl, Bratenschwarte, flaches Holzscheit
schwårz (schwirzer, åm schwirzesten); i bin heut —: ich habe kein Geld; mir wird —: ich falle in Ohnmacht; — fåhren: ohne Fahrgeld zu zahlen; an — måchen: anschwärzen; net wås — untern Nägel is: gar nichts
schwårzaugert, schwarzäugig
Schwårzbazter, ein schwarzgebeizter Schnupftabak (der Satz: Wånn S an Schwårzbazten hätten, schnupfeten S n? dient als das „Schibboleth" des Wieners)
Schwårzbir, Schwarzbeere, Heidelbeere
Schwårzer, schwarzer Kaffee; Neger; Kaminfeger; Teufel; der Dreikönig-Rauchtabak
Schwårzerl, schwarzhaariges Mädchen; schwarzes Kätzchen, Huhn u. dgl.
schwårzgamert, bösmäulig
Schwårzplattl, Schwarzplättchen (Singvogel)
Schwaß, Schweiß (selten, s. Schwitz)
schwaßen, schweißen; betrügen, übervorteilen; auch durchsickern
Schwåßer, Lebemann (Roué), Mädchenbetörer
schwätzen, (während des Unterrichtes) schwatzen; ausplaudern
Schwatzen, Durchfall (Diarrhöe)
Schwäulb[er]l, Schwalbe Schwälbchen
Schwed, Schwede; a ålder —: ein erfahrener Mann; a damischer —: ein alter Narr
Schwefel, Geschwätz, Unsinn (v. schwafeln)
Schwefelbanda, Schelmenbande (oft nur scherzh.)
Schwefelbruader, ein Schwätzer, Lügner
schwefeln, schwatzen, lügen (v. schwafeln, schwabeln)
Schwefelquart, wie Schwefelbanda

Schweigl, Rausch (v. schwelgen)
Schweiⁿ; — håm: Glück haben (meist: Sau)
Schweiⁿbartl, wie Saubartl
Schweiⁿbradl, wie Schweiⁿbartl
Schweinderl, Ferkel
Schweindl, (nicht großes) Schwein, unreinlicher o. laszIver Mensch
Schweinerei, Ungehörigkeit; Unflat; Schmutz
Schweiner[ne]s, Schweinefleisch
Schweinigl, unreiner o. unflätiger Mensch; der Igel heißt stets: Saunigl
Schweiⁿpelz (spr. -pölz), wie Schweiⁿbartl o. Schweinekerl
Schweinsbradl, Schweinebraten (s. Schweiⁿbradl u. Saubradl)
Schweizer, Pfleger der Kühe in Molkereien
Schweizerhaus, Haus im Schweizer Stil; ein bekanntes Pratergasthaus
Schweizerkas, Schweizer Käse
Schweller (spr. Schwöller), Eisenbahnschwellen
schwelln (spr. schwölln), stauen
Schwelln (spr. Schwölln), Schwelle; Stauteich
Schwemm, Pferdeschwemme; Schankraum d. Gasthauses f. bescheidene Gäste; Verkaufsraum f. billige Ware in Niederlagen
Schwerak, Schelm (tsch. šverak: Schraubstock)
Schwetz, Schuster (tsch. švec)
schwimma, schwimmen; gschwumma, geschwommen; den Anforderungen nicht genügen können; ohne Geld sein
Schwimmaster, einer, der oft „schwimmt", aber sich meist zu helfen weiß
Schwimmerl, schwimmender Dochtträger im Öllämpchen
schwinden, krümmen von Holzsachen durch Feuchtigkeitseinfluß (des Brett is stärk gschwunden)
Schwindl, Schwindel, Betrug, Lüge, Ausrede
Schwindlerei, Schwindelei
schwindlert o. **schwindli(ch),** schwindlig
Schwindlmeier, ein Gewohnheitsschwindler
schwinga, schwingen; (zuweilen) wie schwinden (s. d.); schwing di (drah di): geh fort!
Schwinga, eine Schwinge (flacher, muldenförmiger Korb); kl. Schwingerl
Schwips, Räuschchen (v. schwippen, schwanken)
schwirn, schwören: i schwir, hab gschwurn
Schwirt, (zuweilen) Schwert
Schwirz o. **Schwirzen,** Schwärze
schwirzen, schwärzen; schmuggeln
Schwirzer, Schwärzer, Schmuggler
Schwitz (der), Schweiß; Lohn; der Beschlag der Fenster bei Kälte (s. Fensterschwitz)
schwitzen; då kånn i wieder —: da muß ich wieder zahlen
Schwül (der), Rausch
schwüli(ch), schwül
Schwulität, Bedrängnis, üble Lage

Schwüln (d), Schwüle
schwumlert, wie schwummerli(ch)
Schwumm, Bedrängnis, Zeit- o. Geldmangel, ein Zuviel an Arbeit o. Schulden (v. schwimmen)
schwummerli(ch), benebelt, katzenjämmerlich (v. schwameln, taumeln)
Schwung, Bewegung; schau, daß d in — kummst: geh fort; i bin aus n — kumma: aus der Übung gekommen
schwups, Ausruf bei Entwischen o. Hinfallen (v. schwippen)
schwurbeln, viel o. wirr reden, summen; der schwurbelt wås zsåmm: der redet Unsinn; mir schwurbelt (summt) der Kopf
Schwurbl o. Schwurm, Wortschwall, Gesumme
schwürert o. schwüri(ch), wie gschwürert o. gschwüri(ch)
schwürn, schwären
se, sie (Mz. v. er, sie, es)
Se, Sie (in höfl. Anrede), da müassen S Se sågen: da müssen Sie Respekt haben, das ist vorzüglich
sechs; meiner —: meiner Treu (drei!) verdoppelt; s. six; auf sechsi tånzen: Sechsschrittwalzer tanzen
Sechser o. Schadl, nach vorn gebürstetes Haar an der Schläfe; galt einst als fesch u. schneidig, später als gemein
Sechserl, Münze aus Silber, 1/10 Gulden, also 6 Kreuzer (der Gulden Konv.-Münze hatte 60 Kreuzer); der Name ging auf das 10-Kreuzer- u. sogar auf das 20-Heller-Stück über; es gab auch Papiersechserln; auch hingespuckter Speichel wurde oft — genannt (s. Schmeckserl u. Zehnerl)
sechteln, harnen (va.)
Sechter o. Sechterl, Handschöpfgefäß mit kurzem Stiel (lat. sectarius); blader —: dicker Mensch (nach dem Musiker Simon Sechter († 1867), der sehr dick war)
sechzg, sechzig
Seel (spr. Söl), Seele; meiner —: wahrhaftig; meiner — und God: ich schwöre; die — aus n Leib reden: lange u. eindringlich reden; daß die årme — an Ruh håt: um Ruhe zu schaffen; — heißt auch die trockene Haut im Federkiel (s. a. Haringseel)
Seelenåmt (spr. Söln-), feierl. Seelenmesse, Requiem
seelensguat (spr. Söln-), seelengut, sehr gütig
Seelentränker (spr. Söln-), sehr schmales, kleines Boot
Seferl o. Seffi, Josefa
Segel-, Segen- o. Sevenbam, der Sebenbaum (Juniperus sabina)
segen, sehen; i siech, du siechst, er sicht; mir segen, es sechts, se segen; i håb gsegen; siechst o. sixt, sechts, i sechert (sähe); der kånn si — låssen: er ist der Beachtung wert; håst es net gsegn, siechst es net ah: in einem Nu
seh, sieh, schau; —, då nimm!: schau, da nimm!

Seicher, Sieb; kl. Seicherl (v. seihen)

Seichwåsser, Sickerwasser

Seil (spr. Säul)

Seilerer (spr. Säulerer), Seiler

sei^{n} (besitzanz. Fürw.); sein (seinen); — Haus; seini Freund: seine Freunde

sei^{n} (Zeitw.); i bin, du bist, er is, mir san (wir sind), es seids (ihr seid), se san (sie sind); i, er wår, du wårst, mir wårn, es wårts (ihr wart), se wårn; i war (ich wäre), du warst (du wärest), er war (er wäre), mir warn (wir wären), es warts (ihr wäret), se warn (sie wären); gwest (gewesen), sei!, seids (seid); i bins, mir sans: ich bin o. wir sind fertig o. bereit; wås is s? (was ist es?): was gibt es?; san S so guat!: seien Sie so gütig! o. das kann doch nicht sein!

seinicher, seiniger; a — Freund: ein Freund von ihm

seit; seit wås i då bin: seitdem ich hier bin

Seit o. **Seiten,** Seite; auf dera —: auf dieser Seite

sekkiern, sezieren, obduzieren

selber (spr. sölber), selbst

Selch (spr. Sölch), Räucherkammer (s. Selchkuchl)

selchen (spr. sölchn), räuchern (des Fleisches); gselcht: geräuchert; bildl. sehr mager; a gselchter Haring: Räucherhering o. sehr magerer Mensch (lat. salire, salzen)

Selcher (spr. Sölcher), Schweinemetzger

Selchkuchl, wie Selch; då schauts aus wiar in aner —: es ist sehr unsauber hier

seli(ch) (spr. söli), selig; mein Selicher: mein verstorbener Gatte

Semmelhund, ein Stück alter Semmel im Brot; Schmähwort: elender Hund

Semmelmehl (spr. -möhl), feines Weizenmehl

sempern, schwatzen, zu viel reden

Senft, Senf; sein — dazugeben: zu etwas seine Meinung äußern

Senkl, Geschwür (v. senken)

Seppl, Josef; Bauernbursche; Polizeisoldat

Sequester; buglerter —: buckliger Mensch

Serbianer, Serbe, Militärgrenzer

Seri, Serie, Reihe

Serwas, der Gruß Servus (Diener, lat.); sein — måchen: höflich grüßen; Verwunderung o. Freude des Wiedersehens drücken aus: —, Herr Kårl!, — Frånz!, — Březina!, — mit Lins (Linsen)!; —, gsegn! ist Abschiedsgruß; zuweilen hört man auch: Serras! o. Sers!

Serwetten, Serviette; kl. Serwettl

Sessel, Stuhl; zwischen zwa —n auf der Erd sitzen: das Sichere verloren, aber das Unsichere nicht erlangt haben

Sesselflechter, der Rohreinflechter der Stühle

Sesselträger, Tragsessel- (Sänften-) Träger, meist Grobiane (er schimpft wiar a —)
setzen; in d Lotterie —: im Lotto spielen; si wås in Kopf —: eine fixe Idee fassen o. etwas starrsinnig anstreben; — låssen: warten, bis sich ein Bodensatz o. Ruhe ergibt; s wird si ålles wieder —: es wird alles wieder zur Ruhe, zur Ordnung kommen; setz di nieder: schweig!; då setzts wås: da gibt es Streit o. Strafe
Seufzerallee, einsame Gartenallee, wo sich Liebende treffen
sex, sechs (s. sechs u. six)
si, sich; auch statt uns o. einander: mir håm si troffen; seltener statt es: si regent: es regnet
siaden, sieden; gsoden, gesotten; s Wåsser siadt: siedet
siadhas, siedendheiß
sicher; auf Numero —: in Haft
sida, seit; sidaden, seitdem (va.)
Siebazehner, Siebzehner; fålscher —: falscher Mensch (vielleicht von Silberzehner; va.)
sieben (spr. sim); um siebeni: um 7 Uhr
siebengscheit, überklug, (spött.:) alles besser wissend
siebensüaß, überfreundlich, heuchlerisch
Sieberl, kleines Sieb
Siebner, eine 7; ein Jude (Lottonummer 7)
siebzg, siebzig
Siegi o. **Siegl,** Siegfried, Siegmund
Siegstesmariedl (auch Sixtes-), Name einer beliebten Wirtin
Signäul, Signal
Silben (spr. Sülm), Silbe
Silber (spr. Sülber)
Simandl, Pantoffelheld (in Schmälzles Posse „Hochzeit zu Kana“ kommt ein Simon immer zu spät, weil er Kinder wiegen mußte; falsch: Siemandl)
Simerl, Simon, auch wie Simandl
Simperl, Brotschüssel aus Stroh (mhd. summer, Korb)
simulieren (eigentl. vortäuschen), sinnen, grübeln, hinbrüten
singa, singen; gsunga; åls a singader: singend
sinken; den Kind sinkt s Wåsser: der Wasserkopf des Kindes vergeht
sinna, sinnen; i sinn, håb gsunna
Siphon, eine Flasche Sodawasser mit Spritzhebel
Sippschåft, (verächtl.) Verwandtschaft; Bande
sirfeln, schlürfen (beim Trinken, Gehen u. als Sprachstörung)
Sirop, Sirup
Sirophäfen, Siruptopf; er setzt eahm s — auf: er überschüttet ihn mit Lob
Sitz; auf an —: ohne dabei den Tisch zu verlassen
sitzen; in Håft —; ani — låssen: sie nicht heiraten, sie verlassen; (vom Teig) nicht aufgehen; (vom Billard) die Bälle stehen günstig
Sitzer, ein leicht zu machender Billardstoß

Sitzgsell (spr. -gsöll), Schuhmacher, der in der Werkstatt eines Meisters für eigene Rechnung arbeitet

six; meiner —!: meiner Seele! (s. sechs)

skaliern, bemängeln (s. ausstaliern)

Skarnitzl o. **Stanitzl,** Tüte (tsch. skarnout)

skat, nicht besitzend; (v. frz. é[s]carter, weglegen)

Skelettgigerl, sehr magerer junger Mann

so, auf diese Weise; auch: ohnehin (i geh jå —); zufällig (i bin nur — då); gratis (i håb eahms — geben); etwa (mir wårn — a zwanzg); solch (— aner); solche (— Leut); für: ein solcher sagt man: a so a (a — a Lump); — lila: nicht gut, nicht schlecht; — schö[n]!: Enttäuschungsruf; nå so!: ohne besonderen Anlaß; scho[n] a so!: ganz ausgezeichnet

Sö o. (besser) Se, Sie; sö o. (besser) se, sie

Söckl, Socke, kurzer Strumpf

soda!, so!; —, jiatzt is s Häfen hin!: so, jetzt ist der Topf zerbrochen!

Soda, Sodawasser

Sodaliske, Sodawasserverkäuferin

Söffel, Säufer

Sofiderl, kleines Sofa

sofurt, sofort, sogleich

sogerzen, das Geräusch des Saugens

Sohln, Sohle

solchene o. **solchere,** solche; a —: Weibsperson von schlechtem Ruf

sölchene o. **sölchere,** wie solchene

Soldåtenschädl, Mann mit militärischen Anschauungen; Starrkopf

solid, ehrbar; in geordneten Verhältnissen

Solidichkeit, Solidheit, Solidität (s. solid)

sollen; es sollts (selten: söllts); i sollt o. solltet: ich solle o. sollte; mir sollten o. solleten; wir sollen o. sollten

solo; an — fassen o. nehma o. fånga: abfangen, zur Rede stellen

soso; mir gehts — o. so lila: nicht gut, nicht schlecht

Soß, Tunke (frz. sauce); Kotlache; a fadi —: etwas Langweiliges (z. B. eine Rede); a långi —: eine lange Rede; a schöni —: eine ärgerliche Sache; mir san in der —: in der Patsche; der Kellner macht sich mit dem Rufe: —! den Weg frei

soviel (spr. sovül), überaus (des is — schön, — guat)

Sozi, Sozialdemokrat

soziäul, sozial

Spachen, Speiche

Spåchert, Spagat, Bindfaden (it. spago, tsch. špagat); auch Geld (der — glengt [langt] net: das Geld ist zu wenig)

Spåchertscheißer, einer, der mit nichts rasch zu Ende kommt

Spåchtl, Spatel

Spadi, Säbel (it. spada)

Spadifankerl, kleiner Teufel (Possenfigur), s. Spirifankerl

Spålten, Spalte

Spaltl (spr. Späultl), kleine Spalte; Span; Wurstscheibchen; Schnitte
Spå^{n} (Mz. Spa^{n} o. Spä^{n}), abgespaltetes Holz; kl. Spandl o. Spanl; an — håm (im Hirn): verrückt sein; mir håm kani Spä^{n}: haben kein Geld
spandeln o. spanln, Holz dünn spalten
Spå^{n}fadl o. -farl, Spanferkel
Spa^{n}fudler, Knicker, kleiner Gewerbsmann (v. Späne fuzeln)
Spangerl, kl. Spange; Zigarette
spanisch, unverständlich
Spanische (s), spanisches Rohr, Prügelstock (s spanische Röhrl)
Spanl o. Spandl, s. Spå^{n}
Spanler, einfacher, aus Holzstäbchen u. Papier gefertigter kleiner Drache
Spanlseltsåm; Herr —: ein Sonderling (va.)
spånna, spannen; auch merken, vermuten, warten (spånnst [o. gspånnst] wås?: merkst du was?; i [g]spånn [vermute] scho^{n} lång wås); zu eng sein (der Rock spånnt mi)
spån[någel]neuch, ganz neu
spånn[a]lång, spannenlang
Spå^{n}sau, Mutterschwein
Spargamenten, Gerüchte, Umständlichkeiten, Ziererei (lat. spargimenta)
spargetteln, schöne Ware vornehin legen, um die Kunden zu locken (it. spargere)
Spaß apart, Spaß beiseite
spaßeln o. gspaßeln, spaßen
Spaßettl o. Gspaßettl, Späßchen
Spaßlerei o. Gspaßlerei, Witzelei, Neckerei
Spaßvögl, wie bachene Mäus
spåt, spät; a spåter Herr: Hagestolz, alter Junggeselle (zu spät zur Ehe)
spåterer, (zuweilen) später
Spåthirbst, Spätherbst
spatni, schlecht (tsch. špatny)
Spåtz, Sperling (mhd. spatz, spar); schwächliche, magere Person; a verheiråter —: unansehnlicher, dünnbeiniger Mann; i bin ka heuriger —: ich habe Erfahrung
Spåtzenfäulkl o. -faikl, Sperber (Sperlingsfalke)
Spåtzengstell, dünne, wadenlose Beine
Spåtzenschrecker, Vogelscheuche; häßlicher o. zerlumpter Mensch
Spåtzenwadl, nicht vorhandene Wade
Späul, Speil, Holzspänchen (si an — ei^{n}ziagn: einen Holzsplitter in die Haut stoßen) (mhd. spîdel)
späuln, mit Hölzchen (Speilen) Würste schließen; etwas mit Hölzchen aufspannen
Spazi, Spatium, Zwischenraum
Spåzierhölzer, (lange, dünne) Beine
spåziern, gehen; — gehn: unbeschäftigt umhergehn; ohne Arbeit o. Stelle sein
Spazikamin[o], Schornsteinfeger (it. spazzacamino) (va.)
speanzeln, liebäugeln, kokettieren, blinzeln (it. sbirciare), älter: spienzeln
spechten, sputen (v. tsch. špechaty, eilen) (va.)

Speck; vur an (o. wås) — håm: vor einem (o. etwas) Angst, Furcht, Respekt haben (v. Respekt)
specki(ch) (v. Mehlspeisen), kitschig (nicht aufgegangen)
Speckkammerl (eig. die Räucherkammer), Ort, wo man schlimme Kinder zur Strafe einschließt
speiben, speien, spucken; der speibt Feuer: er ist wütend; ausschaun wia gspieben o. wiar a gspiebens Äpfelkoch (Apfelmus): übel, blaß, krank aussehen
Speibteufel, ein Feuerwerkskörper (Frosch)
Speibtrücherl, Spucknapf, sehr kleiner Wohnraum
Speil, s. Späul (s. d.)
Speis, Speiskasten, Speisekammer
speisen; (meist iron.) essen, fressen; des speis (friß) i net: das lasse ich mir nicht bieten; gspeist z håm!: (ich wünsche Ihnen) wohl gespeist zu haben, gesegnete Mahlzeit! (auch iron. zu etwas Unappetitlichem o. Unschmackhaftem
Spenåt (spr. Schpenåd), Spinat; — (o. Kre[n]) måchen: sich patzig machen; des is der höchste — (o. Kre[n]): das ist unglaublich; der gånze —: der ganze Kram, Plunder (Spinat = Pflanz, s. d.)
Spenåtwåchter o. **Spenåterer,** Finanzwächter (hat grüne Aufschläge)
Spendaschi, Spendage, Geschenk
spendeln, nadeln, mit Stecknadeln befestigen (lat. spina, Dorn)
spendiern, schenken; i wir mr heunt wås Extras —: ich werde mir heute etwas Besonderes gönnen
Spendierhosen; heunt håt er d — ån: heute ist er freigebig
Spengler, Klempner, Blechschmied (mhd. spengeler, zu spengel, kl. Spange)
Spennådl, Stecknadel (s. spendeln), mhd. spenel
Spennådler, ganz junges Fischlein
Spennådlgeld (spr. -göld), Nadelgeld (Taschengeld der Frauen)
Spenser, einfache kurze Jacke (nach Lord Spencer)
Speon (selten), Spion; der schaut aus wiar in Tod sei[n] —: er sieht sehr krank aus
sper, ausgetrocknet, saftlos (mhd. spœr)
Sperenzeln, Ausflüchte
Spergän, eine Art Nasenstüber: der Daumen drückt die Nasenspitze nach oben, indes der Zeigefinger die Stirn berührt (v. lat. aspergere, besprengen)
Sperl, ein elegantes Vergnügungslokal; später etwas volkstümlich
Spermasen, kränklich aussehende, magere Person (s. sper u. Masen)
Spetakl o. **Spitakl,** der Spektakel, Lärm; auch das Spektakel (ah, —!: warum nicht gar!)
Spezi, spezieller Freund, Busenfreund; Schlemmgenosse

spiageln, spiegeln, glänzen; ån den kånnst di —: an dem kannst du dir ein Beispiel nehmen

Spiagl, Spiegel; das Sitzbrett des Aborts; abgeschabte o. fettglänzende Stellen an Kleidern; Druckstellen im Samt; des steckt er si net hintern —: das wird ihm keine liebe Erinnerung sein

spiazeln o. spürzeln, spucken; Speichel verspritzend reden

Spiazen o. Spürzen, die Tabakpfeife (va.)

spicken, bestechen (er håt n [o. eahm wås] gspickt); a gspickte Mariedl: eine wohlgefüllte Geldtasche; (s. åspicken)

spielen (spr. spüln); spiel di net mit mir: vertraue nicht auf meine Gutmütigkeit, reize mich nicht; mit so wås (o. den) spiel i mi: das ist mir leicht, dem bin ich überlegen; er spielt an Gawlier: er ist freigebig; er spielt ålli Fårben: wird bald bleich, bald rot

Spielerei (spr. Spülerei), Spielwerk, leichte Arbeit

Spielhansel o. Spielkåtz o. Spielråtz (spr. Spül-), Person, die gerne spielt

Spieß, Gulden (student.)

spießen, steckenbleiben, verklemmen; då spießt sa si: es geht nicht mehr; då spießt si wås: es ist da ein Hindernis

Spießer, Spießbürger (sie trugen einst im Kampfe Spieße), Banause, Pfahlbürger

spießi(ch), unfreundlich, schroff (mei[n] Onkel wird glei —)

Spinåt o. Spenåt (s. d.)

spindldürr, sehr mager

spinna, spinnen, halbverrückt sein; gspunna, gesponnen; mit den wirst ka[n] Seiden —: er wird bald grob

Spinnawetten, Spinnweben

Spinnerin, Spinne; — åm Kreuz, gotische Denksäule auf der Höhe des Wiener Berges, nahe die letzte öffentliche Richtstätte

Spion, s. Speon

Spirifankerl, s. Spadifankerl

Spirr (d), Sperre, Sperrstunde

Spirrgeld o. Spirrsechserl, Entlohnung des Hausbesorgers für nächtliches Toröffnen

spirrn, sperren

Spitålbojazer, (spött.) einer, der oft krank im Spital liegt

Spitålfetzen, (verächtl.) weibl. Person, die oft krank im Spital liegt; zuweilen auch Krankenwärterin, die ihre Pflicht vernachlässigt

Spitålgredl, krankes Mädchen im Spital; auch Krankenpflegerin

Spitåljanker, wie Spitålbojazer; auch der Krankenkittel

Spitz (der), die Zigarrenspitze; eine Gabelung der Straße; ein mäßiger Rausch; Penis; die Rindfleischgattungen: dicker —, Gawlierspitz, Kruspelspitz, Zwerchspitz, Bruststpitz

Spitzbua, Spitzbube, Schelm, Gauner

spitzen, staunen, schauen (lat. spicere, sehen); då wirst —: staunen; i spitz scho[n] drauf: ich lauere schon darauf; die Gschicht is (håt si) gspitzt: das gewollte Ende gefunden

Spitzl, Zigarren- o. Zigarettenspitze; ein beginnender Rausch; Geheimpolizist, Späher; kl. Spitzhund

Spitzmaus; er schaut aus wiar a —: klein, schwach

Spitznåm, Nebenname; Spottname

Spleny, ein beliebter Oberst der Deutschmeister (s. d.); mir von Hoch und —: wir vom Deutschmeisterregiment

Spompernade[l]n, Umschweife, Geschichten, Aufschneidereien (it. spampanare, rühmen, aufschneiden)

Spott; i leg kan — drauf: ich verachte das nicht; um an — kaufen: um ein Spottgeld, sehr billig

spotten; er låßt si net —: er ist freigebig

spottschlecht, sehr schlecht

Språch, Sprache, Rede

sprageln, auseinander spreizen (spreiten); verbiegen (der Stahlfedern); (altd. sprahulla, Schote)

Spragler, (lange) Beine

spreizen, widerstehen; weigern; sich sperren, sich zieren; gspreizt, gespannt, ungemütlich, hochmütig

Spreizen, Spreize, Stange zum Hoch- o. Weghalten (z. B. der Wäscheleinen)

Spreizl, Hölzchen

sprenga, sprengen, schicken (s. eingsprengt)

springa, springen, laufen (spring hin); entlassen werden (der muaß —); kommen (du wirst net weit —); wås — låssen: Geld aufwenden; des is ghupft wia gsprunga: das ist ganz dasselbe; der is gsprunga: hat sich geärgert

Springeisel, wie Schlageisel

springgifti(ch), sehr zornig

Springinkerl (betone -gin-), Springinsfeld, komisch lebhafte Person (vielleicht v. Springinklee, Maler, Nürnberg, 16. Jahrh.)

springlebi(ch); der Fisch is no —: er ist lebhaft bis zum Emporspringen

Sprinzerl, Fünkchen

Sprissel, Sprosse; Vogelsitzstange

Spritzamper, Gießkanne

spritzeln, beim Sprechen aus dem Munde spritzen

spritzen; wås —: stehlen; mit wås —: Sodawasser, Rum, Essig u. dgl. zusetzen; an —: ihn entlassen, fortjagen; an (ån)spritzen: (beim Kartenspiel) kontrieren; a Zimmer —: die einfarbige Wand mit anderer Farbe bespritzen

Spritzen, Spritze; a Månn von der —: Feuerwehrmann, ein tüchtiger Mensch; a (ålti) —: Weib, Dirne

Spritzer, Zusatz, Spritzfleck, Spritzstrahl; Tropfen; Entlassung; Hinauswurf; leichter Regen; Ausflug (vgl. Spritzfahrt)

Spritzleder, Wagenschutzdecke (bei halbgedeckten Wagen)

Sprosserln, Rosenkohl, Kohlsprosserln

Spruch; an — aufsägen: einen Glückwunsch hersagen
sprudeln, quirlen
Sprudler, Quirl
Sprung; ein kurzer Weg; auf an —: zu kurzem Besuch; åm — stehⁿ: von Entlassung bedroht sein; kani großen Sprüng machen: nicht viel Erfolg haben
spucken; der wird —: sehr zornig werden; i låß mr net in d Suppen —: ich lasse mir das nicht verekeln; der Ofen spuckt: er gibt Hitze
Spuckerl, Kellnerjunge, Pikkolo
Spucklert, Speichel
Spucktrücherl, Spucknapf, kl. Wohnraum
Spuln, Spule
Spundus, Angst, Furcht
Spur o. **Gspur**; går ka[ⁿ] —: durchaus nicht; nein, nein!; går kaⁿ — von aner Idee: ganz und gar nicht
Spurius; kan — davoⁿ håm: nicht das geringste davon wissen o. verstehen
Spurn, Sporn; fixe Idee, Sparren (der håt jå an —: er ist verrückt) (v. Sparren)
spürn o. **gspürn**, spüren, fühlen, empfinden (ka[ⁿ] Traurigkeit — låssen: stets heiter sein)
Spurnritter, Narr (s. Spurn)
Spurt, Sport, Liebhaberei
Spurtln, Sporteln, Gebühren, Nebeneinkünfte
spürzeln, wie spiazeln
Staberl, Stäbchen; der —: eine Possenfigur (lächerlicher Spießbürger)
Staberlwåch, Stabwache in der Hofburg (va.)
Ståbs-, Ober- (wirkt steigernd in: Ståbshur, Ståbska[r]näulli, Stabsschlåmpen)
Ståbstrumpeter; schnarchen, saufen, schreien, auch bsoffen sein wiar a —: stark schnarchen usw.
Ståcher o. **Ståcherl**, wie Tacher (va.)
stad, still, langsam, leise, behutsam, mäßig; sei —: schweige; stad gehⁿ: leise, langsam, behutsam gehen; s Gschäft geht —: es geht mäßig o. schlecht; nur schoⁿ stad: recht behutsam; Steigerung: stader, am stadesten (mhd. staete, zu stehen)
Stader, ein Stiller, Leiser; ein langsamer Tanz (Ländler); låß dr an Staden geigna: lebe nicht auf so großem Fuße (va.)
Stådl, Scheuer, Scheune (tsch. stodola)
Stadl o. **Stadtl**, Städtchen
Stådltur, Scheuertor; a Mäul wiar a —: ein sehr großer Mund
Ståbtmauer, sehr hoher steifer Hemdkragen
Ståbttrummel, Plaudertasche, Verbreiterin aller Neuigkeiten
Staffel (der), Stufe, Türschwelle
Staffiererin, Hüteausfertigerin
stagern, steigern; i bin gstagert wurn: ich muß höheren Zins zahlen
Stågl, Stahl, Bügelstahl (ahd. stahel); Mz. Stagln
ståglern, stählern (s. ohnedem)

ſtåglgrea^n, ſtahlgrün; des liegt mr — auf: das iſt mir vollkommen gleichgültig, kümmert mich nicht

Stalehner (eig. Steinlechner), alte Weinhauerfamilie, beſitzt jetzt ein Vergnügungslokal uſw.

Ståll, Mz. Stall; der ſteht in an guaten —: er wird gut verpflegt

Stållpaſchi, Stallpage, Pferdewärter

Ståmmbeiſel, Stammgaſthaus (Beiſel nur ſcherzh.)

Stammerl, Zweiglein, Hälmchen, Pflänzchen (v. Stamm)

Stamperer, Schürzenjäger, Mädchenverführer (va.)

Stamperkittl o. **-kidl,** Arbeitskittel der Frauen

Stamperl, Stempelgläschen, Schnapsgläschen (v. Stumpf)

ſtampern, treiben, arbeiten, hetzen (jagen), ſuchen (v. it. stamburare, trommeln); i wir di glei —: aus- o. wegjagen; åſtampern: abſuchen; umſtampern, umherjagen, reinmachen

ſtåmpfen, ſtapfen, gehn

Ståmpfen, Beine, Füße

Sta^n, Stein; Gulden; Mz. Staner; nåch — kumma: nach der Strafanſtalt Stein b. Krems gebracht werden; Staner werfen: hageln (ſ. Sånd und —); — verſtärkt: ſta^{n}ålt: ſehr alt, ſta^{n}müad: ſehr müde, ſta^{n}reich: ſehr reich

Sta^{n}bruader o. **-brüaderl,** Zuchthäusler

Stånd, Verkaufsſtelle o. -hütte auf Märkten, Stallabteil; der is wås inſtånd: es iſt ihm etwas zuzutrauen; Mz. Stand o. Ständ

Standäul, Skandal

Standerl, Ständchen (muſik.), Unterredung im Stehen

ſtändi(ch), ſtändig

Standl, Verkaufsſtelle auf Markt o. Straße

Standlerin, Markthändlerin, Hökerin, (ſcherzh.) „Dame vom Stånd“

Standlweib, wie Standlerin

Sta^{n}feld (ſpr. -föld), Steinfeld (Ebene)

Stången, Stange; Deichſel; Penis; an d — hålten: ihn in Schutz nehmen; an auf d — ſcheißen: ihm Liebesgunſt verſagen; a ſo a —: ſolch eine lange, magere Perſon

Stangerl o. **Stangl,** Stänglein

Stanglbrunner (Wein) (ſcherzh.), Brunnenwaſſer, „Gänſewein“

ſta^{n}hårt, ſteinhart

ſtaninga, ſteinigen

Stanitzl, Tüte (ſ. auch Skarnitzl)

Sta^{n}nagerl, Stein- o. Kartäuſernelke

ſtanterpee, stantepede, ſtehenden Fußes, ſogleich, ohne Verzug

Stanzi, Konſtanze

Stapel- o. **Stoppelgeld,** Stöpſelgeld, Entſchädigung des Wirtes bei Mitbringen v. Lebensmitteln (? it. stappare, entkorken)

ſtapeln, im Umherfahren Fahrgäſte ſuchen (der Standlohnkutſchen); in Gaſthäuſer Lebensmittel mitbringen

stårk, kräftig, heftig, fest, dick; arg, unglaublich (des is —); s. stirker
Starl, der Star (Vogel)
starzen, steif emporstehen, steif gehen; geputzt u. stolz gehen; gstarzte Kidln, steif gestärkte Frauenröcke (mhd. sterzen)
stätts, statt (— meiner)
Staubaus, Kehraus
staubdumm, (scherzh.) taubstumm
stauben; Brot håb i gfressen, daß s mr aus d Ohrwaschln gstaubt håt; gib Obåcht, daß s net staubt: daß du nicht Prügel bekommst
Stäuberl, Stäubchen
Staubferien, Arbeitsfreiheit infolge Reinigung der Räume
staubi(ch), staubig; der Wein (das Bier) is —: trüb
Stauden, Staude, Strauch; auch Hemd; Mz. Stauden o. Staudna
Staudenhocker o. **-sitzer,** feiger Kartenspieler; ein an der Scholle Klebender
Staudenscheißer, Soldat der Jägertruppe, der oft im Buschwerk Deckung suchen muß
stauna, staunen; i staun mi: ich wundere mich; i håb mi gstaunt
Stech, Steg
stechen; i stich: ich steche
Stecher, Lorgnon; Feldstecher
stecken; des kånnst dr åm Huat (in Ärsch) —: das kann man nicht gebrauchen; es wår gsteckt voll: es konnte niemand mehr eintreten; an — låssen: einem nicht helfen; si ani ins Gsicht —: sich eine Zigarre anzünden; an ani —: einem eine Ohrfeige geben; an wås —: einem etwas mitteilen o. verraten o. einen bestechen
Stecken, Stock; kl. Steckerl, Stäbchen, Gerte
Steffi, Stephanie
Steffl, Stephan; der (åldi) —: Stephansturm; n — reiben: ledig bleiben
Steft[en], Drahtstift
Stehaufmanderl, wie Manderlstehauf
Stehbier, stehend getrunkenes Bier
Stehkas, Stückchen Käse, das aufgestellt serviert wird
stehlen (spr. stöhln); i stiehl (spr. stühl): ich stehle; des kånn mr gstohlen wern: das ist für mich ohne Wert; glaubst, i geh —?: woher sollte ich das Geld nehmen?; ich håb mei[n] Geld (o. Zeit) net gstohlen: mir ist das Geld (die Zeit) kostbar
stehn; i steh; mir stengan; i bin gstånden; i stund (stände); mir stünd[at]en: wir ständen; stehad: stehend; des steht: das steht fest; s steht net dafur: es lohnt die Mühe nicht; der Huat steht mr net: er paßt nicht zu mir; der steht mr net zu Gsicht: er gefällt mir nicht; um des steh i net: um das ist mir nicht zu tun; (zum Pferde) steh ummi!: geh beiseite!; wia stehts, wia gehts?: wie befinden Sie sich?
stehnlåssen; wås —: es nicht essen, nicht berühren, es verschmähen

Stehwei^{n}, stehend getrunkener Wein

Steich, Steig

steif, gespannt, ungemütlich; betrunken

steifen, mit Stärke steif machen (Wäsche); si auf wås —: auf etwas eigensinnig beharren

steigen, stolzieren (— wia der Håhn åm Mist); sich erzürnen (über jeden Schmårrn —); an — låssen: einen erzürnen, um sich daran zu belustigen; an einisteigen: sich von ihm verleiten lassen, ihm aufsitzen

Steigen, Geflügelkäfig

Steiger, Nachsteiger, Schürzenjäger

Steighansel, leicht zu erzürnender Mensch

Steignåchi, Nachsteiger, Mädchenverfolger

Stell (spr. Stöll); auf der —: sofort

Stellasch[i] o. **Stelln** (spr. Stöllasch[i]. Stölln), Stellage, Gestell, Ständer, Etagère

stellen (spr. stölln), sich zur Militärdiensttauglichkeitsuntersuchung einfinden; verstellen (er stellt si dumm); er stellt si auf d Füaß: gibt nicht nach; an —: einen anhalten, zur Rede stellen; — S Jhna vur: stellen Sie sich vor; er is gstellt (spr. gstöllt) und geht: er ist imstande zu gehen; er is gstellt: von kräftiger Gestalt

Stellung (spr. Stöllung), Untersuchung auf Diensttauglichkeit; Amt, Erwerbsmöglichkeit

Stellwågen (spr. Stöll-), Gesellschaftswagen; (scherzh.) Glassalon in Gastwirtschaften

Stelzen (spr. Stölzn), Stelze, Unterschenkel von Kalb o. Schwein

stemma, stemmen; gegen des stemm i mi: dem leiste ich Widerstand; emporheben eines schweren Gegenstandes über die Achselhöhe (sportl.); an —: ihn zum Hinauswurf anfassen

Ster, s. Stör

sterben; i stirb (sterbe); gsturben; der Schenker is gsturben: da gibt es kein Geschenk

Sterbenswartl, Sterbenswörtchen

Stern, Mz. Stern; kl. Sterndl o. Sternderl; — noamål! o. fix —!: Flüche; an — reißen: (vom Fahrrade stürzend) ausgebreitet auf dem Boden liegen; Hotel Stern: (scherzh.) einst das Polizeigefangenhaus in der Sterngasse (Sterngassel)

Sternguker, Astronom; Mensch, den gewöhnliche Vorgänge nicht interessieren, Idealist

sternhågelvoll, schwer betrunken

Sternkreuzdiwidomine! Fluch (diwidomine v. [laus] tibi Domine: Lob dir, Herr!)

Sterz, wie Schmårrn; steirischer —: eine aus Fett u. Mehl bereitete Speise; er steht då, wia s Mandl bein —: er weiß sich nicht zu helfen; (v. stürzen)

Sterzl, Knirps (v. Storz, Storren, Stotz, Baumstumpf)
Stiaf-, Stief-; Stiafkind, zurückgesetzte, von aller Gunst ausgeschlossene Person
Stiagen, Stiege, Mz. Stiagna
Stiagenlaufer, Dieb auf Hausgängen u. in Vorzimmern
Stiagenplatzl, Treppenabsatz
Stiagenscheißer, wie Sturm (s. d.)
Stich, stechender Schmerz (mir håts an — geben); der håt an —: er ist etwas betrunken; des wår a —, der ka[n] Bluat gibt: eine Anspielung, die nicht getroffen hat; der Wei[n] håt an —: er wird schlecht; des Fleisch håt an —: es beginnt übel zu riechen; de Fårb håt an — ins Blaue: hat einen bläulichen Ton
Stichba[n], Knochengeschwulst an den Hinterbeinen der Pferde
Stichlerei, Stichelei
Stiefel; an — zsåmmreden: Unsinn reden; i håb an — gmåcht: einen Fehler gemacht; der geht neben d Stiefeln: geht mit zerfetzten Schuhen
stiefeln, gehen
Stiefelwix, Schuhwichse, (scherzh.) Slibowitz; des is so klår wia —: das ist sehr klar
Stiefelziacher, Stiefelknecht
Stieferl, Frauenschuh (va.)
Stiel (spr. Stül); zu dera Håcken wern ma scho[n] an — finden: das werden wir wohl möglich machen
stier, öde, langweilig, ohne Geld, mittellos; häßlich (a stieri Gschicht: eine schlimme Sache)
Stier, Geldmangel; (v. stier, s. d.); den rennt der — nåch: er ist mittellos
Stierer, Stocher; Hetzer; Mitteloser
Stiergfecht, Kampf mit der Not (dem Stiersein)
Stierität, Mittellosigkeit, Geldmangel, Öde, Langweiligkeit
stiern, stochern, stöbern, aufreizen, zuwider sein; des stiert mrs: das ist mir sehr zuwider, regt mich auf; du stierst gegen mi: du hetzest gegen mich; stier net in Essen um: sei nicht wählerisch (mhd. stüren)
stierreißen, einen um seine Barschaft bringen (z. B. im Spiel)
Stierwåscher, Salzburger (in Salzburg sollen sie einst einen schwarzen Stier [das dortige Wappentier] haben weiß waschen wollen)
Stift[en], Drahtstift
stifteln, etwas (z. B. Mandeln) in stiftenförmige Teilchen zerschneiden
Stifteln, Drahtstiftchen; Bartstoppeln
Stifter o. **Gstifter,** Mz. zu Stift (geistl.)
stigerzen, stottern
Still (spr. Stüll), Stille; in der —: ohne Lärm o. Aufsehen; in der — und in der Gham: im geheimen
Stimm, Stimme; mir håts d — (o. Red) verschlågen: ich vermochte nicht zu sprechen
Stimmstock; mir is der — umgfållen: ich bin heiser

Stingl, Stengel; bei (mit) Butz und — aufessen: ohne jeden Überrest
stinkad, stinkend
Stinkadores, schlechte Zigarre
Stinkawitz, stinkender Mensch
stinken; vur Stolz —: überstolz sein; da stinkts in der Fechtschul: da ist etwas nicht in Ordnung
Stirk, Wäschestärke
stirken, stärken
Stirken, Stärke (Kraft, Dicke)
stirker, stärker; am stirksten, am stärksten (zu: stark)
stöbern; den wir i —: wegjagen
Stock, Stockwerk; ein hartköpfiger Mensch (a rechter —); im oberen —: im Kopfe
stockån! Warnung im Blindekuhspiel, wo anzustoßen
Stockerl, Sessel ohne Lehne
Stockfisch, Dummkopf
Stöckl, Nebengebäude eines Schlosses; Siegelstock (Petschaft); Schuhabsatz; Topfpflanze
stockmarterfinster, ganz finster (Stock: Gefängnis)
stocktörisch, stocktaub
Stockuhr, Standuhr aus der Biedermeierzeit (mit Alabastersäulen)
Stoffl, Christoph; Bauernbursche
Stolln, Stolle (Weißgebäck; Hufeisenstolle)
Stolperer, ein Stolpern
stolpern, (scherzh.) gehn (mir san glei einigstolpert)
stopfen, mästen, füllen; der Wågen wår gstopft voll: es konnte keiner mehr hinein
Stoppl, Stöpsel, Pfropfen
Stopplgeld, wie Stapelgeld
Stopplziacher, Pfropfenzieher
Stöpsel, Knirps
Stör o. **Ster,** Ausübung eines Handwerks bei dem Kunden (mit Kost u. Obdach)
storcheln, gehn, steigen (wie ein Storch)
Störerbauer, Fuhrwerker, der auf Standplätzen Lastfuhraufträge erwartet
Stoß, 2 Klafter Holz; des wird dir kan — geben: deine Würde nicht schädigen
Stöß, Stöße; — kriagen: einen Verweis bekommen
stößen, stoßen; gstößen; stöß net so: stoße (dränge) nicht; die Milli stößt si: die Milch gerinnt; an —: einen bitten, fragen, zur Verantwortung ziehen, mahnen, anpumpen; wås —: stehlen
Stößer, Habicht; Zylinderhut (gerade, mit schmaler, flacher Krempe; bedeutete einst schneidiges Wienertum)
Stößl, Mörserkeule; Knirps (s. Dreckstößl)
Stosuppen (eig. Stoßsuppen), Rahmsuppe (v. stoßen, gerinnen)
Stra, Streu
Strach, Streich(e)
Strachin, Herumstreicher
Strachmåcher, Prahler, Tunichtgut
Stråf, Strafe; der is in der —: darf nicht ausgehn; — Gottes: Nemesis
Straf, Streif(en); Streifung (Razzia)

Strafbånd o. **-bandl,** Knöchelschutzbinde für Pferde (v. anstreifen)
strafen, streifen; gstraft (s. zuastrafen)
stråfen, züchtigen; fälschen (verwässern von Milch, Wein); bestehlen; Zahlung verlangen
Strafhölzl, Zündhölzchen
Strafung, Streifung, Suche, Razzia
Strafwågen, flacher Lastwagen, Plateauwagen (s. zuastrafen)
stråhlen, harnen (des Pferdes); eine heitere, freundliche Miene machen
Strähn, Strähne; kl. Strähndl
stråmpfen, strampeln, mit den Füßen stampfen; gstråmpft; a Gstråmpfter, Tanz mit Füßestampfen
Strâmpfer, ein Aufstampfen der Füße
Strâmpferwågen, der fensterlose Häftlingswagen (das einstige Strampfertheater, Tuchlauben, hatte viele blinde Fenster)
stran, streuen; gstrat; i straert (ich streuete)
Strândhur, Freimädchen letzten Ranges (vom Donaustrande usw.)
Strång, Strick des Henkers; Uhrkette (Gspr.)
Strånzen, Bett; auch faules, kräftiges Mädchen (v. strunzen, stolz o. müßig umhergehn)
strånzenskat, ohne Bett o. Unterstand
Strapazi, große Anstrengung, Strapaz
strapeziern o. (selten) **straplizi ern,** strapazieren, anstrengen, abnützen (it. strapazzare)
Strasånd, Streusand; — drauf!: Schluß! Fertig!
straßeln, auf den Straßen herumstreichen
Stråßen, Straße
Stråßenkihrer, Straßenkehrer
Straßl, Sträßchen
Straßler, Straßenjunge, Strolch
Strauben, Spritzkrapfen (v. sträuben)
Strauch; åm — schlågen: einem listig die Wahrheit entlocken wollen
Strauchen o. **Strauken** (d), der Schnupfen, Nasenkatarrh (tsch. strouka, Wasserrinne)
strawanzen, müßig herumstreichen; auch: — gehn (it. stravagare)
Strawanzer o. **Strawes,** Strolch, Müßiggänger
Strawitzl, scherzhafte Verstümmelung v. Strafhölzl (s. d.)
Strazzensammler, Hadern- o. Lumpensammler (it. straccio, Fetzen); meist Banlstierer (s. d.)
strebeln o. **streweln,** übelriechen (alter Eier)
streichen, (mit Farbe) anstreichen; an wås ums Mäul —: ihm etwas in den Mund legen (daß er es sage)
Streicher, Messerschärfstahl des Fleischers
Streicherbua, Knabe, der Buntpapier anfertigt
Streichkas, weicher, billiger Käse, den man auf Brot streicht (s. Klenkas)
streiten; des kånn i net —: leisten (bestreiten) o. ab-

streiten (verneinen); des Kind hört ma viel —: weinen o. schreien
Streithansel, Mensch, der leicht in Zorn u. Streit gerät
streiti(ch), strittig; (v. Kindern) zu Weinen und Schreien geneigt
streng, der Bewegung Schwierigkeiten bietend (der Schlüssel, s Schloß, die Låd geht —)
Streubam, Holzstange, die den Pferdestand im Stalle abgrenzt
streuna, umherziehen, strolchen, stromern
Streuner, Müßiggänger, Stromer, Strolch
Streuselkuchen, bestreuter Kuchen
Strich; an åm — håm: einem nicht wohlgesinnt sein; åm — gehn: auf der Straße Prostitution treiben (Männer suchen); kan — schreiben: nicht schreiben
Strichbua, Dirnenzuhälter; Strolch
Strichen, Euterzitzen (der Kühe u. Ziegen)
Stricherl, Strichlein; kl. Zitze
Strichmensch, gemeine Gassendirne
Strick, Schlingel (v. Galgenstrick); wånn ålli — reißen: wenn nichts andres übrig bleibt; schåd um n —: für den Henker zu schlecht
striegeln, verweisen, bestrafen (i wir mr den Kerl scho[n] —!)
strieglhååri(ch), widerhaarig
Striezl, geflochtenes Weißgebäck; ein Klumpen (Butter) (mhd. strutze[l])
Strix[en], Schläge, Hiebe u. deren Spuren
strixna, schlagen
Strizzi, Dirnenzuhälter u. -ausbeuter (it. strizzare, auspressen); Strolch
ströbern, aus Stroh gemacht
Ströberner, ein Strohhut
Strobler, Lastträger (am Donauufer), der Holz u. dgl. ein- o. auslädt; Rüpel
strobli(ch), ruppig
Stroblkopf, wirrhaariger Kopf, verwahrloster, ruppiger Mensch (vgl. Struwwelpeter) (v. sträuben)
Stroh; von die Federn aufs — kumma: verarmen
Strohdacken, Strohmatte
strohdumm, dumm, als ob Stroh im Schädel stäke
Strohsåck, Matratzenunterlage mit Strohfülle; an n — vur d Tür schmeißen: ihm mit Ausquartierung o. Entlassung drohen (den Stuhl vor die Tür setzen)
Strohschädl, Dummkopf
Strohwaschl, Waschl (s. d.) aus Stroh
Stromer, Strolch o. Landstreicher (v. stromen, fortbewegen)
stromern, umherziehen, strolchen
strotten, Gelegenheitserwerb suchen; in Kanälen usw. nach Verwertbarem suchen
Strotter, einer, der strotten (s. d.) geht; auch Strolch (v. Ströter, Strauchdieb)
strotzen; gstrotzt voll: wie gsteckt voll
strudeln, wirbeln, plagen, mühen
Struden, Wirbel, großer Strudel (ahd. stredan)

Strudl, zusammengerolltes Backwerk; Wirbel, Wirrwarr; Unsinn
Strudler, großer Apfel, zu Apfelstrudel geeignet; auch Wirrkopf
Strudlkopf, Wirrkopf
Strudltach, sehr dehnbarer Teig; des ziagt si wiar a —: es dehnt sich, zieht sich lange hin
Strumpf; geheime Kasse (de steckt s Geld in —: läßt es unverzinst liegen); red kan so an —: Unsinn (s. Stiefl)
Strupfen, Strippe (Ziehspange o. -schlinge); a Ehrenmå^nn^ mit —: ein zweifelhafter o. dunkler Ehrenmann; a påår —: einige Gulden; auch (scherzh.) Strophe (mhd. strüpfe)
struppiert, beschädigt
Stuaten, Stute
Stubenkatzl o. -madl, Stubenmädchen
Stubenmadlfüaß (scherzh.) Kalbsfüße (Sinn: zierlich)
Stubenmuader, Insassin einer Anstalt, die in ihrer Stube die Aufsicht hat
Stubenvåder, Zimmeraufseher (vgl. Stubenmuader)
Stüb[er]l, Stübchen; gemütlicher Trinkraum
Stuck, Stück[e]; Gipsmörtel (it. stucco); nach n —: einzeln (verkaufen)
Stucker; — sechs: sechs Stück
Stückl o. Stückerl, Stückchen; a (dumms) Stückl: ein (dummer) Streich; wiar a — Holz: ohne Gefühl o. Bewegung
Studentenfuader, eine Mischung v. Naschwerk
studiern, nachdenken, sinnen; verpfändet sein (mei^n^ Winterrock studiert no)
Stufen (der), die Stufe, Schwelle
stuff, blöd, überdrüssig (it. stufo, überdrüssig); teilnahmslos, stupid
Stukkaturer, Gips- o. Stuckarbeiter (it. stuccatore)
Stummerl, ein Taubstummer
Stumpf, Stummel (Zigarren- o. Bleistiftrest); s. Stumpferl
Stumpferl o. Stümpferl, Stümpfchen, Restchen
Stumpferlarretierer, Zigarrenstümpfesammler
Stümpfl, wie Stumpferl
Stumpfsinn, Unsinn, Dummheit, Blödsinn
Stund, Stunde; a gschlågeni —: eine volle Stunde; die guadi — selber: eine gute Seele; i håb ka[^n^] guadi — net: ich werde schlecht behandelt
stupfen, leicht stoßen; (jemand woran) erinnern, mahnen (v. stippen)
Stupfer, leichter Stoß, Mahnung, Warnung
Stupp, ein Puder zur Hautpflege der Säuglinge (ahd. stubbi, Staub)
stuppen, mit Stupp (s. d.) einpudern
Sturch, Storch
Sturm, lärmender Auftritt, Verweis; in Gärung übergegangener Weinmost (Halbwein)
stürma, stürmen; gären
sturmfrei ist ein in Untermiete gegebenes Zimmer,

in das man Mädchen mitbringen darf, ohne einen Sturm (s. d.) zu riskieren
Sturz, Schutzglocke aus Glas (oft mit dem Gekreuzigten darunter) o. aus einem Drahtnetz
stürzen; auf an o. ani — o. fliagen: in ihn (sie) verliebt sein
Stürzen o. (kl.) Stürzl, Topfdeckel (s. Haferdeckl)
Stürzl, s. Stürzen
Stuß, Unsinn (jüd.)
stutzen, scheu blicken; die Spitze abschneiden; an d Flüch —: die Flügel stutzen, den Willen beschränken
Stutzen, Muff (Handwärmer); henkelloses zylindrisches Weinglas; Wadenwärmer, aus Schafwolle gestrickt; kurzes Gewehr, Flinte
Stütz[er]l, Pulswärmer
stutzi(ch), stutzig
stützi(ch), störrisch
Stutzl, Stumpf, Überrest; Knirps
Suach, Suche
suachen, suchen; si wås —: Anlaß zum Streit, einen Erwerb suchen; des kånnst dr —: das ist verloren, pfutsch
süaß, süß; schmeichlerisch; überfreundlich; — (süßes) Hölzl: Pickelflöte o. Klarinette; süaßer Bruader, Urning, auch Schmeichler; — Madl: liebes, doch oft leichtfertiges Mädchen
Süaßerl o. **Süaßling,** überfreundlicher Mensch; auch Urning
Subjekt, Kommis (va.)
Sud o. **Kaffeesud** (s. d.)
Suff, das Saufen; si n stilln — ergeben: ein stiller Zecher sein
süffi(ch), angenehm zu trinken
Suhⁿ, Sohn; Mz. Sühn
Sultl, Sultan (als Hundename)
Sulz, Sülze (Gallerte), s. Rebhendl (v. Salz); Hiebe
sulzen, Sülze machen; prügeln; rennen
Sulzer o. **Sulz,** Hiebe (v. salzen)
Sulzfüaß, übel geformte Füße
Summer, Sommer (mhd. summer)
Sumper o. **Sumpernelli** (spr. -nölli), ein Simpel, Spießbürger, Bauer (Bauernsumper); Banause; versumpfter Mensch
Sums, langweiliges o. dummes Gerede; Kram (v. summen)
sumsen, summen
Sumsenbåcher o. **Sumser,** wie Sumper (vgl. auch Sums, Surm)
Sünd, Sünde; der o. de is a — wert: ist begehrenswert; es ist sünd und schåd drum: sehr schade drum
Sündenkåsten, Beichtstuhl; lasterhafter Mensch
sunderbår, sonderbar
Sunderling, Sonderling
sundern, sondern
sündinga, sündigen; der sündingt drauf: er verläßt sich drauf
sündmarterteuer, überaus teuer (im Preise)
sündschad, sehr schade
sündteuer, sehr teuer, kostspielig
Sunn, Sonne; er steht mr

in der —: er ist mir hinderlich; an durch — und Mond haun: weit wegjagen
sunni(ch), sonnig
Sunnta o. **Sunntåch,** Sonntag
sunst o. **sunsten,** sonst
suppen, Suppe essen; wer lång suppt, lebt lång
Suppen, Suppe; d rodi —: Blut; an a — einbröckeln: gegen ihn etwas anzetteln; an in d — spucken: ihm etwas verekeln, Böses antun; wås ålli Tåg auf der Suppen håm: täglich zum Vorwurfe haben
Suppengreans, Suppenkräuter
Suppenkräutl, Kerbelkraut, Gundelrebe u. a.
Suppenschwåb, Suppenfreund (va.)
Sur, Fleischbeize (v. sauer, mhd. sûr)
Surg, Sorge
surgen, sorgen; surg di um des!: sorge um das nicht!
Surm, Einfaltspinsel; große Menge; Schwarm
surma, schwärmen, summen
Surten, Sorte[n]
Susel, Suserl, Susi, Susanne
suzeln, saugen; mit spitzen Lippen undeutlich sprechen
Suzl, Saugbeutel, Schnuller für Säuglinge (it. succio); (scherzh.) Zigarre
Sympathie, sympathetische (geheimnisvolle) Kur

T

Tåbåk o. **Tawak,** Tabak; stärker —: etwas, was man verabscheut
Tåbåkblådern, Tabaksbeutel (aus Schweinsblase)
Tåbåkkråmer, Tabaktrafikant (=verschleißer)
Tåch, Tag; Mz. Täch; der zåhlete —: der Tag der Vergeltung; heunt håb i mein påtscherten —: heute bin ich ungeschickt; über tågs: tagsüber; åm — kumma: zutage kommen; auf ålli Tåg, alltags, werktags
Tach, Teig
Tachåff, (spött.) Bäcker (Teigaffe)
Tacher, Dohle (ahd. taha); vgl. Dager
tachi(ch), teigig
.. tächi(ch), .. tägig
Tåchzedl, Tagzettel, Meldezettel
täderln, zärtlich sein, kosen; i wir dr wås — o. pfeifen o. blåsen (s. d.)
Taferl, Täfelchen
Taferlklaß, die erste Volksschulklasse (v. der Schiefertafel)
Taferlklasser, Schüler der ersten Volksschulklasse
Tagl, sehr flüssiger Teig, Mehlkleister
tägli(ch), täglich
tak, tüchtig, fesch, gut (v. tsch. ták, so); a —er (tüchtiger usw.) Kerl
Takt; nåch n —: rhythmisch
Tål, Tal
Tålapåtsch, Tolpatsch, geduldiger o. ungeschickter Mensch
Tåler; a[n] Ausred is an — wert: du hast stets eine gute Ausrede bereit
Talmi, unechtes Zeug (eig. vergold. Kupfer)
Tamel, Taumel

tameln, taumeln
Tamleschi, ungeschickter Mensch, Niedergestürzter (tsch. tam leží, dort liegt er)
tam-tam! lockt man Ziegen
Tandelmårkt, Trödelmarkt; alter Kram
tandeln, tändeln, trödeln
Tandler, Trödler, Händler mit alten, gebrauchten Sachen
Tånnabam, Tanne o. Fichte
Tant, Schwester des Vaters o. der Mutter (Wettltant: Tante Betti)
Tanterling (eig. Tantes o. Dantes: Spielmarke), wertlose Münze (va.)
Tånz, (tanzbares) heiteres Musikstück; Verweis (an an — mådchen); Auftritt, Streit (ålli Tåch wår a —); Kreuzermünze; Mz. Tanz, Schwierigkeiten, Umstände, Umschweife (måch kani Tanz); Lieder, Gassenhauer (er singt fermi o. feschi Tanz); sonderbare Einfälle (der håt Tanz in eahm)
Tånzbär, plumper Mensch
tånzen, gehn (allerweil hin und her — müassen); sein Affen — låssen: andere mit seinem Rausche belustigen; der håt tånzt: ist vor Zorn, Schmerz o. Freude gesprungen
Tanzgeiger, volkstümliche Musikanten
Tanzowat, Tanzlokal für böhm. Dienstboten u. Soldaten (tsch. tancovati, tanzen)
Täpp, Trottel, Kretin, ungeschickter Mensch, Dummkopf (v. täppisch)
tåppen, tasten, plump greifen; stapfen; das Kartenspiel „Tåppen" spielen
Tåppen, ein Kartenspiel
Tåpper, wie Tåppen (an — machen); ein plumper Griff
täppert, täppisch, ungeschickt, dumm
tåpplert, schwachsinnig
Tåppnächi, Nachgeher; Nachahmer; ein zu spät Kommender; Faulenzer
Tappschädl, Dummkopf
täpschen, durch Druck o. Schlag aus der Form bringen, eindrücken
Täpscher, Druck, Schlag u. die dadurch verursachte Vertiefung
Tarteln, ein Kartenspiel (jüd.)
tascheln, plätschern, regnen, gießen
Tåschenfeitl, die einfachste Art Taschenmesser
Taschl, Täschchen, Börse
Taschlmåcher, Ledergalanteriearbeiter, Taschner
Taschlziacher, Taschendieb
tasten, eilig rennen
Tata, Vater (jüd. Tate) (Kindersp r.); auch Schläge
tatarisch, wild, arg; der Lärm wår —; a —e Hetz; — dreinhaun
Tåtsch, mißlungenes (sitzengebliebenes) Gebäck; s. v. a. Påtsch o. Täpp (s. d.)
Tåtschbär, plumper, ungeschickter Mensch
tatscheln, wie taschein; tätscheln (zärtlich schlagen)
tåtschen, wie låtschen; schlagen
Tåtschen, Tatze, Hand
Tätschen, Ohrfeige, Schlag (mhd. tetschen, klatschend schlagen); Mz. Tätsch[en]

Tåtschenbåcher, ungeschickter Mensch o. Bäcker
Tåtschenbäck, (spött.) Bäcker; ungeschickter Mensch
tatscherln, tätscheln
Tåtscherln, Händchen; auch wie Tatschkerln (s. d.)
Tåtschker, wie Patsch o. Täpp; leichter Schlag
Tatschkerln (eig. Tascherln), eine Mehlspeise: mit Powidl (s. d.) gefüllte Teigtäschchen
tätschna, ohrfeigen, schlagen (s. Tätschen); tätschent: geschlagen
Tatur o. **Tartur,** Tortur, Plage
Tåtzbär, wie Tåtschbär
Tåtzen, wie Tåtschen o. Pråtzen
Tau; des is jå ka[n] kühls — dagegen: das ist nicht vergleichbar, wie Tau und Regen (va.)
Tauben, Taube; wo — san, fliagen — zua: wer Geld hat, wird stets noch reicher; euch hätten de — net schöner zsåmmtrågen kinna: ihr paßt zueinander
Taubenfäulkl o. **-faikl,** Taubenfalke
Taubenkobl, Taubenschlag auf einer Holzsäule (mhd. kobe, Stall, Hütte)
Taubenschuaster, ein Stümper; Påtsch; Täpp (s. d.)
Tauber o. **Tauberer,** Täuber
Täuberin, weibl. Taube
tauchen, schieben; rennen (s. åtauchen); tauchte Haxen o. Knia: durch Arbeit u. Alter gebogene Beine
Tauchen, ein kräftemessendes Spiel: Verschieben der Fäuste auf einer Tischplatte
Tauf, Taufe; Beschütten mit Wasser u. dgl.; bei den is — und Chrisam verlurn: der ist unverbesserlich
taufen, mit Wasser verfälschen (Milch, Wein); mit Wasser begießen; einen Namen geben; wiar a taufti Maus: wie eine gebadete Maus
Tauffta[n], Tuffstein; auch Taufbecken
tausend; (schwindeln, lüagn, drahn) auf —: im höchsten Grade; — no amål!: ei der tausend! (— ersetzt das Wort „Teufel")
Tausendsasa, Tausendkünstler, Alleskönner
Taxi, Lohnautomobil mit Taxameter
Taxen, Tasse, Servierplatte
Taxerl, Untertasse; Tellerchen
Techtlmechtl, Liebelei; geheime Machenschaften, (scherzh.) Töchterlmöchterl
Tee; er kriagt sein —: bekommt einen Verweis o. eine Strafe; er håt scho[n] sein —: es wird sein Ende sein
Tegl, graublauer Ton, Ziegellehm; Tiegel (gleich Ziegel v. lat. tegula); Tabakpfeife
Teicht, Teich (s. auch Deichgraber)
Teil (spr. Täul)
teilen (spr. täuln); då wird nix teilt: hier gibt es kein Almosen
Teilsåms (spr. Täul-), Schweinefleisch in kleineren Stücken
Teixl, Teufel; zun — eini!: ei, zum Teufel!; pfui [der] —!: pfui Teufel! („Teufel" wurde durch „Deichsel" ersetzt)

Teixlsbua, Teufelsbube, schlimmer Bube
Teixlskerl, Teufelskerl, drückt Abscheu, aber oft auch Bewunderung aus, also tüchtiger Kerl
Teller (spr. Töller), der und s (das) —
Tellerreiben (spr. Töller-), Kinderspiel (zwei reichen sich beide Hände, nähern die Fußspitzen u. drehen sich auf der Stelle wie ein Kreisel)
Tellerschlecker (spr. Töller-), Tellerlecker, Schmarotzer
Tempel; er is scho[n] bein — draußt: hat das Haus schon verlassen
Tempelhupfen, ein Hüpfspiel der Kinder; (spött.) das Tennisspiel
Tempo, Rhythmus, Zeit; in an —: immerfort (s. auch Kontin); bei den —: in dieser Zeit (it. tempo)
tentiern, tun, machen, versuchen (i waß net, wås i — soll) (lat. u. it. tentare, angreifen, versuchen)
Tepp, s. Täpp
Tern, Ohrfeige (v. mhd. teren, verletzen)
Teschi, Geld
Testa o. **Tester** (der), Kopf (it. testa, Haupt)
teuer (spr. teier); ums teuri Geld: um viel (o. schwererworbenes) Geld
Teufel (spr. Teifl); ka[n] —: niemand; zun — eini!, Fluch; des kümmert mi an (blaun) —: kümmert mich nicht; an blaun — davo[n] versteh[n]: nichts verstehen; du bist in (dem) — aus der Butten gsprunga: du bist ein Taugenichts; bein — sei[n]: verloren sein; geh zun —!: schau, daß du fortkommst!; des is a[n] —: das ist ganz dasselbe (s. auch Teixl)
teufeln (spr. teifln), rasen (s. einiteufeln)
Tewich, Teppich
Text; sein — dazuagebn: seine Ansicht über etwas äußern; an in (den) — geben: einem den Rest (den letzten Stoß) geben; der håt sein —: der hat sein[en] Teil (die Grundlage zu seinem Ende); an in (den) — lesen: einem einen Verweis geben
Thaddädl, kom. Figur der alten Wiener Possen: läppischer Mensch (v. Thaddäus), s. Dädl
Theater, Aufsehen, Umstände, Spaß (måch ka[n] —!)
Theatergredl, (spött.) Schauspielerin; auch Theaterfreundin
Thederl, Thedi, Thedur[l], Theodor
Thilde, Thilderl, Thildi (spr. Tül-), Mathilde
Thomerl, Thomas; Diener, Narr (glaubst, i bin dei[n] —?), s. Krätzenthomerl; der Ofenkater, eine Mehlspeise, heißt auch Thomerl
Thron; mei[n] Klaner sitzt åm —: auf dem Nachttopf
Thury, Name eines einstigen Wiener Bürgers; danach benannt die alte Vorstadt Am Thury, wo das Thurybrückl den Alsbach übersetzte; die Gegend war ob ihrer urwüchsigen Bewohner bekannt; daher thurybrücklerisch o. lichten-

talerisch s. v. a. erzwienerisch
tiaf, tief
tiafaugert, hohläugig
Tiafen, Tiefe
tiafmächti(ch), sehr tief
Tilli (spr. Tülli), Ottilie
Tini, Leopoldine, Ernestine, Christine
Tinnef, Dreck (jüd.); — mit Lakritz: eine grobe Ablehnung
Tinten, Tinte, Patsche (in der — seiⁿ o. sitzen)
Tintenschlecker, (höhn.) Schreiber, Beamter
Tintentegl, Tintenfaß
Tinterl (Herr v.), alte Wiener Possenfigur (Gewey, „Die Modesitten"); Wichtigtuer
Tippl, Kreuzer (s. Tupf)
Tippler, Bettler (s. Hansltippler); Spieler (s. Klaviertippler)
Tirolerin, einst bekannte Kurpfuscherin
tirolerisch, tirolisch
Tirolerstückl, einfältige Handlung (va.)
Tisch; er steckt d Füaß unter mein —: ich erhalte, ernähre ihn
Tischhaxen, Tischbeine
Titel; er gibt eahm ålli Titeln: Schimpfnamen
Titschkerlwerfen, ein Knabenspiel (v. tsch. tyčka, Latte)
Titti, Zitze, Brustwarze (mhd. tutte, s. Duttel)
Titus o. **Titas,** Kopf (v. Tituskopf, Krauskopf à la Titus)
Toches, Hinterer (hebr. tachath, unterhalb)
Tod; då is der — drauf: das gedeiht nicht; den sitzt der — in Gnack: er wird nicht mehr lange leben; s. Speon
toff, frisch, trefflich (a toffs Madl, Bier) (va.)
togerzen, schlagen, (pulsierend) schmerzen (in Geschwüren) (mhd. tuc, Stoß)
toll und voll: schwer betrunken (sein)
Tölp, Tölpel
Ton, Tonart; Wort; in den — kånns net furtgehⁿ: es muß anders werden; kan — mehr!: kein Wort mehr!; no an —, und ...!: noch ein Wort, und ...!
Tonerl, Toni, Tonl, Anton, Antonie; auch wie Bummerl
Topfen, frischer Quark; Topfkäse
törisch (spr. terisch), taub o. schwerhörig (v. mhd. toerisch, unklug, torenartig; obwohl der ein Tor ist, der den Tauben für dumm hält)
tosisches Schloß, Sicherheitsschloß (nach dem Mailänder Schlosser Tosi, der in Österreich zuerst solche anfertigte)
tot, empfindungslos (meini Händ san gånz —)
Totengräber, Totengräber
Totenhansel, der Mann, der die Bestattung leitet
Totenträcher, Leichenträger
Totentruchen o. **-trugl,** Sarg
Toter o. **Tote,** die Leiche (das Wort „Leich" dient meist nur für „Leichenbegängnis")
totschlachti(ch), teilnahmslos, trübsinnig, gegen alles

gleichgültig (als ob man einen Toten schlüge)
Tour o. **Tur,** Qual, Plage (des wår a —!); in aner —: immerfort, unaufhörlich
Tråch, Trage, Bahre
Tråcher, Träger
Tråchter, Trichter (mhd. trihter u. drahter); auch Flugdrache (mhd. trache), s. Rafler
Trad, Getreide
trågen, kleiden (sich) (er trågt si schwärz); des trågts net: es geht über die Mittel; abwerfen (des Gschäft trågt nix); trächtig sein (de Kuah trågt scho[n] 8 Monat); Wåsser in die Donau —: unnötige Arbeit verrichten, Überfluß vermehren; du trågst, er trågt; i tråchert (trüge); i håb —; tråchad (tragend), trächtig, schwanger
Tragl, Tragekasten für Speisen, Getränke
traktiern, bewirten; mißhandeln
Traktör, Traiteur, Speisewirt, Auskocher
Tram, Traum; an aus n — helfen: ihn in die Wirklichkeit zurückführen
trama, träumen
Trambüachl, Traumbuch; lächerliches Buch
tramhapert, schlaftrunken, täppisch, verträumt (traumhäuptig)
tråmpeln, mit den Füßen stampfen
Tråmpl, plumpe Person, (verächtl.) Magd
träniern, quälen, belästigen (v. trainieren)
Trånk, flüssiges Viehfutter; Schlempe
Trankl, Heiltränkchen
Trånsch, wie Tråmpl (tsch. dranc, Fetzen)
transchen, trödeln
transpatiern, transportieren, befördern
Transpurt, Transport
Tråntsch, wie Trånsch
trantschen, wie transchen
trapfen, tropfen (s. Eintrapfts)
Tråpp, Trab
trappeln o. **tråppen** o. **treppeln,** stapfend gehen o. laufen
tråppen, traben
Trapperl, kurzer Trab
Trasen, Traisen (Fluß)
Tråtsch, Gerede
tråtschen, plauschen, klatschen, verlästern
Tråtschen, Klatschbase
tratschi(ch), wässerig-kotig, bes. bei Schneeschmelze
Tråtschmårkt, Plaudermarkt; mei[n] Frau is immer åm —: bei einem Plausch o. Klatsch
Tråtschmirl, Schwätzerin o. Schwätzer (Mirl = Marie, Bauernspr.)
Tråtschweder, sehr nasses Tauwetter (v. Geräusch bei jedem Schritte)
Trauerrånd, Schmutz unter den Fingernägeln
Trauminet, feiger, furchtsamer o. allzu schüchterner Mensch (i trau mi net!)
traun, getrauen, glauben, vertrauen; trau mr net!: verlasse dich nicht auf meine Güte! (Drohung); wagen (er traut si net z reden); kopulieren, ein

Brautpaar ehelich verbinden
Traundl, wie Mariandl (s. d.), v. mhd. trendeln, sich drehen
Trauner, Salzschiff v. d. Traun auf der Donau
Träuperl, Träubchen; Gruppe
Treanschen, Mund, Maul, Gesicht (v. trenzen, s. d.)
Trebern (Mz.), Rückstände v. Getreidekörnern o. gepreßtem Obst; der Trebern: aus solchen Rückständen erzeugter Branntwein
trebuliern o. **trewliern,** tribulieren, drängen, quälen
treffen; i triff, håb troffen; treffert (träfe); treffad (treffend); begegnen (i håb n troffen; es trifft si nix: findet sich nichts); erraten (der håts troffen); des trifft (betrifft) mi; i håbs guat troffen: ich bin zufrieden; des trifft auf mi: zielt auf mich ab
treiben, jagen (den wir i —); der treibts (wås): ist ausgelassen, verschwenderisch, handelt übel; der Kölch (Kohl) treibt: bläht
Treiber, Zuhälter, Dirnenbeschützer u. -ausbeuter (Grammeltreiber)
Trema, Zittern, Angst, Lampenfieber (it. tremare, zittern)
tremeln (mit einem Stock) schlagen
Treml, Knüttel (ahd. dremil; zu mhd. tram, Balken)
Trentsensky-Husaren, aus den Bilderbogen v. Tr. ausgeschnittene Husaren
trenzen, Flüssiges aus dem Munde träufeln lassen (v. Trense), s. vertrenzen
Trenzerei, Zögern, Zeitvergeudung, oft unterbrochene Arbeit
Trenzerling, Speichelfluß
treppeln, trappeln
Treppen, Treppe, Podium, erhöhter Platz im Zimmer
Trepplweg, Uferweg für den Schiffszug, Treidelweg
treten; i tritt, bin treten; tretert (träte); an —: ihn quälen; an auf die Zechen —: ihm etwas nicht hingehen lassen
Treter, Füße, Schuhe (bes. große)
Treu, Treue; meiner —: s. sechs
trickern, trocknen; prügeln (mhd. truckenen)
trinken, saugen an der Mutterbrust
Trinkerl, Milchflasche des Säuglings
Tripstrill (spr. -trüll), Ortsbezeichnung, bedeutend: weit weg, irgendwo, nirgendwo (ein Ort in Schwaben soll Trephonis Truillae geheißen haben u. dort soll eine Altweibermühle gewesen sein); geh nåch —: mach, daß du fortkommst!
trischacken, schlagen, prügeln (tsch. držák, Stiel)
Tristl, Rindfleischgattung
tritscheln, plätschern, stark regnen o. tauen (des Schnees)
Tritschtråtsch, Geschwätz
Tritt, Fußtritt, Wagentritt
Trittl, Wagentritt, Krähenfüße (Augenfalten); s. Drittl

Trittling, Fuß; Schuh
tröpfeln, träufeln, schwach regnen; wånns net regnt, so tröpfelt s do: etwas ist immer zu erwarten
Tropfen; a guater —: guter Wein
Tröpferl o. **Tröpfl,** der Nasentropfen; eine sehr kleine Menge (Milch, Wein)
tropfnåß, sehr naß
Trost; der is net recht bei —: er ist verrückt
tröſten; tröſten S Jhna: lassen Sie es gut sein, beruhigen Sie sich
Trostlert, ekliger Brei
trotteln, trotten
Trottl, Schwachkopf, Kretin; als Schmähwort: Dummkopf, ungeschickter Mensch (schon in der Edda: tröll, v. trotten)
trüab, trübe
Trüabsål, Trübsal; — blåsen o. geigna: jammern
trüabseli(ch) (spr. -söli(ch)), trübselig
Truchen, Truhe, Sarg; kl. Trücherl
trucken, trocken; no net — hinter die Ohrn (spr. Uhrn): noch zu jung
Trud, Alp (Traumgespenst); Hexe; häßliches Weib (mhd. trute, Zauberin)
Trudhenn; mei[n] Weib sitzt ållerweil daham wiar a — (richtiger Bruthenn): die Frau geht selten aus
Trudi, Trudl, Gertrud
Trudscherl (eig. wie Trudi), niedliches, auch (iron.) unbeholfenes Mädchen
Trull, drei wichtige Tarockkarten (v. frz. tous les trois, alle drei)
Trulla o. **Trullala** o. **Trolla,** starkes, aber faules Mädchen (v. trollen, bummeln; mhd. trolle, Tölpel)
Trumm, Stück (oft: großes St.); a — Weibsbild: ein großes, starkes Weib (mhd. drum)
Trummel, Trommel; Klatschbase (mhd. drumel)
Trummelschlegel; oft: lange Finger
Trümmerl, Stückchen, s. Hundstrümmerl
Trumpeten, Trompete, starke Stimme (håt der a —!)
Trumpetengold, Messing, Talmi
Trumpeter, Trompeter; auch derbes Weib
Trutz, Trotz
Trutzbock, trotziger Mensch
trutzen, trotzen, schmollen
Trutzwinkel, Schmollwinkel
Tschako, militärische Kopfbedeckung (ung. csáko); ani åm — kriagen: einen Schlag auf den Kopf erhalten; auch Hut
tschali (spr. tschäuli), auch tschari, verschwunden, verloren, pfutsch, zerbrochen (tsch. čáry, Hexerei), s. päuli; des Teller is — gånga: der Teller ist zerbrochen
Tschåp, Tschåperl, Kind, ungeschickte Person (tsch. cápek, Ungeschickter)
Tschåperlsålåt, die ersten Salatblätter
tschari, s. tschali
Tschau! (das verstümmelte it. eschiavo, Sklave), Diener, wie Servus!
Tschech o. **Tschecherl** o. **Tschoch,** Kaffeekneipe (in

der Gspr. heißt Wirt: Schächer, daher wäre richtig: Schächerl)

tschechern, essen, zechen (richtig: schächern; s. Tschech)

Tschernahora, ein ordinäres Tanzlokal z. Schwarzen Berg (tsch. černa hora)

Tschert, Teufel (tsch. čert); geh zun —!

Tschick, Zigarrenstummel (als Kautabak) (it. cica)

tschicken, Tabak kauen (frz. chiquer)

Tschihü, (spött.) Trainsoldat (tschihü! leitet das Pferd rechts, hott! links); in den Haus gehts tschihü und hott: herrscht eine unordentliche Wirtschaft

Tschinågl, fleißiger, tüchtiger Arbeiter

Tschinelln (spr. -nölln), Schlagbecken der türk. Musik

Tschinnadra o. **Tschinnarassabumm**, der Lärm der türkischen Musik (große Trommel und Becken)

Tschintscherlwerch, Tand, Flitter, unechter Schmuck (it. gingillo, Flitter)

Tschoch, s. Tschech

Tschockerl o. **Tschockl**, Hundename (engl. shock, zottiger Hund)

Tschok o. **Tschoklad** o. **Schoklad**, Schokolade

tschucken, rennen, flüchten

Tschumpas o. (besser) **Dschumbas**, Gefängnis (türk., vergittertes Zimmer im Harem)

Tschunkerl o. **Tschunkl**, Ferkel (tsch. čunče)

Tschuri, Ekles (Menses, Sperma)

Tschurimuri, Durcheinander, Chaos (v. Schurrmurr, Allerlei); auch Wirrkopf

Tuach, Tuch, Mz. Tüacher; a leichts —: leichtsinnige Person, ein Lumperl (s. d.)

Tüacherl, Tüchlein

Tüachl, Umhäng-, Sack- o. Kopftuch; kom. Ausruf: Jessas, mei[n] —!

tuan, tun (dient als Hilfszeitw.); i tua schreiben; mir tan, es tuats o. taits, se tan; i håb tå[n]; i tat (täte); mir taten (täten); s tuat si: es geht an, i bin zufrieden; des tuats: es genügt; mr tuat si leicht: es fällt nicht schwer; — und måchen: tun; —: begatten, kacken; (s. åndtuan u. å[n]tuan)

Tuanetguat, Tunichtgut, Taugenichts

Tuararei, Getue

Tub (d), Tuberkulose

Tuberer, Tuberkulöser

Tuchert, Tuchent, Oberbett, Federdecke (tsch. duchna); der is scho[n] auf der — (o. Dacken): der ist verloren, hin (man legte oft den Toten auf die Decke)

Tüffel, dicker Wollstoff; warmer Rock daraus (va.)

Tulpen, Tulpe; Ohrfeige

tummeln, beeilen, sputen (tummel di!)

tunken o. (nicht gut) **dunken**, schlummern, sitzend schlafen u. mit dem Kopfe nicken (v. Kerzen tunken)

Tunker, Schläfchen

Tunkerbohne, Tonkabohne (riecht nach Kumarin und wird in die Tabakdose gelegt)

Tunnöll, Tunnel (richtig liegt der Ton auf Tun-)
Tupf, Tupfen, Punkt, Fleckchen; auch Kreuzer (7 Tupf: 7 Kreuzer); sonst Mz. Tupfen; i bin der —: ich bin der Narr, das Opfer
tupfen, tippen, mit dem Finger berühren; punktieren; begatten
Tupfer, Berührung; Koitus
Tüpferl, Pünktchen; s — auf n i: das Unentbehrliche, die Hauptsache
Tur, Tor (große Tür); s. auch Tour
Tür; mit der — ins Haus fallen: ohne Einleitung mit etwas herausplatzen
Türk, Türke; dreinhaun wiar a —: wütend dreinschlagen; rauken wiar a —: viel u. stark rauchen; du bist a —: bist ein Narr, ein Påtsch (s. d.); dåstehn o. dåsitzen wiar a ångemålener —: unbeweglich wie ein gemalter Türke auf dem Schild des Tabakverschleißers; håm S kan Türken gsegn?: Spott bei vergeblichem Suchen o. Wünschen
türkisch, mächtig, groß (va.); die türkische Trummel, die größte Trommel; türkische Musi: die lärmende Janitscharenmusik, auch die Syphilis
Türkl, häufiger Hundename
Turl, Artur
Türl, Türchen; längst bein — draußt sein: fortgegangen, entflohen sein
Turn, Turm (s. Narrenturn, Hundsturn); (mhd. turn)
Türschliaferin, Weib, das zu Nachbarn klatschen geht
Tusch, Überraschung (des wår a —!)
tuscheln, flüstern
tuschiern, berühren; kränken (frz. toucher)
Tutanl, Pfifferling (Münze)
tutti, alle (zu Ende) sein; er is gånz —: er hat nichts mehr

U

Üachsen, Achsel (mhd. üchse)
Uafer, Ufer
übel; für — nehma (o. håm): verübeln (mhd. frübel han); net —: hübsch, recht gut
über, oberhalb (— der Tür); dir bin i —: ich bin dir überlegen; wås — (auf) si nehma; wås bleibt am —: was bleibt einem übrig?; über und —: auf der ganzen Fläche; bis zu den Haarwurzeln; übers Kreuz: gekreuzt, veruneinigt, verfeindet; — Mächt: mehr als möglich; — d Schreams, wie überschreams; übern Håls: auf dem Halse
überanånd[er], übereinander; — kumma: in Streit geraten; du Esel (Lump usw.) —: du doppelter (arger) Esel usw.
überans, überein; — wern: übereinkommen, einig werden
überbleiben, übrigbleiben, erübrigen
überecks, um die Ecke; in Verlust, schief (då geht går viel —)
übergeben, (sich) erbrechen; (etwas) abtreten

überfuhr, Fährboot; du wirst amål d — versama: es wird eines Tages zu spät sein; du wirst gestraft werden
überführn, überfahren
übergangl, Vorübergehendes; ein kurzer Regenguß
übergehn, überlaufen (von Kochendem); nicht beachten (einer Krankheit)
überhålten, zu hohen Preis verlangen
überhaps, nach dem Augenmaß, ohne das Maß genau zu bestimmen (v. überhaupt = Kleinigkeiten nicht beachtend)
überhaupts, überhaupt
überheben, sich durch Heben am Leibe beschädigen (Leibschaden)
überhudeln, etwas zu rasch u. darum mangelhaft tun
überknöcheln, verrenken
überkreuz, gekreuzt; uneinig, feind (sein)
überlegen, überdenken; des wir i mr — (heißt oft): das tu ich nicht
übermuat, Übermut
übermüati(ch), übermütig
übernachti(ch), übernächtig
übernehma (si), sich zuviel zutrauen
überprellen (spr. -prölln), schwach braten o. sieden
überrackern, mehr als billig arbeiten
überschlågen, nicht mehr sehr kalt (von Wasser, Luft, Bier usw.)
überschnåppen, verrückt werden; umkippen (des Fußes)
überschreams, schrägüber; überquer
überschüssi(ch), überschüssig
überschwemma, überschwemmen; si n Mågen —: zuviel (Wasser) trinken
überspringa, durch Sprung den Fuß verstauchen
überständi(ch), über den üblichen Stand
überstauchen, verstauchen, verrenken
überstehn; der håts überstånden: er ist gestorben
überstreichen, neuerlich anstreichen
übertån, spitzenartige Leichendecke (im Sarge); v. über (die Leiche) tun
übertauchen, etwas mit Willen überstehen; auch verstauchen
überträgen, im Gebrauche gestanden; abgenützt; nicht mehr neu; des Madl is scho[n] hübsch —: sie ist nicht mehr jung
übertreten, verstauchen
überwindlings (nahn), nähen, daß der Faden sich über die Naht spiralig windet
überwuzelt, nicht mehr jung und unberührt
überzähli(ch), überzählig
überzwerch, überquer, verfeindet, uneins
üblich, übel, unwohl (mir is —)
üblichkeit, Übelkeit, Unwohlsein
übra, herüber (s. auch umma)
übri, hinüber
übri(ch), übrig
übrigs o. **übrigst** (gnua), übergenug, vollauf genug
übrings, übrigens
Uhr; jiatzt geht d — recht!: das hat noch gefehlt! (s. Ohr)

Uhrmåcher; a feiner —: ein schlauer Mensch
ui! oh!; — je o. jö o. jeges o. jegerl!: o Jesus!
uitschgerl!, wie ui jegerl! (s. ui!)
Ulmergerstl, geriebener Teig (als Suppeneinlage)
Ulmerkopf, Tabakpfeife aus Fladerholz mit scheibenförmigem Wassersack
Ulrich; den (heilichen) — å^{n}ruafen: sich erbrechen
Ultratschech, Stockböhme, radikal-nationaler Tscheche
um, für (— 10 Schilling verkaufen)
um, herum; umher; es is net viel —: es ist nicht viel Unterschied; då geh i viel —: da mache ich einen großen Umweg
uma, s. umma
umadum (eig. um und um), rundherum; umher; es is — nix drå^{n}: es ist, von allen Seiten betrachtet, nichts wert; er geht in der Stådt —: in der Stadt umher
umanånd[er] o. **umaranånd[er],** umeinander; umher; auch wie umma (s. d.)
umårwaten, umarbeiten, umändern; —[1], herumarbeiten, sich unruhig bewegen
um[a]sunst, umsonst, ohne Erfolg, unentgeltlich
umbålgen[1], wie umrafen
umbandeln[1], herumhantieren; Zeit vertrödeln
umbetten, schlaflos und unruhig im Bette liegen
umbladeln, umblättern, (scherzh.) fortfahren (zu reden)
umblåsen; de is zun —: sie ist kraftlos
umbocken[1], trotzen, mürrisch sein
umbringa, umbringen, töten, morden, selbstmorden; des is zun Umbringa: es ist zum Totärgern o. Totlåchen; net zun —: unverwüstlich
umbrodeln[1], wie umbandeln (s. brodeln)
umbummeln[1], untätig umhergehen
umdålken[1], wie ein Dålk (s. d.) handeln o. reden
umdrahn, umdrehen; die Nacht durchlumpen
umfetzen[1], mit etwas unsanft verfahren
umflankiern[1], umherflanieren
umfliagn[1], umherschweifen; umfallen
umfuhrwerchen[1], umherfahren; wie umfetzen
Umgång, Fronleichnamsumzug
umgeh^{n}; då gehts um: hier zeigen sich Gespenster; d Blådern gengan um: die Pocken treten auf; du kånnst mit ihr net —: du weißt sie nicht zu behandeln
umgråbbeln[1], herumtasten
Umhång, eine Art Mantille
Umhängtuach, größeres Achseltuch der Frauen (Schal o. Plaid)
umhaspeln, umherhinken o. -stolpern
umhatschen[1], umherschlendern

[1] Bei diesem und allen so bezeichneten Wörtern kann statt u m auch u m m a oder u m a [r a] n å n d [e r] gesprochen werden.

umhaun, umwerfen; —[1]: um ſich ſchlagen
umhocken[1], herumſitzen
umhunzen[1], (wie einen Hund) umherjagen
umhupfen[1], umherhüpfen
umirmeln, (ſcherzh.) umarmen
umkehrn, umwenden; umkehrt is ah gfåhrn: man kann auch das Gegenteil behaupten; kehr um d Hånd: im Handumkehren (raſch); d umkehrte Seiten: die Rückſeite
umklezeln[1], herumfingern
umknotzen[1], wie umhocken (ſ. knotzen)
umkråmern[1], herumkramen
umkräulln[1], umherkriechen; herumklettern
umkugeln[1], herumwälzen
umkumma, herumkommen; ſterben
umkutſchieren[1], (eig.) umherfahren; (auch) umherſchlendern
umlahna[1] o. **-lahneln**[1] o. **-launeln**[1], die Zeit träge an einem Orte verbringen
umlankeln[1], müßig umhergehen
umlarn, umleeren; mit Wagen o. Schlitten umwerfen
umlåtſchen[1], wie umhatſchen (ſ. Låtſch)
umlauneln[1], ſ. umlahna
umleiern[1], wie umwerkeln
umlenzen[1], herumfaulenzen
umlümmeln[1], wie umlahna
umma o. **ummer,** herum, umher; auch: herüber (wie übra)
ummåchen, umbinden, umlegen
ummantſchen[1], in einem Brei rühren o. ſtoßen
ummaraxeln[1], kränkeln (v. maraſtiſch, altersſchwach)
ummareiben, herüber- o. hergeben (ſ. reiben)
ummi (eig. hinum), hinüber (wie übri)
ummibuxen, hinuntergießen, durch die Gurgel ſchütten (ſ. åwibuxen)
ummurkſen[1], herumpfuſchen
ummuſtern, Strenge entfalten
umnolteln[1], ohne Luſt an etwas arbeiten
umnurſchen[1], ohne Luſt und wähleriſch eſſen (ſ. Nurſch)
umpåtzen[1], mit Brei hantieren; kleckſen; ſtümpern
umpfnotten[1], trotzig ſein
umpfnurrn[1], herumzanken, mürriſch ſein
umpledern[1], umherflattern
umpråntſchen[1], herumplanſchen, -plätſchern
umrafen[1], wie umbalgen
umranggeln[1], herumraufen (v. ranggeln, ringen)
umreiden[1], (auf etwas) herumſpringen, tollen; — (auf an): ihm aufſäſſig ſein (v. reiten)
umreißen; mi reißts um: ich habe viel zu tun; ich erkranke; —[1], wie umſetzen
umrenna, umherlaufen; niederrennen
umruadern[1], mit Armen und Beinen unruhig ſein; kahnfahren
umrutſchen[1], unruhig ſitzen
umſabeln[1], umherlaufen

[1] Bei dieſem und allen ſo bezeichneten Wörtern kann ſtatt um auch umma oder uma[ra]nånd[er] geſprochen werden.

umschåffen [1], befehlen
umschäften [1], wie umsabeln (va.)
umschaun, umsehen, kümmern
umscheißen, Zeit vertrödeln
umschiaßen [1], sich beeilen, eifrig umherlaufen
umschlacken [1], wie umhatschen
umschlågen [1], herumtreiben
umschlåmpen [1], umherstreichen (v. Weibsleuten)
umschlankeln [1], umherschlendern (v. Männern)
umschlapfen [1], in Pantoffeln umhergehen
umschledern [1], Flüssiges verspritzen (s. schledern)
umschmeißen, eine Nacht durchschwärmen (s. drahn); falsch singen o. musizieren u. so die Aufführung stören; Bankrott machen; umstürzen
umschmeißen [1], herumwerfen
umschmiern [1], sich mit dem andern Geschlecht anstößig umtun
umschmudeln [1], wie umschmiern
umschnåppen, umkippen; verrückt werden
umschneiden [1], zögern; Ausflüchte suchen
umschummeln [1], von einem Orte zum andern schicken
Umschuß, wie Schußbartl; das Umschießen
umschusseln [1], trotz Eile nicht viel leisten
umsetzen, ein Pfandgeschäft im Leihhaus erneuern
umspånna, umspannen; wie umstecken
umsprenga [1], herumschicken
umspringa [1], herumspringen; rasch sein
umstageln, umändern (s. Stågl)
umstampern [1], umherjagen; tüchtig Ordnung schaffen; in etwas herumstöbern
Umständ, Umstände; Schwierigkeiten; in åndre — sein: schwanger sein
umstapeln [1], umherspazieren
umstecken, nachgeben; anders reden als früher; umlenken
umstehn [1], umherstehen, herumstehen
umstehn, verenden (bes. v. Pferden)
umsteigen, wagenwechseln
umsteigen [1], umhergehen; herumsteigen (z. B. auf Bergen)
umstiageln [1], umhergehen (v. Stiege)
umstiefeln [1], umhergehen
umstiern [1], umstöbern, umstochern; suchen
umstrawanzen [1]; untätig umherschweifen
umtäderln, kosen
umtameln [1], umhertaumeln
umtandeln [1], umtändeln, Zeit vergeuden
umtånzen [1], umhergehen
umteufeln [1], sich wild, unwirsch o. unartig benehmen
umtråmpeln [1], stampfend gehen
umtråppeln [1] o. **umtreppeln** [1], trappelnd gehen
umtrenzen [1], umherträufeln; Zeit vertrödeln
umtschachandern [1], umher-

[1] Bei diesem und allen so bezeichneten Wörtern kann statt um auch umma oder uma[ra]nånd[er] gesprochen werden.

schlendern (va.)
umtuan, umgehn, kosen
umtuan[1], Zeit vertrödeln
Umurken, Gurke (ung. ugorka)
umvagiern[1], herumvagabundieren, umherstrolchen
umwågeln[1], umhertaumeln, rütteln, schwanken (v. wackeln)
umweangerzen[1], wie umwebern
umwebern[1], unruhig sitzen (wie ein Weber)
umwerfen, wie umschmeißen
umwerkeln, herumhantieren
umwetzen[1], wie umwebern
umwirtschåften[1], rege tätig sein, herumräumen
umwursteln[1], abplagen; herumstümpern
umzarn[1], umherschleppen; Zeit vergeuden, zögern (s. zarrn)
umzaxeln[1], umhergehen
umzechi(ch), die Reihe herum (mhd. zechen, anordnen)
umzetten[1], wie umzarn
umziagn[1], zögern, umziagn, umziehen, Wohnung o. Kleider wechseln
umzigeunern[1], wie umvagieren
umzipfeln, kleinlich zumessen o. zuwiegen (ein Zipfelchen wegnehmen)
umzolpeln[1] o. **umzotteln**[1] o. **umzwåzeln**[1], umherschlendern
Unaderl o. **Untaderl,** Fehler, Makel (ka[n] — finden)
Unbånd, schlimmes Kind (v. ungebändigt)
unbändi(ch), unbändig
unblacht, ungebleicht
Unblachter, roher Branntwein, Fusel
unbschåffen, übel, kränkend (a unbschåffens Wurt)
uneben; net — sei[n]: ziemlich hübsch o. gut
unerbitterlich, (oft statt) unerbittlich
Unfried, Unfriede; Störenfried
Unfurm, Unart (v. Form)
unghobelt, rauh, grob, ohne Manieren
Unglegenheit, ärgerliche Sache
ungleich, bucklig; des is der Welt —: das gibt es auf der Welt nicht
ungschåffen, übel, schlecht beschaffen; a ungschåffens Wurt: ein grobes Wort
ungschåfft, nicht befohlen, aus freiem Willen
ungschaut[er], unbesehen
unguat, übel, unwohl
ungwiß, ungewiß; aufs Ungwissi: aufs Geratewohl
unhamli(ch), unheimlich
Unkösten, Unkosten, Spesen (si in — stecken)
unkurabl, inkurabel, unheilbar, unverbesserlich
unliab, unlieb, unangenehm, ärgerlich
unnöti(ch), unnötig; i bin då der Unnötichi: ich bin hier überflüssig
Unnumerierter, eleganter Lohnwagen ohne Nummer
unsinni(ch), unsinnig; sehr
unstreitbar o. **unstreiti(ch),** unbestreitbar

[1] Bei diesem und allen so bezeichneten Wörtern kann statt um auch umma oder uma[ra]nånd[er] gesprochen werden.

unt, unten
Untaderl, s. Unaderl
unter; unter der Hånd: nicht vom Händler (kaufen), privatim; — der Kanon o. untern Hund: äußerst schlecht (lat. canon, Regel); untern Geh^{n}: während des Gehens
unteranånd[er], untereinander
unterbraten, unterbreiten
unterden, unterdessen
unterfånga, die Wampe des Rindes mit den Händen prüfen
unterhålt[end]li(ch), unterhaltlich, heiter, gesprächig
unt[e]risch, unten; in der untrischen Låd
unterkumma, unterkommen, widerfahren; eine Stelle o. Wohnung finden
Unterläufl, Hilfsperson, Stellvertreter; (bei Fleischern) junger Gehilfe
untermischt, vermengt
Untersatzl, Gefäß zur Aufnahme von Abtropfendem, Ablaufendem (unter Faßpipe, Blumentopf)
unterscheiden o. **ausnehma**, genau sehen
unterschi, unten
Unterschlu[p]f, Unterkommen, Obdach
untersetzt, von gedrungener Gestalt, kräftig
unterspickt, fettdurchsetzt, nicht mager
Unterstånd, Obdach, Wohnung
untersteh^{n}, wagen; untersteh di!: wage es, so wirst du die Folgen verspüren
unterstelln (spr. -stölln), vor Regen in Häusern u. dgl. Schutz suchen
Untertånen, (scherzh.) Beine, Füße
unterwåchsen, wie untersetzt; auch wohlgenährt; bei Kindern ein krankhafter Zustand mit Kurzatmigkeit
unversegenst, unversehens
Unziefer, Ungeziefer; verächtliche Person (va.)
Urah^{n}dl, Urgroßvater o. -mutter (v. Ahn, Großvater)
urassen, das Beste essen, das andere wegwerfen (v. urschen, uratzen)
urblöd, sehr dumm
Urden, Orden
ur[de]ntlich o. **urndli(ch)**, ordentlich; tüchtig (— regna: stark o. tüchtig regnen)
urdinär, gemein
urganisiern, organisieren
Urgl, Orgel
Urndlichi; a — kriagn: eine tüchtige Ohrfeige erhalten
Ursåch, Ursache; a — suachen: Anlaß zu Streit suchen; net o. ka[^{n}] —!: Antwort auf: i dånk schö^{n}!
Urschl, Ursula; einfältige Weibsperson
Urt (der o. s), Ort; Ende (åm åndern —); — (s), Ortschaft (geh ins —)
Urtl, Urteil
Urtlweiber, einst Weiber, die bei öffentlichen Hinrichtungen das gedruckte Urteil feilboten (va.)
Urtschåft, Ortschaft

V

va (gemeinere Form von) vå^{n}: von
va- o. **var-** (gemeinere Form der Vorsilbe ver-)

vabei o. **vurbei,** vorbei
Våder o. **Våter,** ſ. auch Vatter; n Vådern: dem o. den Vater; mein Vådern ſei[^{n}] Haus: das Haus meines Vaters; — (richtiger: Gvåtter), leich mr d Schar: Gevatter, leiht mir die Schere (bekanntes Spiel)
Våderl o. **Våderlgſpiel** (ſpr. -gſpül), das Fange- o. Haſcheſpiel (richtig eig. Fahderl v. fahen, fangen)
vagiern, vagabundieren, umherſtreichen
Vagin o. **Vagot,** Vagant, Strolch, (einſt auch) Frachtwagenkutſcher
Valedi, Abſchiedsſchmaus (v. lat. vale, lebewohl) (va.)
Valli, Valerie
Valtl (ſpr. Fäultl), Valentin
vå^{n}, von; (beſſer) vo^{n}; ſ. auch va
vanånd, von- o. auseinander; auch vanånder o. vonanånd[er]
Vanilli (ſpr. Vanülli), Vanille, ((ſcherzh.) Knoblauch (Roſtbråten mit —)
var-, ſ. va-
Vaſen, Vaſe
Vaterunſer (der o. s)
Vaterunſerdiab, ein frommtuender Bettler; Frömmler
Vatter, Vater (im Munde artig ſein wollender Kinder)
vaziehrn o. **verziehrn,** verzehren
vazierad, arbeitslos
vaziern (geh^{n}), arbeitslos umhergehen
Veder o. **Vetter;** der — von Lånd: ein Landmann; mein Vedern ſei[^{n}] Bua: der Sohn meines Vetters
Veigerl o. **Veigl,** Veilchen; auch Levkoje
Veiglſtock, Levkoje, Goldlack
Veitl o. **Veidl,** Veit, verächtlicher Menſch; Geizhals
Veitltånz, Veitstanz (Springſucht)
ver- o. **va-** o. **var-** (Vorſilbe)
veråltern, veralten
veråntwurten, verantworten
veranzelt, vereinzelt
verårwaten, verarbeiten; verderben; verſtecken; ausſchelten
verbandeln, verbinden, verwickeln, verderben, vertuſchen
verbankatiern, verbankettieren, vertun, verpraſſen (frz. banquetter); auch verſtecken, verlegen
verbegeln, verbiegen; verbügeln
verbeißen, verſchweigen, nicht äußern
verbeulna, verbeilen, verſpunden (v. Beil, Schlegel)
verbiaten, verbieten; des verbiat (richtig: verbitt) i mr: das dulde ich nicht
verbitzeln, in unbrauchbare Teile zerſchneiden
verbleameln, verblümen
verböſern, Gegenſatz zu: verbeſſern
Verbot (der u. s); i håb n — kriagt: man hat es mir verboten
verbråten, zu viel gebraten, durch das Braten verderben
verbraten, verbreiten
verbrenna, verbrennen; verlieben (in an verbrennt ſein), ſich ſchaden (du wirſt dr d Finger —)
verbrodeln, vertun

verbröseln, kleinweise verlieren, vertun
verdächti(ch), verdächtig, miserabel, elend; an — anschaun: ihn für verdächtig halten
verdächtinga, verdächtigen
verdålken, ungeschickt behandeln, deformieren (s. Dålk)
verdattert, bestürzt
verdeana, verdienen
verdefendiern, verteidigen
verderben; i verdirb: ich verderbe; verdurben
verdobrischieren, vergeuden, verjuxen (v. tsch. dobře, gut)
verdrahn, verdrehen, verlumpen, verjubeln; verdraht: verkehrt, halbverrückt
verdriaßen, verdrießen
verduften, verschwinden, fliehen
verdunnert, verdonnert, verdutzt
verdurben, verdorben
verdurrn o. **verdürrn,** verdorren
vereininga, vereinigen
Vereinsmeier, eifriges Vereinsmitglied
verfäuln, verfaulen
verfitzen, verfilzen o. verwirren (von Fäden)
verflixt, verflucht
verfluachen, verfluchen; a verfluachter Kerl: ein schlauer, verwegener, tüchtiger o. schlechter Mensch; verfluacht gscheit: sehr gescheit
verfolgen; des verfolgt mi: ich muß immer daran denken
verfruaht, verfrüht
verfrurn, froststarr, vereist
verführn, führen, machen, vollführen (de — an Lärm o. a Leben!)
verfuzeln, zu unbrauchbaren Stückchen zerschneiden; verkritzeln
vergågeln, verfehlen, verwickeln, irren, verplappern (mhd. gogelen, wackeln, gaukeln)
vergaloppiern, wie vergågeln, verrennen
vergeh^{n}, vergehen; si wås — låssen: sich etwas aus dem Sinne (Kopfe) schlagen; verlaufen
Vergeltsgod (spr. -gölts-), vergelte es Gott
vergessen; i vergiß: ich vergesse
vergitschen, s. verkitschen
vergolden; der soll si d Händ mit Dreck — låssen: er hat ungeschickte Hände
vergratschen, die Teile auseinander streben machen; verunstalten (v. grätschen, spreizen)
vergreifen, falsch greifen o. handeln, Gewalt anwenden, schlagen
vergribbeln, verdrücken
vergrinden, dicke Schmutzkrusten entstehen lassen
vergunna, vergönnen; den håb i mr vergunnt: den habe ich bestraft, gerügt
verhåckt, verdorben
verhålten, versäumen
verhaspeln, verwirren, verplaudern, hängen bleiben
verhaßen, verheißen, prophezeien
verhatschen, vertreten, schief o. formlos machen, verlottern; verirren
verhaun, vergeuden; si —: sich verfehlen, irren, verlottern
verheirat, verheiratet (s. Spatz)

verhetscherln, verzärteln (hetscherln = hegen)
verhohnigln, verhöhnen, verunglimpfen
verhüaten, verhüten
verhunzen, verderben (v. Hund)
verjageln, ruinieren, unbrauchbar machen, (? verjanhageln)
verjucken o. **verjuxen,** vergeuden, verlumpen (s. Jux)
verkehrt; jiatzt steht er — då: verdutzt, verblüfft
verkieseln, ertragen, verbeißen (s. kieseln)
verkitschen o. **verklitschen,** verkaufen
verkladen, verkleiden
verklampfeln, verklagen, verklatschen, verleumden (s. Klampfl)
verklanern, verkleinern, herabsetzen
verkleanern, wie verklanern
verklena, verschmieren, beschmutzen (va.)
verklitschen, wie verkitschen
verklopfen, verkaufen, verjucken (s. d.)
verknödeln, verknüllen
verknotzen, versitzen, versumpfen
verknusen, wie verkieseln
verkohlen, wie verzünden
verköstinga, verköstigen
verkratzeln, verkritzeln, bekritzeln
verkriachen, verkriechen
verkühlen, erkälten; sich schaden (bildl.)
verkümmeln, verkaufen (v. Chaim, Jude)
verkünden, verlesen der Brautleute auf der Kanzel
verkutzen, falsch schlucken, so daß man hustet
verlaberiern o. **verlawuriern,** vertun (v. lat. laborare, arbeiten)
verläppern, vertändeln
Verlåß; es is ka[n] — drauf: man kann darauf nicht vertrauen
verlåssen, im Stich lassen; vermieten; verlåß di drauf: es ist die Wahrheit
Verlaub, Erlaubnis
verlaugna, verleugnen
verlegen; den Aten —: den Atem rauben; an Schlüssel —: wo verwahren und den Platz vergessen; a verlegeni Wår: durch langes Lagern beschädigte Ware
verlesen, eine Auslese treffen, ausklauben (z. B. Erbsen)
verliaben, verlieben
verluadern, verludern, verlottern, vergeuden
Verlur; in — geh[n]: in Verlust geraten
verlurn, verloren; i håb då nix —: ich habe hier nichts zu tun; ich gehe weg
vermåchen, vererben, verhüllen
vermana, vermeinen; zudenken
vermankeln, verfitzen, verwirren; vertuschen
vermantschen, übel vermengen
vermåtschen, zerquetschen
vermåtschkern, verderben
vermiaten, vermieten
Vermirk, Vermerk
vermöbeln, (scherzh.) vermoppeln (s. d.); auch vertun
vermoppeln, schelten
vermuaten, vermuten
vermuatli(ch), vermutlich
vermudeln, zerknittern (v. Model)

vermummeln (eig. vermummen), sich warm o. dicht kleiden, das Gesicht verbergen
vermurscht o. **dermurscht,** vermorscht
vernådern, anzeigen, verraten (s. Nåderer)
vernågeln, Hufe schlecht beschlagen
vernågelt, dumm
verneglischiern, vernachlässigen (frz. négliger)
vernewern, erneuern (mhd. niuwe, neu)
Vernumpft, Vernunft
verpånschen, verfälschen, verderben
verpåppen, verkleistern (s. Påpp)
verpåschen, wie verjucken
verpassen, vorübergehen lassen; versäumen
verpatzeln, kurpfuschend verderben
verpåtzen, verderben
verpemmern, vertun
verpflegt; der is —: er hat des üblen genug, er ist verloren
verpicht o. **derpicht,** erpicht
verplauschen, verplaudern (zu lange schwätzen, verreden o. die Wahrheit ungewollt verraten)
verplempern, vertun, vertrinken; übereilen; sich ungünstig verheiraten; verschnappen
verpritscheln, verschütten, vergießen
verpuffen, ein Kleid u. dgl. schlecht verfertigen; vertun
verputzen, vergeuden; mit Mörtel bewerfen
verquer, über quer, mißgestaltet
verrama, verstecken; verbarrikadieren
verrankeln, verstecken (v. Ranke), verlegen; verwirren
verrebeln, in Brösel verwandeln; vergeuden
Verreckerl, kleiner Köter; schwächliche Personen o. Tiere (verrecken: verenden)
verreden; mr soll nix —: man soll nie sagen, daß etwas unmöglich sei
verreißen, tadeln; verführen
Verrichtung; guati —!: Wunsch, daß ein Vorhaben gelinge
Verruaf, Verruf
verrucken, verschieben
verruckt, verrückt, närrisch; überlustig; verliebt
verrütten, verwirren
versaan, versäen, verlegen, verstreuen, verlieren
Versåger, Ausbleiben der gehofften Wirkung, Gegensatz zu Schlåger
versama, versäumen
Versåtz, in —: als Pfand
verschandeln, verschänden, verstümmeln
verscharmeriern, verlieben (va.)
verschaun, versehen; verlieben; vergaffen (bes. das Schwangerer, das dann die Leibesfrucht verunstalten soll)
verschern, verscharren; in Haft bringen
verschiaben, verschieben; Bahnwaggons rangieren
verschiaßen, verlieben; (Geld) verborgen; verschossenes Bluat: krankhafte Blutansammlungen; verschossene Wind: schmerzende Darmblähungen

verschimpeln, verschimmeln
Verschinia o. **Vedschina,** Virginierzigarre
Verschiß, Verruf
verschlågen; verschlågeni Wind: schmerzhafte Darmblähungen; mir håts die Red —: es hat mir die Sprache geraubt
verschlåmpen, verlottern
verschledern, vergießen o. verspritzen, verplanschen
verschliafen, verkriechen
verschmudeln, beschmutzen und verdrücken (s Gwånd —)
verschnabeln, aufessen
verschnab[u]liern, aufessen
verschnådern, verschnattern, verplappern
verschnåppen, verplappern
verschrein, beschreien, durch Lob das Schicksal (zu Unheil, Krankheit) herausfordern
verschuastern, vertun, verzetteln
verschütten, in Haft setzen; verschütt gehn: verhaftet werden; der håts bei mir verschütt: er hat meine Gunst verloren
verschwinden, sich entfernen
verschwitzen; i bin verschwitzt: schweißbedeckt; vergessen
verschwumma, verschwommen
versegen, versehen (bes. mit den Sterbesakramenten)
versetzen, im Leihhause verpfänden; versetzte Wind: wie verschlågene Wind
Versetzer, Winkelpfandleiher
Versilberer (spr. =sül=), (Bier)=kassier; der Wirte mit Bier versieht
versilbern (spr. =sül=), verkaufen (in Silber = Geld umsetzen)
verspieln (spr. =spüln), verlieren (den Kriach håm ma verspielt)
versprengt, verliebt
versprochen, verlobt
Verspruch, Verlöbnis
verstagern, versteigern, verlizitieren, verganten
verständinga, verständigen
verstanern, versteinern, erstarren vor Staunen
verstecken; då muaßt di —: da kannst du nicht mittun, dem bist du nicht gewachsen
Verstecker! (spielen), das Versteckenspiel
verstehn; du verstehst an Dreck o. Schmårrn: verstehst davon nichts; versteht si: selbstverständlich; verstengan S?: verstehen Sie mich?; i versteh nix: ich höre nichts
versterben; versturben: verstorben
versünden o. **versündinga,** versündigen
versumpern, zum Sumper (s. d.) werden; verdummen
vertäderln, vertändeln, verkosen
vertandeln, vertändeln, vertrödeln, vertun
verteidinga, verteidigen
vertilgen (spr. =tül=), aufessen
verträgen, ertragen, verdauen können; wegtragen, verbergen (die Hendeln — d Eier)
vertranschen, verderben, verzetteln (frz. trancher, schneiden)
Vertrauter, Geheimpolizist, Konfident
vertrenzen, vertröpfeln, verzetteln
vertreten, verstauchen

vertrickern, vertrocknen
vertuan, vertun, vergeuden
verunreininga, verunreinigen
verurassen, s. urassen
verurdna, verordnen
verwåchsen, bucklig, mißgestaltet
verwahn, verwehen
verwåschen, Wäsche durch schlechtes Waschen verderben
verwassern, verwässern
verweißinga, verweißen
verwelchen (spr. -wöl-), verwelken
verwenzeln, tschechisieren; (scherzh.) verwanzen
verwertageln, verunstalten, verderben (v. Werktag: verwerktagen)
verwichsen o. **-wixen,** verlumpen, verschwenden
verwogen, verwegen, kühn
verwüasten, verwüsten
verwursteln, verderben; vertun
verwuzeln, zerknittern, verunstalten, verwirren; a verwuzelte Gschicht: eine unklare, verworrene Sache
verzarn, verschleppen; verführen; verzerren (v. zerren); s. verreißen
verzausen, zerzausen
verzeichen, verzeihen
Verzeichung, Verzeihung
verzetten, verzetteln, nutzlos machen
verzezen o. **verzezerln,** verwöhnen, verzärteln (siehe Zezen)
verziagn, verziehen; verziach di: wie schleich di; a zlecksents Schaffl verziagt si in Wåsser: es wird dicht
verziehrn, verzehren
Verzug, Person, die man verzogen, verwöhnt hat (der Pepi is mei[n] —), Liebling
verzwickt, verkeilt, schwierig zu lesen o. zu verstehen (a verzwickti Gschicht)
Veteraner, Mitglied eines Veteranen- (Krieger-) Vereines
Vetschina, s. Vedschina
Veverl, Vevi, Genoveva
Viech, Vieh, Tier, roher Mensch, Dummkopf, Mz. Viecher
Viechdokter, Tierarzt
Viecherl, Tierchen
Viecherwerch, Viehwerk, allerlei Vieh
Viechmatterei, Tierquälerei (s. Matter)
Viechmatterer, Tierquäler
Viech[s]kerl, roher, (zuweilen auch) tüchtiger Kerl
Viechzurn, arger Zorn
viel (spr. vül): so viel; sehr, überaus (so — schön)
vielerla (spr. vül-), vielerlei
vielleicht (spr. vül-); nå, —!: na, unterstehst du dich etwa?
vierazwanzg, vierundzwanzig
viereckert, viereckig
vieri, viere
Vierting, ein Viertelpfund (va.)
Viertl, Viertel (v. Liter, Hektoliter); a — Wei[n]; Mondviertel: heunt geht a neuchs — ei[n]: die Mondgestalt wechselt; a — Wei[n]gårten: 48·8 Ar
Vierzeilicher (spr. -zäul-), s. Gstanzl
vierzg, vierzig
Vierzger, eine Hautkrankheit kleiner Kinder (Ekzem), die oft nach 40 Tagen heilt
Vikari, Vikar (va.)

Vikerl, Viki, Viktor, Viktoria, Ludwig, Ludowika
vinerisch (betone: -ne-), venerisch, syphilitisch
Virschiniër, Virginiazigarre (s. Vedschina)
vis-à-vis, s. wisawi
Vize (spr. Fize), der Gehilfe des Hausknechtes in großem Gasthofe
Vizenz (spr. Fizenz), Vinzenz
Vizi, Obergehilfe in der Bäckerei
Voder-, Vorder-, s Voderi
Voders o. **Vöders,** vorderes Fleisch (vom Vorderrumpf)
voderst o. **vöderst,** vorderst
Vogerl, Vöglein; auch: Kauz, Schlingel
Vögerlsålåt, Rapunzelsalat (dient auch als Vogelfutter)
Vogl, Vogel; Schlingel; die Vögl san ausgflogen: die Stube ist leer
Voglbir, Vogelbeeren, Ebereschenbeere
Vogldunst, feinster Schrot
Voglhäusel, Vogelkäfig, Vogelbauer
Voglkråmer, Vogelhändler
Voglwürstl, die Fruchtähre des breitblättrigen Wegerichs
Volk, Gesindel; kl. Völkl; a notigs —: arme Leute
voll; der håt die Hosen —: hat sie (aus Furcht, Feigheit) beschmutzt
voller, voll; — Dummheiten sei[n]
völli(ch), völlig, beinahe, fast (i håb mi — kränkt)
vollmåchen, beschmutzen
Vollmond, das nackte (dicke) Gesäß; Glatze
Vollmondgsicht, ein rundes, dickes Gesicht (auch Vollmondpappen)
vollschütten, beschütten, begießen (der Kleider)
vo[n] o. **vå[n],** von; — mir aus: meinetwegen
vonanånd[er] o. **vonaranånd[er],** voneinander, entzwei
vor, s. vur
Votz (d), weibl. Scham, (v. Fott; mhd. vut); nicht zu verwechseln mit: der Fotz (Mund) und die Fotzen (Ohrfeige)
Vroni, Veronika
vur, vor; oft: vur meiner (statt: mir): vur meiner bist du a Lump: in meinen Augen bist du ein Lump
vurå[n], voran; s geht nix —: vorwärts
vuraus, voraus
vurbaun, vorbauen, mit Worten gegen Übles vorsorgen
vurbei, vorbei
Vurder- o. **Voder-,** Vorder-
vureili(ch) (spr. -äuli), voreilig
vurgeh[n], vorgehen, vorschweben (ahnen)
Vurhangl, kleiner Vorhang
vurkäun, vorkauen, einlernen
Vurlåch, Vorlage
vurlaut, vorlaut
Vurlecher, Bettvorlegeteppich
vurmåchen, vorhängen; vorlügen; zeigen, wie man etwas macht
vurn, vorne
Vurpaß, Vorposten, Lauer, Wache
vurplauschen, vorlügen
vurreiben, vorwerfen
vurribbeln, vorwerfen
vurrichten, vorbereiten
vurrucken, vorwerfen, vorhalten
vurschiaben, vorschieben; vorschuhen

vurschlågen, den Preis wegen erwarteten Feilschens höher ansetzen; vorbieten
Vurschlagl, das bißfeste Ende der Angelschnur; Vorstoß am Buchrücken; auch Schaffleischgattung (vom Rücken)
vurschmeißen, vorwerfen
Vurschub, Vorschub, Vorschuhung
vurschwabeln, vorreden, vorlügen
Vurstådt, Vorstadt
Vorstadtler, Vorstadtbewohner
vurstellen, denken, vergegenwärtigen
vurstößen, vorwerfen
Vurtl, Vorteil, Kunstgriff
Vurtråch, Vortrag; (scherzh.) Busen
vurwerkeln, vorsagen
vurzagen, vorzeigen
vurzügli(ch), vorzüglich

W

Waben, alte Frau (tsch. baba, Großmutter)
Waberl, Wabi, Barbara (s. Wetterl)
wach, weich, minderwertig, zweifelhaft; a wachs Bier: Abzugbier; a wache Gschicht: eine zweifelhafte Sache; a wachi Musi: gefühlvolle Heurigenmusik
Wåch, Wache
Wåch o. **Wåg,** Wage
wacheln, fächeln, winken (mit einem Tuche)
wachen o. **waken,** weichen (einweichen)
wacherlwårm, angenehm warm (v. wacheln)
Wachl o. **Wachler,** Fächer (bes. der Ofenfächer); (große) Ohrmuschel; Wachl, wie Kerl, Bengel, Schlingel (s. Halawachl)
Wåchs o. **Wåx;** måch ka[n] —: prahle nicht
Wachs, Abzugbier, s. wach
Wachsel o. **Waxl,** Wachskerzchen o. -zünder
wachseln o. **waxeln,** wachsen (des Zwirnes); koitieren; auch wie wichsna
Wachsler o. **Waxler,** Händler o. Erzeuger v. Wachskerzen u. dgl.
Wåchsstock, gewickelte dünne Wachskerze
wåchten, Wache stehen
Wächten, (Schnee-) Wehe (v. wehen, ahd. wâen)
Wächter, Wächter; Gemeindediener; Kothäufchen
Wad, (Vieh-) Weide, Hutweide
Wåden (der) u. **Wadl** (s), die Wade; kl. Waderl
Wadlkråmpf, Wadenkrampf
Wadlpromenad, Wadenschau bei Regenwetter (va.)
Wådschunken, der untere Teil der Rindskeule
Wadzilln, Weidzille, Kahn, Jagdboot (falsch: Wazzilln)
Wåg (s. Wåch)
wågeln, wackeln; rütteln; beweglich sein; gehen
wägen, wiegen (auf der Wage); schwersein; wåss wägt, des håts: Gewicht o. Wert entscheidet über den Preis, Feilschen hilft nicht
Wågen; Mz. Wägen; kl. Wag[er]l
Wågler, ein Schwankender o. ein Schwanken (Wackeln)
wåglert o. **wågli(ch),** wacklig
Wahderl, Fächer (va.)
wahn, wehen

Wahn, Beule, Beschädigung, Scharte (v. Wehne)
wåhr; ålles, wås — is: der Wahrheit die Ehre; des is gar nimmer —: das ist schon allzu lange her
wåhrad, während; in währaden Reden: während des Redens (s. unter)
wåhrhåm, wahrhaben, zugeben
Wåhri, der Wahre; du bist der —: (iron.) du bist der Richtige; auf dich ist nicht zu bauen; des is dås —: das ist das Richtige (oft iron.)
Wahring, Währing, der 18. Bezirk Wiens
wåhrsågen; i såg eahm wåhr; wåhrgsågt
wåhrschein[d]li(ch), wahrscheinlich
wåhrwern, gewahr werden
waken o. **wachen** (s. d.)
Wakschaffl, Einweichschaff, Wäscheschaff
Wålch, Walke (Stampfe); an in der — håm: ihn prügeln, auch: über ihn übles reden
wålchen, prügeln, walken
Wålcher, Walger, Teigwalze
wålchern, wälgern, walzen; rollen (mhd. walgern)
Wåld; kl. Waldl, Wäldchen; Wåldmånn o. Waldl (Dachshund); Oswald
Wåldesel, Dummkopf
Wåldmaster, Waldmeister (Pflanze)
Wäller, Italiener, Welscher
Wållfåhrter, Wallfahrer
wällisch, welsch, italienisch; —i Nuß, Walnuß
Wålz, Handwerksburschenreise (v. wallen)
wålzen, Walzer tånzen; zu Fuß reisen, wandern
Wålzen, Walze; a åndre — einlegen: von was anderm sprechen
Wålzer, beliebter Tanz im 3/4-Takt
Walzl, Walzlineal o. Kantel
wålzna, walzen (mit einer Walze); wälzen
Wamm[er]l, Gekröse
Wåmpen, Wamme (des Rindes); Bauch, Wanst (mhd. wambe)
Wamperl, Bäuchlein
wåmpert, dickbäuchig
Wåms, Angeber, Denunziant
wåmsen, angeben, denunzieren, verraten
Wåmser, wie Wåms
Wåmstl, dicker Mensch (v. Wanst)
wana, weinen; åls a wanader: weinend; auch raunzen, jammern
Wånd, Mz. Wänd; kl. Wandl, kleine (Fels-) Wand
wandeln, an eine Wand streifen
Wandl, kleine Wanne
Wången, Wange
Wang[er]l, Wänglein; — o. Ohrwangl: Ohrfeige
wånkelmüati(ch), wankelmütig
wånn, wenn u. wann; — der Wånn net war: wenn es kein Wenn gäbe
Wånna, Wanne
wånns; — d willst (spr. wüllst): wenn o. wann du willst (s. wos o. wias)
wånn[und]derwöll, wann immer

Wånzen, Wanze; er gift si wiar a —: er ärgert sich sehr

Wånzenburg, altes Armeleutehaus (wo es Ungeziefer gibt)

war, wäre (s. sein)

Wår, Ware

wårm; wo — wern: sich wo heimisch fühlen; an — måchen: einem scharf zusetzen, ihn verlegen machen

Wärm, Wärme

warma, wärmen

warteln, böse Worte wechseln, streiten

Wartl, Wörtchen

wårumperl, (scherzh.) warum?

Warzen, Warze

Warzenzupferin, altes Weib mit Warzen

wås, etwas; dient auch für bezügliches der, die, das, welcher, welche, welches (Leut, [de] — auf mi wårten); — wanst denn: warum weinst du denn?; —?: habe ich nicht recht?; —?: wie (o. was) sagst du?; ah —!: ach was! = das ist mir gleichgültig; wegen —: weswegen; mit —: womit; zu —?: wozu?; des håb i — gern: habe ich gar nicht gerne

Wäsch, Wäsche; Geschwätz; Gewäsche; a wildi —: ein Skandal

wåschen; i wåsch, sie wåscht; schwatzen, klatschen; an n Kopf —: einen Verweis geben; an n Årsch —: ihm Übles nachreden; des håt si gwåschen, das ist sehr gut o. schön (oft iron.); ins Wåschen geh[n]: für Lohn Wäsche reinigen

Wäschermadl, junge Wäscherin, typische Gestalt der sog. „lauten Gründ“

Waschl, Knäuel (Wisch) aus Stroh, Bast u. dgl. zum Scheuern; Ohrmuschel (Ohrwaschl); Badediener (Bådwaschl); auch verächtliche Person

waschlnåß, triefnaß

Wåschmaschin, Wäscherumpel

Waschtl o. Wastl, Sebastian; Tiroler

Wåschtrognymphe, wie Wäschermadl

Wåschweib, Scheuerfrau; schwatzhafte Person (auch Mann)

Wasel o. Waserl, Waise

Waselbua, Waisenknabe

Waselhaus, Waisenhaus

Waselvåder, Leiter des Waisenhauses

Wåsen, Rasen (mhd. wase)

wåserl, was; wegn — denn? (zärtl.): warum denn?

waß, s. wissen

wåß, was (in: a —: ach was!)

Wåsser, Geschwätz, Aufhebens, Geflunker (måch ka[n] —!); Donaustrom (er årwat bein —); s. v. a. Patsche (mir san in —; i bin aus n —); den rinnt scho[n] s — ins Mäul: er ist dem Untergang nahe; i bin bein — aufzogen: ohne die Mutterbrust; årmi Leut kochen mit —: müssen sich mit Einfachem begnügen; mir rinnt s — in Mäul zsåmm: mir wässert der Mund; — åschlågen: harnen

Wasser, Wässer, Gewässer
Wåsserbankl, Küchenbank
Wasserer, Gehilfe der Lohnfuhrwerker auf Standplätzen, Wagenwäscher; Schläge (seini — kriagen)
wasseri(ch), wässerig
Wåsserkind, künstlich genährter Säugling
Wåsserkipfel, Kipfel aus Semmelteig (nicht mürbe)
Wasserl, Wässerchen, Bächlein
Wåsserleut, Arbeiter an der Donaulände
Wåssermåcher, Vielredner, Aufschneider
wassern, Pferde tränken; prügeln
Wåsserpolak, Pole aus der Weichselgegend
Wåssersåck, der unterste Teil der Tabakpfeife
Wåsserspåtzen, Nockerln einfacher Art; auch s. v. a. Wåsserkind
Wåsserweib, Weib, das Leitungswasser in die Häuser trug (va.)
Wastl, wie Waschtl
wås[und]derwöll, was immer
Watschen, Ohrfeige, Backenstreich (mhd. watze)
Watschenbam, (scherzh.) Ohrfeigenbaum; då wåchst (blüaht) der —: da regnet es Ohrfeigen
Watschengsicht, Gesicht eines Menschen, das einen verlockt, ihm eine Ohrfeige zu versetzen
Watschenmå^{nn}, Meßvorrichtung in Menschenform, um die Wucht der Ohrfeigen zu messen
wåtschgern, watscheln
watschna, ohrfeigen; i watschn, håb na gwatschent
wattiern, Theater usw. mit Freikarten füllen
Waukerl, Laus (v. lat. pauxillus, klein)
Waunkerl, Krusten v. Nasenschleim
Wauwau, der Hund, auch der schwarze Mann (Kinderschreck)
Wåx, wie Wåchs (s. d.)
Waz, Weizen
wazen, aus Weizenmehl
Wazkleibn, Weizenkleie
Wazlawek, Wenzelchen, Tscheche
Wazzilln, richtig Wadzilln (s. d.)
Wean, Wien (Stadt u. Fluß)
Weaner (nicht gut: Wearner), Wiener; — Früchtl, ein leichtsinniger u. lustiger junger Wiener (Frucht Wiens)
Weanerbluat, Vollblutwiener
weanerisch, wienerisch (fesch, schneidig)
Weanerkind, ein in Wien Geborener (auch erwachsen)
Weanertanz, die in Wien entstandenen u. beliebten Tänze u. Lieder; auch wienerische Späße u. Unarten
Weanertrankl, ein (fad schmeckendes) Abführmittel; schales o. schlechtes Bier
weangerzen, unruhig sitzen, mit dem Gesäß herumwetzen
Weansdurf, das „Dorf" Wien (bei Schmähung Wiens als Krähwinkel)

Weber, wie notiger Kerl
webern, wie weangerzen
wech, wund; übel, schlecht, jämmerlich; a wecher Bruader: ein jämmerlicher Kerl; a wechi Gschicht: eine üble Sache; des is —: ist schlecht, nichts nutz; a wechi Nuß o. Masen: eine jämmerliche Person; a wechs Eck: ein wunder Mundwinkel; i håb åm Finger wås Wechs: eine Wunde o. Geschwür
Wech, Weg; då håts sein gweisten —: da ist der Weg vorgezeichnet
Wecharat, Wegerich
Wecherl o. **Wegl,** Weglein, Steig
Wechsel, das Klimakterium der Frau
Wechten, s. Wächten
Wecken, Weißgebäck, das in zwei Spitzen ausläuft (oft oben mit Längsschnitt) (mhd. wecke, Riegel); kl. Weckerl
Weda, Wetter, Gewitter; Lärm, Verweis (måch ka[n] so a[n] —)
Wedschina, wie Vedschina
Weg, s. Wech u. Wecherl
Wegarat, s. Wecharat
wegen; — meiner o. meintswegen: meinetwegen; — mir, wie — meiner; — cahna o. se: ihretwegen; — mein Bruadern: wegen meines Bruders
wegga, weg (gehst net —?; mir is der Huat weggakumma)
weg[ga]fischen, in Besitz nehmen, ehe ein anderer dazu kommt
weg[ga]schummeln, listig aus dem Wege schaffen
weg[ga]sei[n], verblüfft, entsetzt, bestürzt sein (i bin heunt no gånz weg[ga] vur Schrocken)
Weh, Schmerz (z. B. Bauchweh, Kopfweh, Zähntweh)
Wehdam, Schmerz (va.)
wehleidi(ch), wehleidig, empfindlich
weh tuan, schmerzen
Wehweh (kindl.) Schmerz; Geschlechtskrankheit; kl. Wehwehderl
Weib; mei[n] —: Gattin; alts — (für einen Mann); plauderhafter, weibischer Mann
Weiberl o. **Weibi,** (kos.) Weibchen
Weiberleut, weibliche Personen
Weibl, Weiblein; Weibchen (v. Tieren); Virginierzigarre mit dem Eindruck des Bindfadens; der vertiefte Teil des Druckknopfes; Hafte, die den Haken aufnimmt
Weichbrunn, Weihwasser
Weichbrunnkestl, Behälter des Weihwassers (s. Kestl)
weichen, weihen; gweicht und angrührt: geheiligt
Weichsel, Sauerkirsche; da wirst spitzen auf Weichseln: da wirst du dich verwundern
Weichselruhr o. **-röhrl,** Tabakspfeifenrohr aus Weichselholz
Weichwedl, Weihwedl
weida, weiter; der is — net blöd: der ist wirklich sehr blöde; geh —: geh fort,

auch: ists möglich?; weidagehn, wo anders einkaufen
Weidling, weite Schüssel (Weitling)
Weidlingbeck, wie Weidling (Beck = Becken)
Weidnersau, ausgeweidetes Schwein
Weihnächten, Weihnachten; (auf die —)
weil (spr. wäul); weilst es du bist o. **weil s Se san:** auch für dich (Sie) gibt es keine Ausnahme
Weil, Weile
Weilerl, Weilchen
Weimber, Weinbeere (auch Mz.)
Weimberl, Weinbeerchen, Rosine; Schmeichler, Zuträger, Angeber
weimberln, angeben, verraten
Wei^n, Wein
Wei^{n}bauer, der Weinfuhrmann (s. Wei^{n}hauer)
Wei^{n}beißer, eifriger, verständnisvoller Weintrinker, der den Wein beißt, d. h. ihn auf der Zunge prüft; auch kleine Lebkuchen
Weind[er]l, Weinchen guter Qualität
Wei^{n}hauer, Winzer (s. Weinbauer)
Wei^{n}kost, Weinprüfung vor dem Kauf
Wei^{n}lutschl, eifriger Weintrinker
Wei^{n}scharl, die Berberitze o. Essigbeere
Wei^{n}werkl, Weinpumpe mit Kurbel
Wei^{n}zacher, Weinzeiger, ein Busch Kieferzweige über dem Tore des Weinhauers als Zeichen des Ausschankes
Weis, Weise, des is aus der —: das ist ungewöhnlich o. unzulässig
Weisel, die Ausweisung (Gspr.)
weisen, zeigen (es wird si scho[^{n}] —); a gweister Wech: ein vorgeschriebener Weg
weiß; mit Geld versehen (sein); hellblond
Weißer o. **Weißschädlerter,** Hellblonder o. Greis
weißinga, (Wände) weißen; wen mit Geld versehen
weißschädlert, hellblond o. greis
weit o. **weid,** weit; du wirst net — kumma: wirst wenig Erfolg haben
Weiten o. **Weiden;** Weite; von der —: von ferne, von weitem
weiter o. **weider;** des is — wås: das ist wenig
weiter- o. **weidergehn;** d Kundschåft wird dr —: wo anders kaufen; geh weiter!: geh beiseite! o. ists möglich!
weiter- o. **weiderkumma,** vorwärtskommen; schau, daß d weiterkummst: entferne dich
weit- o. **weidläufti(ch),** weitläufig
weit- o. **weidmächti(ch),** sehr weit
weit- o. **weidschichti(ch),** entfernt (verwandt)
weit- o. **weidschwafi(ch),** weitschweifig
Weixl, wie Weichsel

Weizenbäck; des is jå —: das ist eine alte Geschichte (s. Radetzky)
welch (spr. wölch), welk
welchere (spr. wöl-), der, die, das welche
Wellsånd (spr. Wöll-), feiner Flußsand
Welt (spr. Wöld); der hält God und d — für Nårrn: er ist ein witziger Schlaukopf; då is wås auf der —: da ist viel vorhanden (Geld, Busen usw.); um ålles in der —!: (abgeschwächtes) um Gottes o. Himmels willen!; des is der — ungleich: das widerspricht aller Erfahrung o. Ordnung, ist unglaublich; am End der —: in entlegenster Gegend; wo d — mit Bretter vernågelt is: am Weltende
wem; — sei[n]: wessen; wen wird immer durch wem ersetzt: auf — warten: auf wen warten; — manst denn: wen meinst du denn
Wend[er]l, Wendelin
... wendi(ch), ... wendig (åwendi, einwendi o. inwendi, auswendi)
wendrisch, wandelbar, unbeständig, wetterwendisch
weng o. **weng[er]l** o. **weni(ch)**, wenig
wenicher, weniger; i wir åll[a]weil —: ich werde magerer
Weni[ch]keit, Wenigkeit, Kleinigkeit
wenichsti, wenigste; des is (mr) s —: darauf lege ich keinen Wert
Wenzl, Wenzel; Tscheche; (scherzh.) Wänzlein
Wepsen, Wespe o. Hornisse (mhd. wefse); si giften (ärgern) o. zuadringli sei[n] wiar a —; lästige Weibsperson
wer; — will (spr. wüll), — måg?: wer will etwas?
wer o. **wir**, werde (s. wern)
Werch, Werg (Wirrflachs o. -hanf); (mhd. werch)
Werd, Insel (mhd. wert), (va.)
werfen; (Schotter, Sand) worfeln; krümmen (verziehen, schwinden) feuchten Holzes beim Trocknen; mi håts gwurfen: ich habe heftig gefiebert, mußte ins Bett
werkeln, (eine Kurbel) drehen; arbeiten, werken
Werkl, Leierkasten; (spött.) Maschine, Betrieb
Werkstått, Werkstätte
Wermat, Wermut
Wermuat, Wermut (mhd. wermuot)
wern, werden; i wer o. wir, du werst o. wirst, er werd o. wird, mir —, es werds; i bin wurn (geworden); wir! (werde!), werds! (werdet!); i wurd (würde) o. wur[d]et; s wird scho[n] —: es wird schon wieder gut werden
Werrn, Werre (Maulwurfsgrille); ein kleines Geschwür am Augenlid (Gerstenkorn)
wer[und]derwöll, wer immer
Wesen, Aufhebens (måch ka[n] so a —)
Westen o. **Westi**, Weste; den håb i auf der —: er ist mir widerlich, verhaßt

(wie ein Insekt auf der Weste)

Westi[leibl]taschl, die Westentasche

Wetsch, Knopf (zum Anmäuerln) (tsch. věc, Ding, Sache)

Wett, Wette

wetten; i wett; wett mr

Wetterl, Wetti, Wettl, Betti, Babette, Barbara

wetzen, schleifen, unruhig hin- und herbewegen; si s Mäul —: abfällig reden (s. zreißen)

Wetzen (d), Dirne

wia o. (vor einem Selbstlaut) **wiar,** wie (wia du, wiar i); und —!: und wie sehr!; (renna) åls —: schnell (rennen); — länger, — liaber: je länger, je lieber

Wiagn, Wiege; Wiegemesser zur Herstellung von Wurstbrat (s. d.); ein schwebender Kasten unter dem Möbelwagen

wiagna, wiegen, schaukeln

wiaraso, aber meist wiaso (s. d.)

wiar[und]derwöll, wie immer man wolle

wias, wie in — d, — es (wie du, wie ihr), z. B. — d willst, — es wollts

wiaso, wieso

wiechern, wiehern

Wichs o. **Wix,** Wichse; Hiebe; Gala (in der höchsten —); die gånze —: alles miteinander, die ganze Sache

wichsna o. **wixna,** wichsen, schlagen

wichti(ch), wichtig

Wichtimacher, Wichtigmacher o. -tuer

Wickl, Flachsknäuel, Spinnrocken; Schopf, Kopfhaar (an bein — nehma: ihm den Schopf beuteln)

wiedeln, zusammendrehen, einen Strang aus Weidenruten drehen

Wieden, Strang aus biegsamen Ruten zum Binden (mhd. wide)

Wieden, der 4. Bezirk von Wien (v. mhd. wideme, Widmung, Stiftung)

Wiedersegn, Wiedersehen (aufs —!)

Wiedl, gedrehte Rute (s. Wieden), Abteil der Garnsträhne; Locke (an bei die Wiedln nehma: ihm den Schopf beuteln)

Wiesbam, Wiesenbaum o. Heubaum, lange, starke Stange, mit der man das Heu auf dem Wagen festhält

Wiesen, Wiese; des is eahm a gmahti —: das ist ihm etwas Willkommenes; — hieß einst ein Gelände an der Donau im 9. Bezirk, später Lichtental genannt

Wieser, Geflügelhändler u. Heubauern aus dem Burgenland (ehemaliges Komitat Wieselburg)

wiff, lebhaft, fesch, forsch (frz. viv, lebendig)

Wiglwågl, Schwanken, Zweifel; in — sein: unentschlossen sein (v. wiegen u. wakkeln)

Wihr, Wehr; d Feuerwihr; d (o. s) —: das Flußwehr

wihrn, wehren

Wikerl, Wiki, Hedwig, Ludwig, Ludowika, Viktor(ia)

wild (spr. wüld), zornig, schlimm, ungepflegt, scheu,

häßlich, unecht; a wilder (ungepflegter) Bårt; a wilde (unechte) Gräfin; a wilde Eh (Konkubinat); heunt gehts — åwa: heute gibt es Streit; a wilder (scheuer) Ochs; wilds Fleisch, eine granulierende, nicht zuheilende Wunde; a wildi Wäsch: Trubel, Tumult, Streit, Rauferei

Wildbrat (spr. Wüld-), Wildbret (v. braten)

Wildbratschütz (spr. Wüld-), Wildschütze; Jäger

wildeln (spr. wül-), nach Wild riechen o. schmecken o. nach altem Fleische; prostitutionsverdächtig sein

Wildi (spr. Wüldi) (s), Ungehörige; an s — åwarama: ihm den Kopf zurechtsetzen, ihn rügen

Wildling (spr. Wüld-), ungezügelter Mensch; ein unveredelter Obstbaum o. Rosenstrauch u. dgl.

Wildsau (spr. Wüld-), Wildschwein, sehr unreinlicher Mensch

Willen (spr. Wülln) o. **Wölln**, Wille; i bin s Willens, i bin in Willens: ich bin willens

Willi, Wilhelm, Willibald

willi(ch) (spr. wülli), willig (guat- o. muatwilli)

Wimmerkåsten, Harmonium, Klavier

Wimmerl, Warze, Hautauswuchs (zu Wimmer = Knorren); ansehnlicher Bauch (mhd. wimmer, Auswuchs)

Wimmerlmadam, weibl. Person mit einigen Wimmerln im Gesichte

Wind, Bauchblähungen (verschlågeni —: Kolik); leere Worte, Prahlerei; — måchen: prahlen, lügen; — kriagen: etwas erfahren; waßt, woher der — waht?: wo das herrührt, was das bedeutet?

Windbeutl o. **-beidl**, Prahler, Lügner, Aufschneider, lockerer Geselle

windelwach, windelweich; an — haun: tüchtig prügeln

winden, ringen o. wringen (der Wäsche)

Winden, Winde (Hebewerkzeug); Schenke

Windhund, magerer o. verächtlicher Mensch; windiger Geselle

windi(ch), windig, unsicher, leichtsinnig; då schauts — aus: das verspricht nicht viel

windisch, slowenisch (v. Wenden, lat. Vinidae)

Windling, die Winde (Schlingpflanze)

Windmåcher, wie Windbeutl

Windsålben, Salbe gegen Blähungen bei Säuglingen

windverdraht, (wie vom Winde) verdreht, verschoben, verrückt

Windwachl, ein roher Federnfächer zum Feueranmachen; auch wie Windbeutl

winken; gwunken; an ani —: ihm eine Ohrfeige geben

Winker, Wink

Winkerl, Winkelchen; ins — stellen: eine Kinderstrafe

Winklwerch, Winkelwerk

winni(ch), toll; rasend; (mhd. winnec); liebestoll (— auf ani sei^{n})

Winsel, Geige

Winselkasten, Geigenkasten; auch Cello
Winterfenster, die inneren Fensterflügel; (scherzh.) Brille
Winterfriedl, Winterrock
Winterschwålben, die Kastanien- (Maroni-) Brater, die im Herbste auftauchen
wir o. **wer,** werde (s. wern)
Wirbl, Lärm, Tumult, Streit, Wirrwarr; Scheitel
wirblert o. **wirbli(ch),** wirr, aufgeregt
wirgazen, würgen
wirken, (Teig) kneten
wirkli(ch), wirklich
Wirm o. **Wärm,** Wärme (mhd. wirme)
wirma o. **warma,** wärmen
Wirrwarrbruader, Wirrkopf, vergeßlicher Mensch
wirrwarrisch, wirr, verrückt
Wirtschåft, Durcheinander, Lärm, Unordnung; Bauerngut; Gasthaus
wirtschäftli(ch), tätig, sparsam
wisawi, gegenüber; mir —: gegen mich (frz. vis-à-vis)
Wisawi, Person o. Haus gegenüber
Wisch, (verächtl.) Schriftstück, Zettel
wischeln, harnen (v. pissen, pischeln)
Wischer, Verweis (s. Putzer); Besen zum Reinigen von Rohren
wischerln, wie wischeln
Wischl, Harn, Urin; Wischlappen
wischpeln o. **wischpern,** wispern, fispern, flüstern
Wischplerei, Gewispel, Geflüster
wissen; i waß, es wißts, waßt: weißt du; i håb gwußt; eh scho[n] —: das weiß man ohnehin, ihr wißt ja!; i wissert o. wußt gern: ich möchte wissen; waßt wås?: ich will dir etwas sagen; i waß mr net aus: ich weiß keinen Ausweg; wås i net waß mächt mr net has: was ich nicht weiß, stört meine Ruhe nicht
wissenschäftli(ch), wissenschaftlich, gelehrt
Witfrau, Witwe
Witiwer, Witwer
wistahö, Kutscherruf: links!
Witz, Sinn, Verstand; des hat kan —: keinen Sinn
witzinga, witzigen; i bin scho[n] gwitzingt: durch Erfahrung klug geworden
Wix, s. Wichs
wixen, s. wichsen
wo; åber wo!: durchaus nicht!; wor i: wo ich
Wochen, Woche; auf d —: nächste Woche
wochentli(ch) o. **wochertli(ch),** wöchentlich
Wocherlohn, Wochenlohn
woher; — denn?: woher kommt dir denn der Gedanke?, keineswegs
wohna, wohnen
woiseln, winseln, seufzen
Wolf, durch Gehen entzündete feuchte Haut (wundgehen)
Wolferl, Wolfgang, Wolfram
Wolferln, die ersten Zähne des Säuglings (va.)
Wolken, Wolke
wollen; statt „gewollt" nur: wollen o. wöllen (s. wöllen)
wöllen, wollen; i will (spr. wüll), mir —, es wöllts; i håb — (neben wollen usw.) (s. wiar[und]derwöll)

wöllen, willen; um Gods o. Gotte[r]s —: um Gottes willen (mhd. wellen)
worn o. **wurn,** geworden (s. wern)
wos, „wo" in: wos d hi^n^gehst, wos es (ihr) herkummts u. dgl.
wo[und]derwöll, wo immer (man will); (s. wöllen)
wuchern, wuchern, preistreiben
Wuast, Wust
wüasten, wüsten
wüatad, wütend
Wuchtl o. **Buchtl,** gebackener Kloß o. Knödl (tsch. buchta); auch Ohrfeige
Wuck, Buckel (Erhöhung)
Wuckerl, Buckelchen, Haarwellen, eingedrehte Locken
Wuckerlstrumpf, ein Strumpf mit Buckelchen (geziert)
wudeln o. **wurrln,** watscheln; wimmeln
Wudlgansel, Gans (Kinderspr.)
wudl-wudl ruft man die Gans u. die Ente
Wumpf, Penis; Mz. Wümpf; kl. Wumpferl
wundern; i wunder mi
wundi(ch), wund
Wunsch, Glückwunsch (an — aufsågen)
wünschen; gwunschen (gewünscht); anstatt: ich wünsche zu tanzen u. dgl. sagt der Wiener: i möcht tånzen
Wünschguatenåbendkörberl, ein Handkörbchen
Wunzerl, winziges Stückchen
wunzi(ch), winzig
Wurf; in — kumma: zu Gesicht kommen; n — kriagen: hinausgeworfen o. entlassen werden
würflert, würflig
würgazen o. **wurgen,** würgen, schlingen
Würgl, Hals, Gurgel (an bein — nehma: ihm an die Kehle fahren)
Wurm; a årms —: ein hilfloses Geschöpf; der håt an —: einen heimlichen Ärger; an in (den) — nehma: den Übermut dämpfen; Mz. Würm; Eingeweidewürmer
wurma, wurmen, ärgern, grämen
Wurmstupp; Bärlappsamen als Säuglingspuder
wurn, geworden, (s. wern)
wurrlad, wimmelnd, rege bewegt; wurrladi Wåssersucht: geheimgehaltene Schwangerschaft
Wurrlerei, Gewimmel, lebhaftes Getriebe
wurrln, wimmeln
Wurscht, Wurst; Streit; des is —: ist ganz gleichgültig; — wider —: Gleiches für Gleiches; de håm a —: sie streiten sich; a långi —: etwas Langwieriges; Mz. Würscht; des ghört in d —: es ist schlechter Qualität
Wurschtbrat, Wurstfülle, fein gehacktes Fleisch
wurschteln, sich mühen
wurschten, Würste machen; streiten; kämpfen
wurschti(ch), gleichgültig
Wurschtl, Hanswurst, Bajazzo; Puppentheater; Narr; männliche Puppe
Würschtl, Würstchen; då gibts kani —: da ist nichts zu wollen o. zu machen
Wurschtlerei, Mühsal; Verkleidung
Würschtlfinger, dicke Finger

Würschtlmåⁿⁿ, Straßenverkäufer von heißen Würstchen mit Zugehör
Wurt, Wort; Mz. Würter; kl. Wartl
wurz, an der Wurzel (abreißen, abschneiden)
Wurzen, Wurzel; einer, der sich ausbeuten, betrügen läßt; auch ein freigebiger Mensch
wurzna, wurzen, ausbeuten; er wird gewurzent
wurzweg, weg ohne Rest
Wusch o. **Wuscherl,** Gassendirne (va.)
wuschen, huschen
Wutki, Schnaps
wuzeln, mit den Fingerspitzen reiben; zwischen den Händen rollen
Wuzerl, Knöllchen, verächtl. Frauenzimmer (v. Butze, Dickes, Kleines)
wuzerlfett, wohlgenährt
Wuwu, Kinderschreck (tsch. bubu, Gespenst)

X

Xandl, Alexander, Alexandrine; Frau Xandl, Weib aus dem Volke, Marktweib (jetzt meist: Frau Sopherl)
Xaverl, Franz Xaver
x-beliebi(ch), nächstbest; irgendein

Z

z, zu (mhd. ze; z groß); des is mr z böhmisch: das verstehe ich nicht, ist mir zu dumm
z-, zer- o. zu-; zreißen: zerreißen; zerscht: zuerst
za o. **zan,** zu, zum
Zaberl, Blechstück zum „Anmäuerln“ (va.)
zach, zäh (ahd. zâch), hartnäckig
Zacher, Zähre, Träne (mhd. zaher) (va.); Zeiger
zacherlfett, sehr fett (v. Zecke?)
Zachfinger, Zeigefinger
zagen, zeigen; i zach, du zagst, mir —, håm zagt; i zagert (würde zeigen); i wir eahm scho[ⁿ] —: zeigen, was seine Pflicht ist
zåhlen; i zåhl, es zåhlts; i håb zåhlt; der zåhladi Tåch: der Tag der Vergeltung
zåhna, Zähne bekommen (zahnen); s. zåna
Zåhnt, Zahn (mhd. zant); Mz. Zähnt; kl. Zahnderl o. Zahndl; a kecker Zåhnt: eine mundfertige Person; des is auf an hohlen —: eine zu kleine Menge; an långe Zähnt måchen: lüstern nach etwas machen; då kriagt mr långe Zähnt davon: es ist sehr sauer o. herb; då wirst dr kan — dråⁿ ausbeißen: du wirst davon nichts bekommen; den tuat ka[ⁿ] — mehr weh: er ist gestorben
Zåhntbrecher, marktschreierischer Zähnezieher; der schreit wiar a —: schreit sehr laut
Zähntweh o. **Zåhntweh,** Zahnschmerzen
Zam, Zaum; auch Zaun; Mz. Zam (s. Zaun)
zama, zäumen o. zäunen (einzama)

Zamgeld (spr. -göld), Zaumgeld (Trinkgeld für den Knecht beim Pferdehandel)
zan, (öfter für) zu (i håbs eh z[an] eahm gsågt)
zåna o. **zauna,** weinen, jammern, raunzen (mhd. zannen)
zå^{n}**dürr** o. (besser) **zau**^{n}**dürr,** hager (v. Zaun)
zanerscht o. **zerscht,** zuerst
Zånga o. **Beißzånga,** zänkische o. bissige Weibsperson (Zånga zu zanken)
Zåpfen, eine Rindfleischsorte (gut)
Zåpfenstrach, musikalisches Zeichen, daß die Zeit der Nachtruhe angebrochen ist (einst schlug der Marketender auf den Faßzapfen, wenn er nichts mehr ausschenkte)
Zapferl o. **Zapfl,** Zäpfchen (bes. das Gaumenzäpfchen); mir is s — gfållen: es ist geschwollen, s ziagt mr s —: es geht mir schlecht (s. Peter Zapfl)
zaplati, bezahlen (tsch. zaplatiti)
zåppeln; i zåppel in gånzen Tåch aufi und åwi: ich gehe hinauf und hinunter; an — låssen: ihn in Ungewißheit lassen
Zåppler; an — måchen: heftige Bewegung mit den Beinen machen; a ålter —: Greis
zåpplert, zappelig; zåpplad, zappelnd; s Zåpplerte håm: Nervenzuckungen (Veitstanz) haben, sehr aufgeregt sein
zar-, oft statt: zer- o. z- (ahd. zar-)
Zarerei, Schlepperei; schleppender Fortgang
zarn, schleppen, ziehen, zerren
zaruck!, zurück! riefen die alten Polizeisoldaten bei Aufläufen (daher spottete man sie: Zaruckmänner)
Zauk, Hündin; sittenloses Weibsbild (v. Zaupe)
zauna o. **zåna** (s. d.)
zau^{n}**dürr,** s. zåndürr
zau^{n}**fålsch,** falsch (zum Zauna = Weinen) (va.)
zau^{n}**krischpendürr** o. **zau**^{n}**matterdürr,** sehr hager (wie ausgetrocknet), s. Krischperl
Zau^{n}**rånken** o. **-rånkerl,** hagere Person (v. Ranke)
Zau^{n}**schliaferl,** der Zaunkönig (Vogel)
Zau^{n}**stecken,** hagere Person
Zauserl, zausiges, schwächliches, verwahrlostes Geschöpf
Zausewitz, verächtlicher (innerlich zausiger) Mensch
zausi(ch), zausig, zerrauft
zaxeln, ziehen (außazaxeln); gehen wie ein Dachshund (einst dachseln)
zbettgeh^{n}**,** eine Schlafstelle mieten
zdarma, zerreißen (zerdärmen)
Zebedäus, Penis
Zechen (spr. Zeechn) der u. d), Zehe
Zecherl, Zehchen; Teil der Knoblauchzwiebel
Zeck (der), die Zecke (Insekt)
zeckfast, feist wie eine (vollgesogene) Zecke
Zedl (der u. s), Zettel (mhd. zedel)
Zedlå^{n}**picker** o. **-å**^{n}**schlåger,** Ankleber von Plakaten
Zehner o. **Zehnerbankanoten,** Zehnguldennote

Zehnerbrot o. **-jausen,** zweites Frühstück (um etwa 10 Uhr vormittags)
Zehnerl, Zehnkreuzerschein o. -münze (s. Sechserl)
Zehnte; des kånn (tuat) der — net: das kann (tut) selten einer
Zehrgåden, Nahrungsmittelmagazin (va.)
zeichna, zeichnen; i zeichen, du zeichenst, er zeichent, mir zeichnen, es zeichents; i håb zeichent; er håt n zeichent: mit einem Zeichen (Merkmal) versehen, verletzen
Zeil (spr. Zeul), Häuserzeile, Straße (z. B. Jägerzeile, heute Praterstraße)
-zeili(ch) (spr. -zeuli), -zeilig
Zeiln (spr. Zeuln), Zeile; Mz. Zeilna
Zeisel o. **Zeiserl,** Zeisig (Vogel); s. Erdzeisel
Zeisich, Zeisig
Zeißlbauer, Kutscher des Zeißlwagens
Zeißlwågen, der Vorläufer des Stellwagens; der erste Unternehmer war Anton Zeißl (s. Linabauer)
Zeit; seit aner —: seit einiger Zeit; is s um de —?: also so ist das? Zeit und Weil is ungleich: in andern Zeiten sind die Dinge anders; ausschaun, wia die sieben teuern Zeiten (die mageren Jahre der Bibel): notleidend aussehen; Zeitl, Weilchen
zeiti(ch), zeitig, reif
Zeitlång; i håb —: ich habe Langeweile
zeitli(ch), frühzeitig
Zeitpunkt; ölendicher —: elende Zeit, auch elender Kerl
Zeitungsbladl, Zeitung; plauderhafte Person, Neuigkeitskrämerin
zeitweis, zuweilen, manchmal
Zeller (spr. Zöller), Sellerie (tsch. celer)
Zelln (spr. Zölln), Zelle
Zeltl (spr. Zöltl), Zuckerln, Zuckerplätzchen (mhd. zelte, kleiner Kuchen)
Zenten, Zentner (50 Kilogr.)
Zentral (der) o. **Zenträul,** Zentralfriedhof
Zentralpfeiferl, das pfeifende Geräusch beim Atmen o. Husten Lungenkranker, das an den Zentralfriedhof denken läßt
Zenzi, Vinzentia, Innozentia
zepperln, trippeln (v. zappeln)
Zepperlpolka, Polka mit Trippelschritt
Zerben (eig. die Zirbelkiefer), Krummföhre o. -holz (auch Låtschen) (ahd. zerben, drehen)
zerscht, zuerst; des gibts — net: gibt es von vornherein nicht
zetten, zetteln, ziehen, zerren (mhd. zetten, zerschneiden)
Zeuch, Zeug; Geräte, Dinge, Gewebe, Fahrzeug, Metallabfälle; er is glei bein —: er zögert nicht lange; Mz. Zeucher o. Zeuger
Zeucherl o. **Zeugl,** Kutsche (bes. leichte)
Zeugs (s), Dinge, Sachen, Plunder, Kram
Zezen, schwächliche, verwöhnte Person; kl. Zezerl
zezerln, zärteln
zezert, schwächlich, verweichlicht; zart (mhd. zeiz)

zfleiß o. **mit Zfleiß** o. **Fleiß,** abſichtlich, einem zum Verdruß
zfuzeln, ſ. fuzeln
zgitſchen, zerſchlagen
zhauſi(ch), zuhauſig (oft ſcherzhaft vertauſcht mit zauſi, ſ. d.), zu Hauſe befindlich
Zhauſichi, zu Hauſe befindliche Angehörige
Ziachen, Bettüberzug, Zieche (mhd. zieche) (v. ziehen)
Ziacher, Zieher
Ziagel, Ziegel, Mz. Ziageln
ziagen, ziehen; i ziach, du ziagſt, i håb zogen; ziach!; då ziagts: hier herrſcht Luftzug; ziach å!: ziehe ab!, geh mir aus den Augen!; des ziagt ſi: das zieht ſich in die Länge; der ziagt ſi: geht faul an die Arbeit; då håt er ſi (ver-)zogen: entfernt; er ziagt ſcho[n]: liegt im Sterben; ſ. Strudltach
Zibeben o. **Ziweben** (ſ. d.)
zicken, ſauer werden, (v. d. Milch) gerinnen (va.)
zidern, zittern
Zidern, Zither; das Zittern
zidernſchlågen, auf der Zither ſpielen
Ziefer o. **Unziefer,** Ungeziefer; läſtiger o. ſchädlicher Menſch (va.)
zielen (ſpr. züln)
Zigeunerfeuer (ſchlagen), die Arme heftig ſchlagend über der Bruſt kreuzen, um ſich warm zu machen (v. d. Zigeunern erlernt)
Ziguri, Zichorie u. der daraus erzeugte ſchlechte Kaffee-Erſatz
zihrn, zehren, verbrauchen; der Wei^{n} (o. Kaffee) zihrt: macht hungrig o. mager
Zillen (ſpr. Zülln), Kahn (mhd. zülle)
Zilli (ſpr. Zülli), Cäcilia
Ziment, Flüſſigkeitsmaß mit Henkel (aus Blech o. Zinn); auch als Trinkgefäß benützt
Zimmerknotzer, eine Perſon, die ſelten ins Freie geht
Zimmermå^{nn}; wo der — s Loch låſſen håt: die Tür
Zimmet, Zimt
zimpern, zimperlich o. kleinlich ſein
Zinkerl, wie Wumpferl (v. Zinke)
Zinnkraut, Pflanze (Equisetum), mit der man Zinnſachen putzt
zinnliacht, klar (vom Waſſer); er bricht nix åls zinnliachts Wåſſer (va.)
Zipf, Zipfel; Mz. Zipf; auch Naſe; fader Zipf: langweiliger Menſch, Spielverderber (Zipf = Zipfelhaube) (mhd. zipf)
Zipfelhauben, ſpitze Schlafmütze
zipfeln, Ware kleinlich zumeſſen o. zuwägen, allzu genau dabei verfahren; ſparſam (in kleinen Schlückchen) trinken (auch: zippen); ſparen; auch mit Tuchzipfeln loſen
zipfen, Zipfel bilden; d Schoß zipft links
zipfert, kränklich (ausſehen)
Zirkel; Umkreis; an böhmiſchen — mächen: ſtehlen
zirkeln, genau meſſen
Ziß, Poliziſt (Gſpr.)
zita, ſogleich (v. lat. cito, eilig)
Zittrich o. **Zidri(ch),** Hautflechte
Zitzen, Bruſtwarze; kl. Zitzerl

Ziweben o. **Zibeben,** große Rosine; n Kopf voll — hām: süße Hoffnungen hegen
Zizerl, Zaunkönig; etwas sehr Kleines
zizerln, wie zipfeln; kleine Mengen abzwacken o. zugeben
zizerlweis, in kleinen Stückchen, kleinweise
Zizibé, Hausfreund, Geliebter (it. cicisbeo, Galan); Fräuln —: kokettes Mädchen (it. cicisbea, Kokette)
zkräulln, zerkratzen (v. Kralle)
zkugeln, zerkugeln, (vor Lachen) am Boden wälzen (då kinnt mr si jå —!)
zlecksna o. **zlexna,** (durch Austrocknen) leck, undicht werden von Holzgeschirr (des Schaffl is gånz zlecksent); durstig sein vor Hitze (v. lechzen)
zlegt, zerlegt, breitschulterig, kräftig (a zlegter Kerl)
zleichen, zu leihen; si wem — nehma: einen verweisen, heruntерputzen, strafen, prügeln
zlemmert, gelähmt, erschlafft (mhd. lüeme, schlaff)
zlempert, zerrissen, zerbrochen, verdorben
zletschna, zerweichen
zmatschen o. **zmatschgern,** zerquetschen, zu Brei machen; auch ermatten
zminder, zu gering
zmörschern, zerschlagen; i bin gånz zmörschert: fühle mich wie zerschlagen (v. Mörser)
zmüseln, zerbröseln, zerbissen (v. lat. mus, Maus)
znachst, zunächst
Znam, Znaim (Stadt)
zniacht o. **znicht,** zernichtet, zunichte gemacht; auch nichtswürdig, schlecht
zniefeln, zernagen (vgl. nagen, niefeln, kauen, kiefeln)
Zoberl, sittenlose Weibsperson (v. Zofe?)
Zoden, Zotte, Kopfhaar (bes. zerrauftes)
Zoden, Zote; sittenlose Weibsperson (mhd. zote, Buhlerin)
zodert, zottig, wirrhaarig
Zodlbär, Mensch mit wirrem Haar
Zodlbock, wie Zodlbär
zodln, zotteln, trotten, plump gehen
Zöger, Hand- o. Achseltasche (bes. des Fleischers), oft aus Rohrgeflecht; kl. Zögerl (mhd. zogen, umherziehen)
Zögerlscheißer, Zögerer, unentschlossener, auch langsamer Mensch
Zollstock, zusammenlegbarer Maßstab (Zollstab)
Zolpl, plumpe Weibsperson (v. Zaupe, Hündin)
Zopf, Fortschrittsfeind
zraft, zerrauft
zred, zu Rede; i bin mit eahm — wurn: mit ihm ins Gespräch gekommen; er stellt mi —: zur Rede
zreißen, zerreißen; si s Mäul —: sich abfällig aussprechen; den kunnt i quintelweis in der Luft —: ich könnte ihn vor Wut zerreißen
zrinna, zerrinnen; den is glei s Mäul (o. d Pappen, s Gsicht) zrunna: er hat gelacht; då zrinnts dr: da lachst du
zruck, zurück
zrucklegen, Geldersparnisse machen

zruckschiaben, andern Sinnes werden, widerrufen
zrütt, zerrüttet
zsåmm (spr. zåm) o. **zsåmma,** zusammen, aneinander
zsåmmachen, zurechtmachen, (Zerbrochenes) reparieren; stümpern
zsåmmatschen o. **-matschgern,** zerquetschen
zsåmmattern, zermartern
zsåmmbandeln, vereinigen
zsåmmbauschen, einen Bauch machen
zsåmmbeißen, Zähne aufeinanderpressen; Verweis geben
zsåmmbeudeln, zusammenschütteln
zsåmmbringa, fertigbringen, können
zsåmmdarma, wie zdarma
zsåmmdividiern, ausdenken o. -rechnen
zsåmmdürrn, verdorren
zsåmmfahrn, zusammenstoßen v. Fahrzeugen, erschrecken
zsåmmfetzen, zerreißen
zsåmmführn, überfahren
zsåmmgehⁿ, vereinen, einschrumpfen; mir gehts net zsåmm: meine Rechnung stimmt nicht; ich finde das Auslangen nicht
zsåmmgiften, sehr ärgern
zsåmmgribbeln, zerknittern
zsåmmhålten, einig handeln, zuhalten; hålts zsåmm: halte den Mund
zsåmmhaun, zerschlagen; eilig o. schlampig fertigstellen
zsåmmheiraten, heiraten
zsåmmhetzen, gegeneinander aufstacheln
zsåmmhuasten, öfter husten
zsåmmhuscherln, aneinanderschmiegen
zsåmmkaudern, schwatzen (der Truthahn kaudert)
zsåmmkaugelt, zusammenrollen, zu einer Kugel formen
zsåmmkiefeln, langsam beißen und kauen
zsåmmklauben, auflesen; erholen
zsåmmknödeln, zusammenballen
zsåmmkrampen, zusammenkrampfen
zsåmmkudern, wie zsåmmkaudern; viel lachen
Zsåmmlauf, Menschenansammlung
zsåmmlegen, falten; ersparen
zsåmmleppern, kleinweise ansammeln
zsåmmnehma, die Gedanken auf eine Sache richten
zsåmmpåcken, zu einem Pack formen, zusammenraffen; anhalten, ansprechen; bittlich angehn; si —: bereitmachen
zsåmmpempern, zusammenstümpern
zsåmmpfeffern, niederschießen
zsåmmpfregna, fest zusammenschnüren (va.)
zsåmmpfründnern, zusammenstümpern
zsåmmplauschen, ungeschickt reden
zsåmmpracken, niederschlagen, arg ermüden, erschlagen
zsåmmrackern, sich durch zu viel Arbeit schaden
zsåmmradeln, fest schnüren
zsåmmrama, aufräumen, Ordnung machen; mi håts zsåmmgramt: ich bin körperlich herabgekommen
zsåmmråmschen, zusammenraffen

zsåmmrankeln, Unordnung, Verwirrung stiften
zsåmmreden, wie zsåmmplauschen; verabreden
zsåmmreiten, zuschanden hopsen (etwa Polstermöbel)
zsåmmrichten, zurecht- o. bereitmachen
zsåmmrinna, gerinnen
zsåmmruacheln, auf gierige, mühsame Art erwerben; erwuchern (s. Ruachl)
zsåmmrucken, zusammenrücken
zsåmmrumpeln, einstürzen; arg erschrecken
zsåmmschern, zusammenscharren; ausschelten
zsåmmschiaßen, niederschießen; zusammenlegen (Geld)
zsåmmschimpfen, beschimpfen, ausschelten
zsåmmschlågen, zerschlagen, zerbrechen (Geschirr u. dgl.)
zsåmmschlåmpen, Kleider achtlos abnützen
zsåmmschliafen, einschrumpfen; geheim zusammenkommen
zsåmmschmiern, auf Tellern usw. alle Speisespuren mit Brot beseitigen; verächtliche Bezeichnung für Schreiben, Malen, Zeichnen
zsåmmschnabeln o. **-schnabuliern,** aufessen
zsåmmschnåppen, einknicken; zusammenraffen
zsåmmschnårfen, eintrocknen, Falten bilden (wie etwa eine getrocknete Pflaume)
zsåmmschuastern, zusammenstümpern
zsåmmschwabeln, zusammenschwätzen
zsåmmschwanzen, sich sorgfältig kleiden u. schmücken
zsåmmschwaßen, zusammenschweißen; auch wie zsåmmschwanzen
zsåmmschwefeln, wie zsåmmschwabeln
zsåmmstampern, wie zsåmmschwanzen
zsåmmstatzen, wie zsåmmschwanzen
zsåmmstehⁿ, sich vereinen; zueinander passen, ein schönes Paar ergeben (von Pferden)
zsåmmstiefeln, Unsinn schwatzen (s. Stiefl)
zsåmmstößen, zusammenstoßen; dringlich fragen; tadeln, rügen
zsåmmstutzen, kurzschneiden
zsåmmtäpschen, mit einem Schlag zerbrechen o. formlos machen (z. B. einen Hut); zsåmmtäpscht: niedergeschlagen (sein)
zsåmmtätschna, zerschlagen
zsåmmwåchsen, zusammenwachsen; sich gut entwickeln; aneinander geraten, streiten
zsåmmwichsna o. **-wixna,** wie zsåmmschwanzen
zsåmmwursteln, lächerlich kleiden
zsåmmziagen, zusammenziehen; eine gemeinsame Wohnung beziehen
zsåmt, zusamt, samt, mit
ztäpschen, zerschlagen
ztrågen, uneinig werden, verfeinden (i håb mi mit eahm —)
zu; — wås? wozu? (s. z, za)
zua, zu (Umstandswort); (mhd. zue, ahd. zua) (s. folgende Wörter)
zuabäulna, zubeilen, verspunden

zuabringa, zubringen; vermitteln
Zuabringer, Vermittler
Zuadeck, Schlafdecke, Oberbett, Tuchent
zuadecken, zudecken, bedecken; (iron.) wem übel mitspielen; einen prügeln, verletzen, krank machen (di håms schön zuadeckt)
zuadrahn, abdrehen, sperren; beim Schnåpsen (s. d.) das Abheben einstellen
zuageh^n, zu- o. hergehen, fortgehen; då gehts zua, wiar in ewinga Leben: sehr fröhlich u. lebhaft; geh zua!: geh fort!; geh weiter! geh fort!, aber auch: ists möglich? u. das glaube ich nicht
Züagen- o. **Zünglöckl,** Zügen- o. Sterbeglocke
zuagrast, zugereist, fremd
zuahaun, zuhauen, zu- o. dreinschlagen
Zuakunft, Zukunft
zuakünfti(ch), zukunftig; mei^n Zuakünfticher: mein Verlobter
zualegen, den Lohn erhöhen; recht geben
zuamåchen, schließen
zuapfeifen, zureden, ins Gewissen reden
zuaputzen, über zurichten
zuarachen, zureichen, herbeilangen
Zuracher, Handlanger
zuarichten, zurichten, vorbereiten; herrichten; wie zuaputzen
zuaschånzen, aus fremdem Besitz insgeheim zuwenden
zuaschlågen, zuschlagen; es schlågt an båld wås zua: man kann rasch erkranken
Zuaschroter, Fleischhauer (va.)
zuaschuastern, wie zuasetzen o. ei^{n}bröckeln von Geld
zuasetzen, ans Feuer stellen (z. B. den Fleischtopf); sein Vermögen kleinweise verlieren
Zuaspeis, Zugemüse
zuaspitzen, ein Vergnügen nicht rasch abbrechen, sondern zu verlängern suchen
zuastecken, heimlich schenken
zuasteh^n, zugesellen, mitlaufen (mir is a Hünd zuagstanden)
zuasteigen o. **zuwisteigen,** in Unannehmlichkeiten verwickelt werden (du wirst amål —)
zuastrafen, (mit Lastfuhrwerk) zustellen
zuastutzen, zurechtstutzen, kürzen
zuatati(ch), zutunlich, dienstwillig
Zuatråcher, Kaffeehauskellner zur Gästebedienung, nicht zur Geldeinkassierung; auch Ohrenbläser, Störenfried
zuatrågen, Ohrenbläserei treiben, Geheimnis verraten, Unfrieden stiften
Zuawåch, Knochenbeigabe beim Fleischkaufe
zuazügeln, zuziehen
zuba o. **zucha** o. **zuwa,** herzu, hieher, herbei
zubi o. **zuchi** o. **zuwi,** hinzu, hin
Zuch o. **Zug** (s. d.)
zucha, s. zuba
zuchi, s. zubi
Zucht, Gezücht, Gesindel; Pack; Lusttaumel, Orgie
züchten, (Tiere, Ungeziefer) nähren u. so vermehren
Zuchtl, liederliches Weibsbild

Zucker, eine zuckende Bewegung (mhd. zuk)
Zuckerbächer, Zuckerbäcker
Zuckergoscherl, süßes, herziges Mündchen o. Mädchen
Zuckerkåndl, Kandiszucker
Zuckerl, wie Zeltl
Zug o. **Zuch,** Luftzug, Bahnzug; Trinkvermögen; Trunk, ohne abzusetzen; den håb i åm —: ich bin ihm feind (Zug = Strich, Mucken, s. d.)
zügeln, ziehen, locken (die Bettler ins Haus —); dann wie züchten (s. d.)
Zumpf o. **Zumpferl,** wie Wumpf
zun o. **zan,** zum (net — aushålten)
Zund, Angeber, Denunziant (s. zünden); Wink (Gspr.)
zündeln, mit Feuer spielen
zünden, wie verzünden
Zündsta^{n}**,** Zündhölzerbehälter aus Porzellan
zünfti(ch), zünftig; vortrefflich
Zunga, Zunge; a — wir a Schwert: eine scharfe Zunge; der Nåm liegt mr auf der —: ich bin nahe daran, mich des Namens zu entsinnen; an d — lösen: einen zum Reden bringen; an d — zagen: einen durch Herausstrecken der Zunge höhnen; dasteh^{n} mit der — in Mäul: sprachlos sein; mir hängt d — aus: ich bin erschöpft
Zunganschnålzer, Zungenschlag (die Pferde anfeuernd)
züngeln, mit der Zungenspitze spielen
Zünglöckl, eig. Zügnglöckl, Sterbeglocke (v. in den letzten Zügen liegen)
Zurken, Zacke
Zurn, Zorn; ån an in — auslåssen: dem Zorn an jemand Luft machen
Zurnbinkl, Mensch, der oft zornig wird
zurni(ch), zornig
zuwa (s. zuba), her
zuwafåhrn, herbeifahren
zuwåziagn, zur Verantwortung ziehen
zuwi (s. zubi), hin
zuwihaun, daneben hinsetzen o. -legen; an wås —: auflisten, anhängen (an a fålsch Geld —)
Zuwihaun, ein Wurfspiel der Knaben (zu einer Mauer werfen)
zuwihuscherln, an wen anschmiegen
zuwihutschen, neben wen setzen
zuwimåchen, an wen o. was heranmachen
Zuwipassen, Spiel mit Münzen; Zusammenpassen der Münzseiten
zuwiråten, fast erraten, der Lösung nahekommen
zuwischlenzen, zukommen lassen; sich beigesellen
zuwischmudeln, anschließen, heranmachen, anschmiegen
zuwischwaßen, wie zuwischlenzen; einem etwas listig anhängen
zuwiwichsen o. **-wixen,** wie zuwischwaßen
zuwiziagen, zur Verantwortung ziehen
Zuzel, s. Suzel
zvur, zuvor
zvuring o. **davuring,** vorhin
zwa, zwei; mir — beide: wir beide
Zwarer, Zweier, eine Zwei

Zwarerl, zwei Gulden
zwarerla, zweierlei
Zwaspanner, Zweispänner
zwaspanni(ch), zweispännig
Zwång, Zwangsarbeit (Gspr.)
zwanzg, zwanzig
Zwanzger, Zwanziger, Münze; a ålder —: 1/3 Gulden Konv.-Münze; eine Art Nasenstüber (gib eahm an —)
Zwaspitz, altösterr. Beamten- und Generalshut, dessen Krempe in zwei Spitzen auslief
zwåzeln, watschelnd gehen
Zwåz o. **Zwåz[er]l,** kurzbeiniger Mensch, Knirps
Zweansdurf, Spottname für Wien (zu Wiendorf, im Dorfe Wien)
zwech o. **zweg,** zuwege
Zweck (der), die Zwecke, Schuhnagel ohne Kopf; Mz. Zwecken (mhd. zwec, Dorn)
Zwecken o. **Kricherl,** eine Pflaumenart (Krichenpflaume)
Zweckerl o. **Fleckerl,** viereckige Nudelteigstückchen
zwegen, zuwege; auch wegen; — wås?: weswegen, warum?
Zweich, Zweig; auf an grean — kumma: Erfolg haben; (scherzh.) sich erhängen an einem Aste
Zweifelscheißer, unentschlossener Mensch
zweits, zweites; då gibts nix —: gibt es nichts Besseres o. Schöneres
zwerch, quer; mir san über — mitanånder: wir sind uneins o. verfeindet (ahd. twerch)
Zwerchriad, Rindfleischsorte
Zwergl, Zwerg
Zweschben, Zwetschke (tsch. švestka); Pflaume; meine sieben —: meine (geringe) Habe
Zweschbenbam, Pflaumenbaum
Zweschbenbamerner o. **Zweschbener,** Zwetschkenbranntwein o. Slibowitz (s. Schligowitz)
Zweschbenkern, Pflaumenkern; (scherzh.) die Gesäßbacken magerer Personen
Zweschbenkrampus, Teufelsfigur, aus Dörrpflaumen gebildet; auch häßlicher Mann
Zweschbenröster, gedünstete Pflaumen als Kompot
zwick!; au weh —!; humoristischer Klageruf
Zwicken, ein Kartenspiel (Hasard)
Zwickerbusserl, ein Kuß mit leichtem Kneipen in die Wange (kindl.)
Zwickl, Keil; komischer Kauz (narrischer o. verdrahter —); Nestroysche Possenfigur
zwider, zuwider, häßlich, verdrießlich; net —: nicht übel, hübsch
Zwidere[r], mürrische, unangenehme Person
Zwidernuß, mürrischer Mensch
Zwiderwurzen, eine unglückbringende Pflanze, wenn man auf sie tritt; mürrischer Mensch
Zwiebåch, Zwieback
Zwiedårm, Mißgeburt
zwiedoppelt, zweifach, doppelt
Zwiefachl, Schößel; an bein — derwischen: ihn fangen

zwiefacheln, zwiebeln, prügeln (va.)
zwiefeln, zwiebeln, prügeln (Zwiebel u. Prügel erregen Tränen)
Zwiefl (der), Zwiebel; Taschenuhr (eine Zwiebel ersetzt zuweilen die mangelnde Taschenuhr)
Zwieflhapl, eine ganze Zwiebel; Taschenuhr (s. Zwiefl)
Zwieliachten, Zwielicht, Dämmerung
zwigerzen, zwitschern
Zwilling (spr. Zwül-), doppelläufiges Gewehr; so a påtscherter —: ein ungeschickter Mensch (es muß aber kein Zwilling sein)
zwinga, zwingen, bewältigen; aufessen o. austrinken (i håbs zwunga)
Zwinz, blinzelnder o. augenkranker Mensch
zwinzeln o. **zwinzern,** blinzeln, zwinkern (mhd. zwinzern)
Zwirn; Geld (der — wird mr z kurz o. geht mr aus); der endlose, kleinliche Gamaschendienst beim Militär
Zwirnschani, Schneiderlehrling
Zwirnscheißer, einer, der zu allem viel Zeit verbraucht; Umstandskrämer
zwölfi, zwölf; da håts — gschlagen: ist das Ende da
Zwuckerl, kleines Stückchen (v. abzwicken); Knirps
Zwuschen, liederliche Weibsperson
zwuzeln, zerwuzeln, zerreiben (mit den Fingern); zerknüllen; då kunnt mr si — vur Låchen: man könnte bersten o. zugrunde gehen vor Lachen

Die bibliophilen Taschenbücher

In der Reihe „Die bibliophilen Taschenbücher“
erscheinen berühmte und originelle Bücher und Dokumente
aus vergangenen Jahrhunderten und Jahrzehnten
in ihrer ursprünglichen Typographie.
Zum Lesen, Sammeln und Verschenken.

Die einzelnen Gruppen:

Kulturgeschichte
Geschichte und Gesellschaft
Literatur
Märchen, Sagen, Sammlungen
Alte Kinderbücher
Kunst und Architektur
Karikaturen
Erotica
Natur und Tiere
Kulinarisches
Länder, Reisen, Veduten
Ksetten-Editionen
Bibliophile Kunstpostkarten

Gesamtverzeichnis bei Ihrem Buchhändler

Kulturgeschichte

Die Gutenberg-Bibel
Nach der Ausgabe von 1450–1455
Mit Nachworten von Wieland Schmidt
und Aloys Ruppel
Die bibliophilen Taschenbücher Nr. 1
320 Seiten, 14,80 DM

Kladderadatsch
1. Jahrgang – 1848
Die bibliophilen Taschenbücher Nr. 3
140 Seiten, 82 Abbildungen, 9,80 DM

Das Lob des Tugendsamen Weibes
Nach der Ausgabe von 1885
Die bibliophilen Taschenbücher Nr. 7
30 Illustrationen von L. von Kramer
60 Seiten, 6,80 DM

Pater Hilarion alias Joseph Richter
Bildergalerie weltlicher Misbräuche
Nach der Ausgabe von 1785
Die bibliophilen Taschenbücher Nr. 8
270 Seiten, 20 Tafeln, 9,80 DM

Christoph Weigel
Abbild- und Beschreibung der Gemein-Nützlichen Haupt-Stände
Nach der Ausgabe von 1698
Die bibliophilen Taschenbücher Nr. 9
434 Seiten, 210 Tafeln, 14,80 DM

Anmuth und Schönheit
Nach der Ausgabe von 1797
Die bibliophilen Taschenbücher Nr. 21
317 Seiten, 5 Abbildungen, 9,80 DM

Alte Bilderrätsel
Aus dem 19. Jahrhundert
Mit einem Nachwort von Ulrike Bessler
Die bibliophilen Taschenbücher Nr. 22
151 Seiten, 69 Tafeln, 6,80 DM

Karl Friedrich Flögel
Geschichte des Grotesk-Komischen
Nach der Ausgabe von 1862
Die bibliophilen Taschenbücher Nr. 24
548 Seiten, zahlreiche Farb- und
Schwarzweiß-Abbildungen sowie alle
Klapp- und Verwandlungseffekte
16,80 DM

Herzensangelegenheiten. Liebe aus der Gartenlaube
Aus dem 19. Jahrhundert
Mit einem Nachwort von Marianne Bernhard
Die bibliophilen Taschenbücher Nr. 26
156 Seiten, 102 Abbildungen, 6,80 DM

Kaiser-Wilhelm-Album
Mit einer Chronologie von Heiner Höfener
Die bibliophilen Taschenbücher Nr. 34
180 Seiten, 82 Abbildungen, 12,80 DM

Hans Burgkmair d. J.
Turnier-Buch
Nach der Ausgabe von 1853
Mit einem Nachwort von R. Bentmann
Die bibliophilen Taschenbücher Nr. 43
27 Farbtafeln nach Hans Burgkmair
86 Seiten, 9,80 DM

Andreas & Angela Hopf
Alte Exlibris
Die bibliophilen Taschenbücher Nr. 48
220 Abbildungen, davon 32 in Farbe
240 Seiten, 16,80 DM

Oscar Ludwig Bernhard Wolff
Naturgeschichte des Deutschen Studenten
Nach der Ausgabe von 1847
Die bibliophilen Taschenbücher Nr. 53
232 Seiten, 29 Abbildungen, 9,80 DM

U. Drumm/A. W. Henseler/E. J. May
Alte Wertpapiere
Die bibliophilen Taschenbücher Nr. 62
170 farbige Abbildungen
240 Seiten, 19,80 DM

Robert Lebeck (Hrsg.)
Reklame-Postkarten
Mit einem Nachwort von Jürgen Kesting
Die bibliophilen Taschenbücher Nr. 69
80 meist farbige Abbildungen
176 Seiten, 16,80 DM

Elke Dröscher
Puppenwelt
Die bibliophilen Taschenbücher Nr. 70
80 farbige Abbildungen
172 Seiten, 16,80 DM